EXPRESSION FRANÇAISE

Dans la série *Les Grands Librio*

Anglais, Librio n° 830
Langue française, Librio n° 835
Mathématiques, Librio n° 836

Collectif

EXPRESSION FRANÇAISE

Librio

Inédit

Sommaire

Préambule

Éviter les pièges de l'orthographe des mots usuels, trouver le bon mot, la bonne expression pour exprimer ses idées avec justesse, tout comprendre sur la construction d'une phrase et les figures de style qui permettent d'en moduler le sens, tels sont les objectifs de cet ouvrage composé de quatre parties :

– Les **difficultés du français** regroupent toutes les difficultés d'orthographe qui se posent régulièrement.

– **Le mot juste** permet de retrouver le sens exact de mots ou d'expressions couramment employées sans que le sens réel soit vraiment connu.

– Les **figures de style** synthétisent en quatre grands thèmes les différentes figures de style employées dans la langue française.

– **Le français est un jeu** offre des petits tests ludiques pour tester son niveau de français.

Synthétique et précis cet ouvrage s'adresse à tous ceux qui veulent affiner leur maniement du français.

PREMIÈRE PARTIE

DIFFICULTÉS DU FRANÇAIS

par Jean-Pierre Colignon

Avant-propos

Cette partie traite d'un grand nombre de mots et expressions dont l'orthographe, la prononciation ou la signification peuvent présenter une difficulté pour l'usager de la langue française. Le lecteur trouvera donc ici, par ordre alphabétique, des articles constituant un dictionnaire des difficultés du français contemporain, où sont mentionnés beaucoup de mots usuels ou semi-usuel entraînant ce que l'on appelle des fautes récurrentes, des erreurs commises à répétition, y compris en ce qui concerne des constructions grammaticales...

De multiples exemples et des citations illustrent et complètent ces nombreux articles nécessairement rédigés sous une forme ramassée mais très claire.

LISTE DES ABRÉVIATIONS

abrév. abréviation
acc. circ. accent circonflexe
adj. adjectif
adj. indéf. adjectif indéfini
adj. num. card. adjectif numéral cardinal
adj. num. ord. adjectif numéral ordinal
adj. poss. adjectif possessif
adj. relat. adjectif relatif
adv. adverbe, adverbial
auj. aujourd'hui
autref. autrefois
auxil. auxiliaire
comp. composé
compl. complément
contr. contrairement
dér. dérivé
dict. dictionnaire
élém. élément
essent. essentiellement
étym. étymologiquement
expr. expression
fam. familier
fém. féminin
hom. homonyme
impers. impersonnel
ind. indicatif
indéf. indéfini
indir. indirect
interj. interjection
intr. intransitif
invar. invariable
lat. latin
loc. adv. locution adverbiale
loc. conj. locution conjonctive
m. masculin
majusc. majuscule
masc. masculin
minusc. minuscule
n. nom
n. f. nom féminin
n. m. nom masculin
n. pr. nom propre
orthogr. orthographe
parf. parfois
paron. paronyme
part. passé participe passé
part. prés. participe présent
plur. pluriel
prép. préposition
prés. présent
pron. dém. pronom démonstratif
pron. indéf. pronom indéfini
pron. pers. pronom personnel
pronom. pronominal
signif. signification
sing. singulier
subst. substantif
syn. synonyme
touj. toujours
tr. transitif
tr. d'union trait d'union
v. verbe
v. impers. verbe impersonnel
var. variable

A

abhorrer v. tr. Le v. a la même racine qu'*horreur*, n. f. ; de là, l'*h* qui suit le *b* du préfixe ; de là aussi les deux *r*.

abîme n. m. Noter l'acc. circ. sur l'*i* (contr. à *cime* : « l'acc. de *cime* est tombé dans l'*abîme* »).

abjurer v. tr. et intr. Ne pas confondre avec son paronyme **adjurer**, v. tr. *Abjurer*, c'est abandonner publiquement une idée, une croyance, une religion ; par exemple, *Henri IV abjura le protestantisme. Adjurer*, c'est supplier (quelqu'un) : *L'épouse d'un des otages adjura les ravisseurs de lui rendre son mari.*

abricot n. m. usité comme adj. de couleur. Invar. dans cet emploi : *des gilets abricot* (= dont la couleur est semblable à celle de l'abricot).

abrupt adj. et n. m. Le couple *pt* se prononce comme dans *concept, rapt* et *transept*, et comme dans le nom de la ville d'*Apt*.

abscisse n. f. Noter : *sc* derrière le *b*, et deux *s* à la fin.

absentéisme n. m., **absentéiste** adj. et n. Pas de tréma sur l'*i*.

absolu n. m. et adj. Éviter de dire et surtout d'écrire : « le plus absolu », car il n'y a pas de degrés dans l'*absolu* ; ce qui est *absolu* ne saurait l'être plus ou moins.

absorption n. f. Le *p* se substitue au second *b* du v. *absorber*. Ne pas écrire : « asorbtion » ni « apsorption ».

abstentionnisme n. m., **abstentionniste** adj. et n. Deux *n*.

abysse n. m. Noter le genre.

acajou n. m. et adj. L'adj. de couleur est invar. : *de belles teintes* *acajou* (de la couleur brun rougeâtre de l'acajou). Mais le subst. prend un *s* (et non un « x » !) au plur. : *Deux acajous furent débités sous nos yeux.*

acariâtre adj. Un seul *c* ; acc. circ. sur le dernier *a*.

accaparer v. tr. Deux *c*, ainsi qu'aux dér. • C'est une faute de dire : « Ils se sont accaparés de... » ; les formes correctes sont : « *Ils se sont emparés de...* » ou bien : « *Ils ont accaparé...* »

acception n. f. L'*acception* d'un mot, c'est le sens qu'on lui reconnaît. Ne pas confondre (l'erreur est fréquente) avec **acceptation**, n. f., fait d'accepter. • De même, dans l'expr. juridique *sans acception de personne*, qui veut dire « sans préférence à l'égard de qui que ce soit », ne pas confondre avec *sans exception.*

accident n. m. Il importe de maintenir une différence de gravité entre *accident* et *incident* : *un grave accident, un simple incident de parcours.* (Néanmoins, il arrive qu'un accident soit bénin et... qu'un incident tourne au drame !)

acclimatation n. f., **acclimatement** n. m. Employer le mot juste : l'*acclimatation* consiste, pour les spécialistes, à *acclimater* des espèces exotiques de la faune et surtout de la flore ; l'*acclimatement* consiste, pour tout être vivant, à *s'acclimater*, c'est-à-dire à s'adapter à un nouveau climat.

accolade n. f. Deux *c*, un seul *l*, tout comme au v. tr. *accoler* (alors que *racoler* ne prend qu'un *c*). Ces mots viennent de *col* au sens de cou.

accommoder v. tr. et intr. Deux *c*, deux *m*. • Attention au mot juste pour l'emploi de ses dér. : **accommodation**, n. f., usité surtout en biologie et en ophtalmologie (*l'accommodation de l'œil à de nouvelles lunettes*) ; **accommodement**, n. m., signif. « arrangement sur une querelle, un procès, une question douteuse » (*les accommodements avec le ciel* fait référence à un vers du *Tartuffe* de Molière).

accordéoniste n. Un seul *n*.

accoutumé adj. La loc. *à l'accoutumée* (= comme à l'ordinaire) est touj. au fém. • L'expr. *avoir accoutumé* (= pris l'habitude) *de...* est considérée comme vieillie.

accroche-cœur n. m. L'invariabilité au plur. est tolérée, mais l'*s* final à *cœur* est plus fréquent.

acné n. f. Noter le genre : *une acné persistante.*

acolyte n. m. Un seul *c*. Inusité au fém.

acompte n. m. Un seul *c*. (*Payer par acomptes* se met au plur.) • Il faut prendre garde à ne pas confondre *acompte* et *arrhes*, n. féminin exclusivement plur. L'acompte est un paiement partiel à déduire du paiement total. Les arrhes, elles, sont une somme versée par une des parties concluant un contrat. Elles seront perdues si une des parties rompt le contrat.

à-côté n. m. Prend un *s* au plur. : *les à-côtés du procès.* • Le tr. d'union disparaît dans la loc. *à côté de* : *Céline vit à côté de chez nous.*

à-coup n. m. Prend un *s* au plur. On écrit touj. au plur. : *par à-coups.*

acoustique n. f. Un seul *c*. Une bonne acoustique.

acquis n. m. (part. passé substantivé du v. tr. *acquérir*). *Les acquis de la classe ouvrière*, ses avantages sociaux : *nos acquis*, nos biens, nos droits, nos connaissances. • Adj. : *les choses acquises* (part. passé : *les choses que nous avons acquises*). • Ne pas confondre avec l'hom. **acquit** n. m. qui signif. : quittance, reconnaissance d'un paiement (*pour acquit*). Se souvenir que *acquis* correspond à *acquérir*, et *acquit* à *acquitter*, v. tr. • *Par acquit de conscience.*

âcre adj. Acc. circ. sur l'*a*. • Il en va de même pour le dér. *âcreté*, n. f., mais *acrimonie*, n. f., et *acrimonieux* (*euse*), adj., s'écrivent sans acc., bien que de même étymologie.

adhérent(e) n. et adj. verbal : *Notre mutuelle a mille adhérents.* • Le part. prés. **adhérant** du v. tr. indir. *adhérer* est à distinguer de l'adj. verbal : il s'écrit avec un *a*, comme tout part. prés. : *En adhérant à ce parti, il assurait sa carrière.* • Le mot *adhérent* se rapporte à *adhésion*, alors que le n. et adj. *adhésif* se rapporte à *adhérence.*

adjoint(e) n. et adj. Il n'y a pas de trait d'union entre ce mot et le nom (ou adj.) qui le précède : *les deux directeurs adjoints, le secrétaire général adjoint*.

adresse n. f. Touj. au sing. dans : *des tours d'adresse* ; touj. au plur. dans : *un (des) carnet(s) d'adresses.*

aérogare n. f. Noter le genre.

affaire n. f. On écrit au sing. : *se tirer d'affaire, tout cela est affaire de..., être hors d'affaire* ; • au plur. : *être en affaires* ; *un agent d'affaires, un brasseur d'affaires, un bureau d'affaires, un cabinet* *d'affaires, un chiffre d'affaires, un chargé d'affaires, un homme d'affaires ; toutes affaires cessantes.*

afférent(e) adj. Ne jamais écrire « afférant » avec un *a* puisqu'il ne peut s'agir en aucun cas d'un part. prés. (il n'existe pas de v. « afférer ») : *Tu as accepté ce poste et les responsabilités y afférentes.*

affolement n. m. Deux *f*, un seul *l*. (Au contraire, *follement*, adv., prend deux *l*, tandis que **folâtre**, adj., et **folâtrer**, v. intr., n'en ont qu'un.)

affres n. f. plur.

affût n. m. Acc. circ. sur l'*u*. Il en va de même pour tous ses dér. : **affûter, affûtage, affûteur, réaffûtage**, etc., y compris le n. m. plur. **affûtiaux**, parfois rencontré au sing. : *un affûtiau.* • Attention : *fût* prend un acc., mais il n'en faut pas à *futaie, futaille, futaine, futé* (« Bison futé »), *faire du raffut.*

afghan adj. et n. pr. (dans ce cas, majusc. initiale). Un seul *n* au fém. : *afghane, deux Afghanes.*

agape n. f. Noter le genre. S'emploie au plur. quand on parle d'un repas entre amis : *des agapes gargantuesques.*

agate n. f. S'écrit sans *h*, contrairement au prénom *Agathe.*

agenda n. m. Plur. : *des agendas.* Prononcer « ajinda ».

agglomérer v. tr. Prend deux *g*.

agglutiner v. tr. Prend deux *g*.

aggraver v. tr. Prend deux *g*, alors qu'*agrandir* n'en prend qu'un.

agissements n. m. Ne s'emploie qu'au plur.

agrafe n. f. Un seul *f*. Ne pas écrire : « agraphe ».

agrandir v. tr. Un seul *g*, alors qu'*aggraver* en prend deux.

agripper v. tr. Un seul *g*. Ce v. et son radical *gripper* sont les seuls de cette terminaison à prendre deux *p* (Bescherelle), comme le subst. *grippe.* • Moyen mnémonique : « Il est âgé (*a-g* = un *g*) pépé (*p-p* = deux *p*) ».

agrumes n. m. touj. plur.

ah ! interj. Le point d'exclamation est obligatoire, mais il est reporté après un mot monosyllabique étroitement lié à l'interj. : « *Ah bon !* ».

aide n. m. : *un aide de camp* ; *j'ai besoin d'un aide* (d'un assistant) ; n. féminin : *l'aide sociale, une aide ménagère, votre aide m'est précieuse.*

aide- élément de n. comp. Il faut distinguer : ceux où *aide* est un nom ; ils désignent des personnes et prennent un tr. d'union et le double plur. : *aide(s)-chimiste(s), aide(s)-comptable(s), aide(s)-cuisinier(s), aide(s)-maçon(s)* ; • ceux où *aide* est une forme conjuguée du v. tr. *aider* ; ils désignent des choses, prennent un tr. d'union et sont invar. : *aide-mémoire*, n. m., *aide-radio*, n. f. • Pas de trait d'union dans *aide(s) de camp.*

aïeul n. m. Deux plur. selon le sens : *aïeuls* (= nos grands-parents) ; *aïeux* (= nos ancêtres).

aigre-doux, aigre-douce adj. Plur. : *aigres-doux* (masc.), *aigres-douces* (fém.).

aigu adj. Au féminin : **aiguë** (tréma sur l'*e*) • n. m. : *les aigus d'une partition musicale.*

aîné(e) n. et adj. L'acc. circ. sur l'*i* subsiste au fém. (comme puîné) et dans le dér. **aînesse** (*le droit d'aînesse*). Syn. : *premier-né.*

air n. m. On écrit sans tr. d'union : *en plein air, le plein air.* En minusc. : *l'armée de l'air,* mais avec une majusc. : *le ministère de l'Air* ; avec deux majusc. : *L'École de l'Air,* puis *l'École militaire de l'Air.* • *Air-air, air-terre, sol-air* : expr. invar. (du domaine militaire) : *des missiles sol-air.* • Sans tr. d'union : *Air Canada, Air France.*

aisance n. f. Au plur. dans les expr. figées : *cabinet(s) d'aisances, fosse(s) d'aisances, lieux* (touj. au plur.) *d'aisances.*

alcôve n. f. Noter le genre. Acc. circ.

aléa n. m. (du lat. *alea,* coup de dés, chance). Francisé avec un acc. aigu ; presque touj. employé au plur. : *les aléas du métier.* • Sans acc. dans l'expr. lat. *Alea jacta est* (« Le sort en est jeté ») attribuée à César franchissant le Rubicon.

algèbre n. f. Noter le genre. L'acc. grave fait place à l'acc. aigu dans les dér. **algébrique, algébriquement, algébriste,** etc.

aligoté n. m. (d'un cépage bourguignon à raisins blancs). • Hom. : **haligoter**, v. tr., de l'anc. franç. signif. « couper en morceaux » (on disait aussi *harigoter*), d'où est issu le fameux *haricot de mouton...* dans lequel les haricots n'entrent pas.

alizé n. m. Noter le genre. Souvent plur. Avec un *z*, et non un « s ».

allée n. f. Au plur. dans l'expr. *les allées et venues*. Noter la différence d'orthogr. avec *les aller(s) et retour(s)*.

allô ! interj. Acc. circ. sur l'*o*. • Hom. : **halo**, n. m.

allume- élément de n. comp., tous masc., tous invar. : *allume-feu, allume-gaz, allume-cigares* (ce dernier mot, toutefois, peut être écrit avec ou sans *s* final).

alternative n. f. Choix entre deux possibilités : *La valise ou le cercueil, telle était l'alternative.* • À cette définition, qui seule reste correcte, un sens néologique critiqué emprunté à l'anglais est venu s'ajouter : le sens de *solution de rechange*, de *moyen de remplacement.* Une *alternative* implique l'existence de deux éventualités ; ce n'est donc pas l'une d'elles qui constitue à elle seule l'*alternative*. Ensuite, il convient d'éviter des expr. comme « une double alternative », « entre deux alternatives », quand on veut parler de deux solutions possibles, auquel cas le mot *alternative* suffit.

altitude n. f. L'expr. « haute altitude » est à rejeter parce que pléonastique : elle juxtapose deux mots synonymes ayant une racine commune (lat. *altus*, haut). Il faut préférer *grande altitude.* (Pour exprimer le contraire, on peut tolérer *basse altitude*, mais *faible altitude* est préférable.)

alvéole n. f. Le genre de ce mot, aujourd'hui, est le féminin.

ambre n. m. Noter le genre. • Adj. de couleur INVAR. : *des verres ambre, des boiseries ambre.*

amiante n. m. Noter le genre : *l'amiante bleu.*

amour n. m. au sing., fém. au plur. dans la langue littéraire (parf. masc. sous certaines plumes). Touj. au masc. quel que soit le nombre quand il s'agit de représentations allégoriques : *Une Vénus couchée entourée de six Amours joufflus* (pour l'allégorie, la majusc. est préférable).

amuse-gueule n. m. Tr. d'union. Plur. : ou bien *des amuse-gueules*, ou bien invariabilité.

amygdale n. f. Se prononce « amidal ».

an n. m. On écrit de préférence : *Jour de l'An* (deux majusc.), *l'an mille* (et non « mil »), *l'an IV* ; *bon an, mal an* (virgule). • *An* s'emploie pour *année*, sauf dans certaines expr. : *de nombreuses années* (et non « de nombreux ans »).

année-lumière n. f. Plur. : *des années-lumière.* On dit aussi *années de lumière.* Rappelons que c'est une unité non pas de temps, comme le mot *année* pourrait le laisser supposer, mais de longueur, représentant la distance parcourue dans le vide par la lumière en une année, à la vitesse d'environ 300 000 kilomètres par seconde : *Sirius est à 8,6 années-lumière de la Terre.*

annexé adj., adv., part. passé du v. tr. *annexer.* • Comme *ci-joint* et *ci-inclus*, *ci-annexé* ne s'accorde que s'il a valeur adjective : *Vérifiez bien les documents ci-annexés.* Il reste invar. s'il a valeur adverbiale et est placé devant le nom : *Ci-annexé deux bordereaux, Veuillez trouver ci-annexé les épreuves de votre article.*

anoblir v. tr. (= conférer [à quelqu'un] un titre de noblesse : *Le roi a anobli son grand argentier*). Ne pas confondre avec **ennoblir**, v. tr. (« donner de la noblesse morale ») : *Ce bon et beau livre ennoblit votre œuvre.*

anthracite n. m. Noter le genre : *l'anthracite artificiel.* • Adj. de couleur invar. : *Les camaïeux anthracite d'une grisaille.*

anti- élément grec indiquant le contraire, l'opposition : *anticyclone, antimilitaire, antisémite.* Les dict. récents ont supprimé le tr. d'union, même avec les mots commençant par une voyelle, sauf devant la voyelle *i* : *anti-impérialiste, anti-italien* ; • ils ne la maintiennent que : dans le mot *anti-sous-marin* ; devant les sigles (*anti-UV*) ; dans les noms propres (*Anti-Atlas, Anti-Dühring, Anti-Liban*). On le conserve aussi dans les créations occasionnelles : *Le cinéma, c'est mon anti-déprime !*

antidote n. m. Noter le genre.

antipode n. m. Noter le genre. Surtout usité au plur. : *vivre aux antipodes* ; et aussi au figuré : *aux antipodes de la réalité.*

anti-sous-marin adj. Deux tr. d'union. *Des grenades anti-sous-marines.*

août n. m. On prononce « ou » ou « out' ».

apéritif n. m. et adj. (fém. : *apéritive*). Un seul *p*, contrairement à *appétit* ; malgré les apparences, les deux termes n'ont pas la même étymologie (voir *appétit*).

à-peu-près n. m. composé (deux tr. d'union) : *Contentons-nous d'à-peu-près,* forgé à partir de la loc. adv. *à peu près* (sans tr.

d'union) : *Cette ville compte à peu près un million d'habitants.* Les traits d'union sont réservés à la loc. substantivée.

apogée n. m. Noter le genre.

appendice n. m. Prononcer « pain ».

appétit n. m. Deux *p* dans ce mot lié à l'idée d'approcher, de chercher à atteindre, et aussi d'envie et de désir. *Apéritif,* qui ne comporte qu'un *p,* est issu d'un terme de médecine exprimant, lui, une idée d'ouverture.

approuvé part. passé du v. tr. *approuver.* Reste invar. s'il est employé prépositivement, comme dans la loc. *lu et approuvé* ; ex. : *approuvé les art. 7 à 9* ; *lu et approuvé les termes du contrat.* (On sous-entend : [le signataire a] *lu et approuvé les termes*, etc.)

après que... Le bon usage consiste à bannir le subjonctif après l'emploi de cette loc. Avec *après que* on dit et écrit : *Venez me voir après que vous aurez fini votre travail.* La règle veut en effet que l'indicatif présent ou futur (voire, beaucoup plus rarement, le conditionnel) suive *après que.* Mais, avec *avant que,* une construction correcte exige le subjonctif : *Venez me voir avant que vous ayez commencé votre travail.*

arcane n. m. Noter le genre. Usité surtout au plur., au sens, comme au singulier, d'opération mystérieuse (*les arcanes de la politique* : ses secrets, ses mystères).

arc-en-ciel n. m. Deux tr. d'union. Plur. : *des arcs-en-ciel* (la liaison se fait avec un *c* dur, aussi bien au plur. qu'au sing. : « des ark-en-ciel »).

archipel n. m. Ne pas dire : « un archipel d'îles », c'est un pléonasme.

archives n. f. plur. Ce mot est inusité au sing. • Majusc. à : *les Archives (nationales).*

arme n. f. Touj. au plur. dans : *commandant(s) d'armes, fléau(x) d'armes, gens d'armes* (anc. forme devenue *gensdarmes* puis *gendarmes*), *maniement d'armes, masse(s) d'armes, passe(s) d'armes, peuples* (ou *soldats*) *en armes, place(s) d'armes, veillée(s) d'armes.*

armistice n. m. L'armistice du 11 novembre 1918.

arôme n. m. *Arôme* prend un acc. circ. sur l'*o.* • Tous ses dér. s'écrivent sans acc. circ. : **aromal(e, aux)**, adj. ; **aromate**, n. m. ; **aromaticité**, n. f. ; **aromatique**, adj. et n. m. ; **aromatisan(e)**, adj. ; **aromatisation**, n. f. ; **aromatiser**, v. tr. ; **aromie**, n. f. (d'un insecte).

arrache- Tous les n. comp. ayant *arrache-* pour premier élément prennent la marque du pluriel au second : *arrache-clou(s), arrache-étai(s), arrache-moyeu(x), arrache-tube(s), arrache-tuyau(x)*, etc. • La loc. adv. *d'arrache-pied* reste INVAR.

arrhes n. f. plur. Les arrhes ne sont pas des *acomptes* (voir ce mot).

arrière adj. invar. *Les roues arrière d'une voiture.* (Pour un animal, dire : *les pattes de derrière*, et non « les pattes arrière ».) • Substantivé, *arrière* s'accorde normalement : *ménager ses arrières ; les arrières d'une équipe de football.*

arrière- premier élément de nombreux n. comp. Le ou les autres éléments s'accordent au pluriel suivant les règles ordinaires de la grammaire, l'élément *arrière* demeurant invar. • Chacun de ces n. comp. a le genre de son élément principal. Ex. : *d'obscures arrière-boutiques ; nos arrière-petites-cousines ; nos arrière-grands-mères ; vos arrière-neveux.*

arroger (s') v. essent. pronom. Il fait exception : alors que les autres v. essent. pronom. accordent leur participe passé avec le sujet, celui de *s'arroger* s'accorde avec le COMPLÉMENT DIRECT placé DEVANT et reste INVARIABLE si ce dernier LE SUIT : *Les monopoles qu'ils se sont arrogés.*

artifice n. m. Reste au sing. dans : *des feux d'artifice.*

artiste n. et adj. Pas de tr. d'union à : *artiste peintre, artiste décorateur*, etc. • Le mot est des deux genres : *une grande artiste.*

asphalte n. m. : *L'asphalte est sec, ce matin.*

assidûment adv. Noter l'acc. circ. sur l'*u*.

assurance n. f. On écrit ce mot au SING. dans : *contrat(s) d'assurance, police(s) d'assurance, prime(s) d'assurance* ; • au PLUR. dans : *agent(s) d'assurances, compagnie(s) d'assurances, portefeuille(s) d'assurances.* • PLURIEL SIMPLE dans : *des assurances-vie* ; DOUBLE PLURIEL dans : *des assurances-crédits.*

asthme n. m. Noter le genre. Comme dans *isthme*, on ne prononce pas le *th* ; on dit : « asme ».

attrape- premier élément de mots composés (tous masc.) issus du v. tr. *attraper* (un seul *p*) : *attrape-mouche* (plante ; plur. généralement prôné aujourd'hui : *des attrape-mouches*) ; *attrape-*

mouches, n. invar. (oiseau dit aussi *gobe-mouches*, n. invar.) ; *attrape-mouches* (piège à mouches ; subst. invar.) ; *attrape-nigaud* (plur. : *attrape-nigauds*) ; *attrape-tout* (adj. invar.).

auburn adj. de couleur, invar. Des chevelures auburn.

aucun adj. et pron. indéf. Le pron. ne se met au pluriel que dans l'expr. *d'aucuns*. • L'adj. reste touj. au SING., excepté devant les noms qui n'ont pas de singulier (ex. : *N'engagez aucuns frais*) ou qui, ayant un singulier, sont employés dans un sens essentiellement pluriel (ex. : *Elles se sont trouvées sans aucunes ressources pour vivre*). • Une succession de sujets introduits par *aucun* laisse le verbe au sing. : *Aucun homme, aucune femme, aucun enfant n'a péri.*

augure n. m. : *Ce début est de bon augure.*

auspices n. m., surtout usité au plur. : *sous les meilleurs auspices.*

autre adj. et pron. indéf. On écrit : *J'ai agi pour de tout autres raisons* (et non : « de toutes autres »). • Avec *chose* : accord au FÉM. dans : *D'autres choses précieuses se trouvaient là* ; au MASC. dans : *Autre chose de plus substantiel nous fut proposé* (ici, *autre chose* forme une loc. de genre masc., comme *quelque chose* [ex. : *quelque chose de bon*]).

autrui pron. indéf. invar., toujours au sing. • Employé exceptionnellement comme sujet, s'accorde au MASCULIN : *Autrui m'est indifférent.*

avantage n. m. Ne pas confondre **d'avantage** (*Nous ne voyons pas d'avantage à déménager* = il n'y a aucun avantage à cela) et **davantage** (*Tu ne te reposes pas davantage ?* = un peu plus longtemps ?). Voir *davantage*.

avènement n. m. Noter l'acc. GRAVE.

azalée n. f. Noter le genre. Ne pas dire : « *un* » *azalée*.

azimut n. m. Pas d'*h* final (contr. à *bismuth*). *Tous azimuts.*

B

bâbord n. m. Côté gauche d'un navire lorsqu'on regarde vers la proue, vers l'avant du bateau. Acc. circ. sur l'*a*.

baffe n. f. (fam.). Noter les deux *f* dans ce synonyme de *gifle* (mot qui, lui, ne prend qu'un *f*).

bafouer v. tr. Un seul *f*.

bagou (ou **bagout**) n. m. Les deux orthogr. sont admises. Quelle que soit la graphie, pas d'acc. circ. sur l'*a*.

bail n. m. Contrat. • Plur. : *baux*. On écrit : *un bail de trois, six, neuf années*. • *Crédit-bail*, n. m., a, lui, un pluriel en *bails* : *des crédits-bails*.

bâiller v. intr. 1° Ouvrir involontairement la bouche (*bâiller d'ennui, de faim, de fatigue, de sommeil...*) ; 2° Être entrouvert ou mal ajusté (*Cette porte bâille*). Acc. circ. sur l'*a*. • Le part. passé est invar. • Ne pas écrire « bâiller aux corneilles » ! (Voir *bayer*.)

bâillon n. Noter l'acc. circ., qui subsiste dans **bâillonnement** (n. m.) et dans **bâillonner** (v. tr.), le *n* étant doublé dans tous les dér. de *bâillon*.

balade n. f. (famil.). Promenade, sortie. Un seul *l* comme pour **balader (se)** et **baladeur(euse)**.

balafre n. f. Un seul *l*, un seul *f* ; pas d'acc. circ. sur l'*a*.

balai-brosse n. m. Plur. : *balais-brosses*.

balbutiement n. m. Noter l'*e* après *ti*. Prononcer : « bal-bu-ciman ».

ballade n. f. Poème. Noter les deux *l,* alors que l'hom. **balade** (voir ce mot) n'en prend qu'un.

ballonnement n. m., **ballonner** v. tr. et intr. : deux *n.*

ballottage, n. m., **ballottement** n. m., **ballotter** v. tr. et intr., prennent deux *l* et deux *t.*

ban n. m. Le mot entre dans de nombreuses expr. découlant de ses divers sens : ensemble de vassaux d'un seigneur (*lever le ban, convoquer le ban et l'arrière-ban*), proclamation réglementaire ou défense annoncée publiquement (*le[s] ban[s] de vendange, publier ses bans [de mariage]* : noter le pluriel obligatoire dans cette dernière expr.), roulement de tambour ou sonnerie de clairon (*Fermez le ban !*), battements de mains (*Et un ban pour notre sympathique secrétaire !*), condamnation à l'exil, à être déchu de ses droits (*mettre au ban de la société*). • *Arrière-ban* fait au pluriel *arrière-bans.* • En revanche, il faut bien écrire **banc**, avec un *c* final, dans *être au banc d'infamie* (= être assis au banc des accusés, lors d'un jugement).

banal adj. Au sens propre et vieilli : « qui appartient au seigneur, qui est soumis au droit de banalité, qui est commun à tous les habitants d'une commune », le pluriel est exclusivement *banaux* (*des fours, des moulins banaux*). Au sens moderne et usuel (« quelconque, ordinaire, sans originalité », etc.), le pluriel est *banals* (*des propos banals, des événements banals*).

bande-annonce n. f. S'écrit avec un tr. d'union. Plur. : *des bandes-annonces.*

banderole n. f. S'écrit avec un seul *l.*

baraque n. f. Un seul *r,* de même que **baraqué, baraquement** et **baraquer.**

barème n. m. Un acc. grave et un seul *r.*

baril n. m. S'écrit avec un seul *r,* comme **barillet**, et contrairement à *barrique,* qui en prend deux.

barrette n. f. Deux *r* et deux *t.*

barricade n. f., **barricader** v. tr. et pronom. Deux *r.*

barrique n. f. Deux *r*, contrairement à *baril.*

bas-côté n. m. Plur. : *des bas-côtés.*

bas-fond n. m. Plur : *des bas-fonds.*

bas-relief n. m. Plur. : *des bas-reliefs.*

basse-cour n. f. Plur. : *des basses-cours.*

bastingage n. m. Pas d'*u* derrière le premier *g.*

bas-ventre n. m. Plur. : *des bas-ventres.*

bâtard(e) n. et adj. S'écrit avec un acc. circ.

bateau n. m. Pas d'acc. circ. sur l'*a.* • On écrit : *un bateau à moteur, un bateau à vapeur,* mais, avec compl. du nom au pluriel : *un bateau à voiles, un bateau à rames* (en évitant d'utiliser *bateau à voiles* pour une petite embarcation n'ayant qu'une voile !).

bateau-lavoir n. m. Plur. : *des bateaux-lavoirs.*

bateau-mouche n. m. Plur. : *des bateaux-mouches.*

bateau-phare n. m. Plur. : *des bateaux-phares.*

bat-flanc n. m. invar. Ici, *bat* vient de *battre,* donc ne pas écrire « bas » ni « bât ». *Ils sont allongés sur des bat-flanc inconfortables.*

bayer v. intr. Rester la bouche ouverte. *Bayer aux corneilles* (et non « bâiller aux corneilles »).

beau-père n. m., **belle-mère** n. f. Plur. : *beaux-pères, belles-mères.*

bébé-éprouvette n. m. Plur. : *bébés-éprouvette* (2e élément invar. : les bébés ne sont pas eux-mêmes des éprouvettes !).

béchamel n. f. On trouve aussi la graphie *béchamelle. Il y a bien trop de beurre dans votre béchamel !* • On écrit : *sauce à la Béchamel* (ce dernier mot prend la majusc., car il s'agit alors toujours du n. pr. du personnage dont le cuisinier avait inventé la sauce, n. pr. qui a fourni le n. commun).

bénéficier v. tr. ind. *Bénéficier de quelque chose.* « Bénéficier à » est condamné en tant que solécisme. Dire : *profiter à.*

benêt n. et adj. m. Il n'existe pas de féminin.

béni(e), bénit(e) Part. passé. Deux formes qui sont employées respectivement dans des cas en principe bien déterminés.
• *Béni(e)* s'emploie dans les cas suivants : 1° Au passif et à l'actif, quand la bénédiction rituelle donnée par un prêtre porte sur une PERSONNE ou sur une CHOSE qui n'est pas un objet : *Les mariés ont été bénis par le père Antoinet ; le mariage de Pierre et d'Odette a été béni par le R.P. Lacombe ; le cardinal H... a béni les fidèles.*

2° Au passif et à l'actif, dans tous les cas où il ne s'agit pas d'une bénédiction rituelle : *Ô terre bénie des dieux !* ; *avant d'émigrer, le père avait béni ses enfants.* 3° Dans un temps composé à la forme ACTIVE, quand il s'agit d'objets auxquels un prêtre donne la bénédiction rituelle : *Ce sont là des médailles que le Saint-Père a bénies* ; *le chapelet que l'archevêque a béni restera dans une châsse.*
• *Bénit(e)* a des emplois plus restrictifs : 1° À propos de CHOSES, d'OBJETS consacrés par la bénédiction rituelle du prêtre : *Le buis bénit a été distribué aux fidèles* ; *le pain bénit a été porté aux malades* ; *les médailles et les chapelets bénits seront envoyés en Afrique.* (*Bénit[e]*, dans les emplois précédents, est adj.) 2° Dans un temps simple ou composé de la forme PASSIVE, et s'agissant d'objets consacrés par une bénédiction rituelle : *La nouvelle chapelle sera bénite par Mgr Satanas* ; *je tiens à cette médaille : elle a été bénite par mon grand-oncle le cardinal Destaing !*

bernard-l'ermite n. m. invar. On peut écrire aussi : *bernard-l'hermite.* Noter le tr. d'union et l'apostrophe.

bifteck n. m. Francisation de *beefsteak.*

blue-jean n. m. Prononcer « blou-djinn ». *Des blue-jeans.*

bohème n. et adj. S'écrit avec un acc. grave : *la vie de bohème, mon fils est par trop bohème, des individus bohèmes.* • En revanche, on met une majusc. et un acc. circ. à **Bohême**, n. pr. d'une région d'Europe centrale. Par antonomase, c'est-à-dire en transformant en n. commun un n. propre (comme la ville de *Camembert* a donné son nom au *camembert*...), on écrit : *des verres en bohême, du bohême* (en conservant, là, l'accent circonflexe), pour dire « en cristal de Bohême, du cristal de Bohême »).

bonhomme n. m. (parf. adj.). Plur du subst. : *bonshommes.* • Le dér. **bonhomie**, n. f., s'écrit avec un seul *m*. L'adj. a un plur. différent : *des attitudes bonhommes.*

bouche-trou n. m. Plur. : *des bouche-trous.*

boucle n. f. Au plur., *boucle d'oreille* (sans tr. d'union) fait : *des boucles d'oreilles.*

bourse n. f. Prend la majusc. quand il s'agit de l'organisme financier et d'un édifice l'abritant, voire de manifestations diverses comportant une vente : *les cours de la Bourse, la Bourse aux timbres-poste de...*

boursoufler v. tr. Un seul *f*. Contrairement à *souffler.*

bouton n. m. Double pluriel à : *bouton(s)-poussoir(s),* mais plur. simple à : *bouton(s)-pression* (2ᵉ élément invar.). • De même, *bouton-d'argent* et *bouton-d'or,* n. m. de plusieurs plantes et d'un oiseau, ne prennent la marque du pluriel qu'à leur premier élément : *des boutons-d'or.*

brave adj. Cet adj. change de sens selon qu'il est placé devant ou derrière un subst. « *Un brave homme,* dit Littré, est un honnête homme ; *un homme brave* est un homme qui a de la bravoure. »

bravo ! interj. d'admiration, parfois ironique. Doit toujours être suivi d'un point d'exclamation. N. m. : *Des bravos nourris saluèrent le discours.*

brèche n. f. Acc. grave (et non circ.).

bric-à-brac n. m. invar. Deux tr. d'union.

brique n. f. On écrit ce mot plutôt au SING. quand il n'est ni déterminé ni qualifié : *une maison de brique, des murs de brique,* mais le pluriel n'est pas fautif (*une cloison de briques*). Le singulier met l'acc. sur le matériau ; le pluriel, sur l'objet fabriqué avec celui-ci. • *Brique* est également un adj. de couleur invar. *Des tons brique sur une nature morte.*

brocard n. m. / **brocart** n. m. La confusion orthographique est fréquente entre ces deux substantifs, et pourtant leur sens est bien différent ! Un *brocard,* avec un *d* terminal, c'est « un sarcasme, un trait piquant » : **brocarder** quelqu'un, « c'est lui décocher des railleries plus ou moins venimeuses ». C'est aussi, en vénerie, un cervidé d'un an (dans ce sens écrit parfois *brocart, broquard* ou *broquart*). Quant au *brocart,* avec un *t,* « c'est une étoffe de soie brochée d'or et d'argent et enrichie de dessins ».

bronze n. m. Adj. invar. de couleur : *des teintes bronze.*

brouillon(ne) adj. Double l'*n* au féminin.

broussaille n. f. Usité le plus souvent au plur. : *Ôter les broussailles de son jardin.* Mais l'emploi au sing. est correct. • Au sing., dans l'expr. : *en broussaille* (*des cheveux, une barbe en broussaille*) • CITATION : « *Le centre du combat point obscur où tressaille / La mêlée effroyable et vivante broussaille* » (Hugo, *Les Châtiments,* « L'expiation »).

brûle- premier élément de quelques mots composés, issu du v. tr. et intr. *brûler*. Attention à l'acc. circ. sur l'*u*. • La loc. adv. *à brûle-pourpoint* comporte un tr. d'union. • *Brûle-gueule,* n. m., fait *brûle-gueule* ou *brûle-gueules* au plur. *Brûle-parfum*, n. m., est accepté sous la graphie *brûle-parfums*, même au singulier, par certains dict. usuels. Plur. : *des brûle-parfums.*

brunch n. m., américanisme obtenu par contraction de *breakfast* et de *lunch* : repas combinant petit déjeuner et déjeuner, et servi entre 10 et 14 heures. Ce type de repas n'est plus, aujourd'hui, réservé à la journée du dimanche (voire du samedi). • Plur. : *des brunchs* (à la française, de préférence à l'anglais *brunches* !).

brun-rouge ou **brun rouge** adj. de couleur invar. Doit-on mettre un tr. d'union ? Notre réponse : les deux formes sont correctes, avec une légère nuance : *brun-rouge*, avec le tr. d'union, fond réellement les deux couleurs en une seule, comme si chacune était une composante à 50 % de la teinte ; *brun rouge*, en deux mots, insiste implicitement sur le fait que le *brun* dont on parle est la couleur dominante et « tire » sur le rouge. • Le subst. dér. s'accorde : *Des bruns(-)rouges très vifs tranchaient sur le fond mat.*

brut(e) adj., **brut** adv. L'adj. s'accorde normalement : *la marge brute d'autofinancement.* • Après un nombre, un pourcentage, une valeur, etc., on considère que *brut* est adverbial, donc invariable : *un bénéfice de 18,10 M € brut* ; *s'agit-il de 15 € net ou brut ?* Le *t* final se prononce toujours. • Au sens absolu, *brut* est substantivé : *50 barils de brut* (de pétrole brut), *deux jéroboams de brut* (de champagne brut). Donc le pluriel *des bruts* est licite, que l'on parle de pétroles, de salaires... ou de champagnes !

buccal adj. Plur. f. *buccales* ; m. : *buccaux.* Attention aux deux *c*. On les retrouve dans tous les dér. du lat. *bucca*, « bouche » : *buccin, bucco-dentaire, bucco-nasal*, etc.

bûche n. f. Attention à l'acc. circ. sur l'*u*, y compris chez les dér. directs comme **bûcheron**, ou hybrides comme *embûche* (mais non sur *trébucher*, v. intr., qui a une autre origine).

bucolique adj. Un seul *c* (étym. grecque : *boukolos*, pâtre).

bungalow n. m. Plur. : *des bungalows.*

buter v. tr. (= étayer), intr. (= heurter) et pronom. (= s'entêter). Un seul *t*. Ne pas confondre avec **butter**, v. tr. pourvu de deux *t* (entourer de terre exhaussée).

butiner v. tr. et intr. Un seul *t*.

C

ça pron. dém. Peut s'élider devant les formes conjuguées de l'auxil. *avoir* : *Ç'a (ç'avait) été notre dernière chance.*

çà adv. de lieu. Pas de tr. d'union à : *çà et là.* • Interj. *Or çà, causons ! Ah ! çà ! vous ici !*

cabane n. f., **cabanon** n. m. L'*n* du radical n'est pas doublé.

câble n. m., et ses dér. **câblage, câbleau, câbler, câblerie, câbleur, câblier, câblogramme, câblot** prennent un acc. circ. • Exception : **encablure**, n. f., pas d'acc.

cabotage n. m., **caboter** v. intr. (part. passé invar.), **caboteur** n. m. Un seul *t.*

cabriole n. f., **cabrioler** v. intr. (part. passé invar.), **cabriolet** n. m. Un seul *l.*

cacahuète n. f. (= arachide). Autres graphies : *cacahouète, cacahouette.*

cachotterie n. f. Deux *t.* (comme **cachotter**, v. tr. dir., et **cachottier** [-ère], n.)

cachou n. m. Plur. en *s* : *sucer des cachous.* • Adj. de couleur invar. : *des gilets cachou.*

caduc adj. Fém. : *caduque* (comme *turc/turque*, non comme *grec/grecque*).

cafétéria n. f. Francisation de l'italien *cafeteria*, bar, café.

cagnotte n. f. Deux *t.*

cahot n. m. (= secousse). Dér. : **cahoter**, v. intr. (part. passé invar., sauf s'il est adjectivé) et tr. ; **cahotant(e)**, adj. (= qui subit des cahots) ; **cahoteux(euse)**, adj. (= qui provoque des cahots). • HOM. : **chaos**, n. m. (= amas désordonné). Bien écrire : *voiture cahotante* (et non : « chaotante »), *route cahoteuse* (et non : « chaoteuse »). • « Cahotique » n'existe pas ; en revanche, il y a bien l'adj. **chaotique**, issu de *chaos*.

cahute n. f. Un seul *t* (contrairement à *hutte*).

caïman n. m. Crocodile exclusivement AMÉRICAIN.

cajoler v. tr. et intr. Pas d'acc. circ. sur l'*o*. *Idem* pour ses dér. : **cajolerie**, n. f., **cajoleur(euse)**, n. et adj., etc.

calotte n. f. Deux *t* dans toutes les acceptions et tous les dér. SAUF **calotin(e)**, qui n'en prend qu'un.

calvados n. m. (eau-de-vie de cidre). Pas de majusc. Par abrév. : *calva* (*des calvas*).

camaïeu n. m. Touj. au sing. dans *peindre en camaïeu, des tableaux en camaïeu*. • Plur. : *des camaïeux*. (Quelques lexicographes admettent « camaïeus ».)

camée n. m. Noter le genre pour ce bijou, ce médaillon de pierre fine ou dure. (En argot, pour désigner un drogué, la graphie est *un camé* [fém. : *une camée*].)

camélia n. m. S'écrit *Camellia* en botanique. *La Dame aux camélias,* d'Alexandre Dumas fils.

caméra n. f. Francisé avec un acc. aigu. • Pour remplacer le dér. *cameraman*, parfois francisé en *caméraman* (plur. *cameramen* ou *caméramans*), on recommande l'équivalent français *cadreur*.

can- / cann- Mots où l'*n* n'est pas doublé : *canadien, canaille, canal, cananéen, canapé, canaque, canard, canari, canasson, canasta, cane* (oiseau), *caner* (v. argot), *canette* (petite cane), *canevas, canepetière, canéphore, caneton, caniche, canicule, canif, canillon* (= caneton), *canin, canine, canitie, caniveau, canoë, canon, cañon* (ou *canyon*), *canot, canular, canule, canut*, et leurs dér. ; ainsi que quelques noms propres : *Canaries, Canigou, Canope*, etc.
• Mots où l'*n* est doublé : *cannabinacées, cannage, cannaie, canne* (1° bâton pour la marche ; 2° récipient ; 3° plante sucrière ; 4° oiseau), *canneberge, cannelier, cannelle* (écorce du cannelier ; chantepleure de tonneau), *cannelloni, cannelure, canner* (= garnir : *canner une chaise*), *cannetille, cannibale*.

• *Canette*, avec un seul *n*, désigne à la fois une petite cane, une bouteille de bière et une pièce de machine à coudre ; mais, dans ces deux derniers sens, *cannette* avec deux *n* est admis.
• *La Canebière*, à Marseille : un seul *n* ; la rue *Cannebière*, à Paris (12e arr.) : deux *n*. C'est le même mot que *chènevière* (= plantation de *chanvre* [appelée *can(n)ebière* dans le Sud-Est], dont la graine est le *chènevis*).

canari n. m. invar. en tant qu'adj. de couleur : *des pulls canari*.

cancer n. m. Prend la majusc. dans : *la constellation (le signe) du Cancer, le tropique du Cancer* (hémisphère boréal).

canoë n. m. Tréma sur l'*e*. Mais acc. aigu au dér. *canoéiste*.

canon 1 n. m. et adj. (= relatif aux lois et règles de l'Église). Les dér. NE DOUBLENT PAS l'*n* terminal : **canonial(ales, aux)**, adj. ; **canonicat**, n. m. ; **canonique**, adj. ; **canoniser**, v. tr. ; **chanoine**, n. m. ; **chanoinie**, n. f. (syn. de *canonicat*), etc.

canon 2 n. m. (= pièce d'artillerie). Contrairement à ceux du précédent, les dér. DOUBLENT l'*n* final : **canonnade**, n. f. ; **canonner**, v. tr. ; **canonnier**, n. m. ; **canonnière**, n. f., etc. • DÉR. COMPOSÉS : *canon-harpon*, n. m. (plur. : *des canons-harpons*) ; *homme-canon*, n. m., *femme-canon*, n. f. (l'homme et la femme n'étant pas eux-mêmes le canon, mais au contraire le projectile, nous prônons le plur. *hommes-canon, femmes-canon* (comme *stations-service* et *timbres-poste*).

canton n. m. Sans majusc. : *république et canton de Genève, le canton de Vaud*, etc. • Compl. de nom au SING. dans : *des chefs-lieux de canton*. • DÉR. 1° Ne doublent pas l'*n* terminal devant un *a* : *parler à la* **cantonade**, loc. ; **cantonal(e, es, aux)**, adj. ; **cantonalisme**, n. m. ; **cantonaliste**, n. et adj. 2° Doublent l'*n* final : **cantonnement**, n. m. ; **cantonner**, v. tr. ; **cantonnier**, n. m. ; **cantonnière**, n. f.

canular n. m. Sans *d* final. • Dér. : *canularesque*, adj.

cap n. m., **cape** n. f. On écrit : 1° SANS *e* final : *doubler le cap* ; *mettre le cap sur...* ; *passer le cap* ; *cap d'escadre* (anc. marine) ; *cap d'escouade* (anc. armée) ; *cheval cap de more* (ou *de maure*) ; *de pied en cap*. 2° AVEC un *e* final : *mettre à la cape ; récit de cape et d'épée* ; *rire sous cape*.
• Désignant en géographie une avancée de la terre sur la mer, *cap* garde la minusc. : *le cap Ferrat, le cap Gris-Nez, le cap Horn*. Intégré à un ensemble territorial, le mot prend la majusc. : ainsi,

le cap Bon, en Tunisie, devient le *Cap-Bon* si l'on entend la région résidentielle voisine. *Idem* s'il entre dans une entité administrative : *Cap-d'Ail, Cap-de-Sète* ; ou postale : *Cap-d'Antifer*, à La Poterie ; *Cap-Ferrat*, à Saint-Jean-Cap-Ferrat, etc. • On écrit : *aller au Cap* (et non « à Le Cap »). • Bien noter : *le cap Vert* (le cap lui-même, au Sénégal), *les îles du Cap-Vert* (archipel et État indépendant ; gentilé : Cap-Verdien[ne], Cap-Verdien[ne]s).

capitaine n. m. Ne pas confondre *capitaine d'industrie* (= industriel de grande envergure) et *chevalier d'industrie* (= escroc).

caporal(aux) n. m. Tr. d'union à : *caporal-chef* (plur. *caporaux-chefs*). • Deux majusc. à : *le Petit Caporal* (Napoléon Ier).

capot n. m. *Des capots.* • Adj. invar. : *On les a mises capot !*

câpre n. f., **câprier** n. m. Acc. circ. sur l'*a*.

capricorne n. m. Majusc. dans : *la constellation (le signe) du Capricorne, le tropique du Capricorne* (hémisphère austral).

carafe n. f. Un seul *r*, un seul *f* (comme *girafe*). De même : **carafon.**

caramel adj. de couleur invar. : *des chemisiers caramel.*

caravelle n. f. *Les caravelles de Christophe Colomb.* • Prend une majusc. pour le nom déposé d'avion (invar. : *des Caravelle*).

carbone n. m. Pas de tr. d'union à *carbone 14*, et l'on écrit d'un seul tenant son synonyme, *radiocarbone*.

carie n. f., **carier (se)** v. pron. Un seul *r* (contr. à *carrière*).

carmin adj. de couleur, invar. : *des tons carmin criards* ; et n. m. : *des carmins trop vifs.*

carotte adj. de couleur invar. : *des rideaux carotte.* • N. f. : *Les carottes sont cuites !*

carpe n. m. (= os du poignet) ; n. f. (= poisson).

carte n. f. Sans tr. d'union : *carte postale.* Avec tr. d'union : *carte-lettre*, n. f. (plur. : *des cartes-lettres*) ; *carte-réponse* (des *cartes-réponses*) ; *carte-vue* (belgicisme) [des *cartes-vues*].

carton n. m. Tr. d'union et DOUBLE PLUR. à : *carton-feutre, carton-paille, carton-pâte, carton-pierre* : *des cartons-feutres, des cartons-pailles*, etc. • Les dict. se contredisent sur : *carton à chapeau* ou *à chapeaux, carton à dessin* ou *à dessins.* Certains ne mettent l'*x* et l'*s* qu'au pluriel. On devrait laisser *chapeau* au sing. même quand *carton(s)* est au plur., et mettre *dessin(s)* au plur. même quand *carton* est au sing.

cartouche n. m. (= petit tableau dans l'angle d'une carte, d'une illustration ; emplacement réservé à un texte, à une légende ou à un titre). • n. fém. (= munition pour arme à feu).

cas n. m. Touj. au SING. dans *au cas où...* ; *en aucun cas* ; *en quelque cas que...* ; *en tout cas* (= de toute façon, quoi qu'il arrive). • Pour cette dernière loc., n'employez le plur. qu'avec l'article défini : *dans tous les cas*, et plutôt avec une épithète ou un complément : *en tous les cas envisageables.* • DÉR. : *en-cas* n. m. (= casse-croûte, parapluie). On écrit aussi *encas.*

casse- premier élément (invar.) de nombreux mots composés (forme conjuguée du v. tr. *casser*). Tous sont du genre MASCULIN (seul *casse-tête* fut fém. au XVIIIe s.). Tous sont INVAR. en nombre, mais : 1° les uns gardent leur second élément au sing. ; 2° d'autres le maintiennent au plur. ; 3° d'autres le conservent soit au sing., soit au plur., tel qu'il est quand le mot composé est au singulier. Soit : • catég. 1 : *casse-coke, casse-cou, casse-croûte, casse-cul* (n. et adj.), *casse-fer, casse-fonte, casse-graine, casse-gueule* (n. et adj.), *casse-mariage* (= instrument de textile), *casse-poitrine, casse-sucre, casse-tête, casse-trame, casse-vessie* ; et, nécessairement, casse-noix ; • catég. 2 : *casse-couilles* (n. et adj. fam., parfois « atténué » en *casse-bonbons*), *casse-lunettes, casse-mottes, casse-noisettes* (voir note, à la fin de cet articulet), *casse-pieds* (n. et adj.) ; • catég. 3 : *casse-noyau* ou *casse-noyaux* (certains dict. font ce mot invariable en nombre et ne mettent l'*x* qu'au pluriel), *casse-pierre ou casse-pierres, casse-pipe* ou *casse-pipes.* • NOTE : Le ballet *Casse-Noisette*, de Tchaïkovski, s'écrit sans *s* terminal.

catarrhe n. m. (= rhume chronique) ne s'écrit pas comme **cathare**, n. et adj. (= relatif à la secte médiévale des albigeois).

causer v. intr. Il est incorrect de dire : « causer à quelqu'un » ; on doit dire *parler à...* ou bien *causer avec.*

ce pron. dém. S'élide devant une voyelle : *c'est, c'était, c'eût été, c'en est trop* ; avec une cédille quand la voyelle est dure : *ç'a été, ç'avait été,* etc. • *Ce* est toujours muet dans les inversions : *se pourrait-ce ?* ; *qu'est-ce ?* (rime avec *caisse* dans *Cyrano de Bergerac,* IV, III, d'Edmond Rostand). • Certains « puristes » veulent que *c'est* soit une formule figée où *c'* est sing., et refusent la loc. *ce sont*. Mais celle-ci a été employée par de grands écrivains, sauf devant *nous* et *vous*, qui seuls l'excluent. (Cf. : « *Ce n'est pas nous, ce sont nos capitaines* » : Hugo, *Lég. des siècles,* « La vision de Dante ».) L'inversion même est admise : on trouve *sont-ce* (Molière, Musset, etc.), *étaient-ce, seraient-ce.* Toutefois, *seront-ce* et *furent-ce* sont inusités. • Adj. dém. Contrairement au pron., il refuse l'élision et ajoute un *t* : *ce* devient *cet* devant une voyelle ou un *h* muet.

ceci, cela pron. dém. Quand ces deux mots sont mis en opposition, *ceci* désigne la chose citée la plus proche, *cela* celle qui se trouve le plus loin. Quand *ceci* est employé seul, il doit en principe désigner ce qui suit ; il en découle qu'on ne devrait pas dire : « ceci dit », mais *cela dit,* car *cela* employé seul se rapporte à ce qui précède. Toutefois, cette règle est méconnue.

cedex n. m. Acronyme signif. « courrier d'entreprise à distribution exceptionnelle ». Donc, pas d'acc.

céladon adj. de couleur (vert pâle) invar. : *des potiches céladon.*

cellophane n. f. (déposé). C'est une marque, aussi devrait-on toujours mettre une majuscule initiale.

celui, celle, ceux, celles pron. dém. Si l'on dit : *celle-ci,* ou : *celle-là,* c'est celle qu'on montre. Si l'on écrit : *celui-là* (employé seul), c'est celui de qui l'on parle (« *Et s'il n'en reste qu'un, je serai celui-là* » : Hugo, *Les Châtiments*). • Si l'on met les deux pron. en opposition, leur attribution respective est la suivante. Supposons qu'on écrive : « *Jean et Pierre se sont revus ; celui-ci a invité celui-là* » : c'est Pierre (le plus proche) qui a invité Jean (le premier cité).

censé(s) adj. *Tu es censé* (supposé) *ne pas me connaître.* • Attention à l'hom. **sensé** (= qui a du bon sens) : ne pas confondre !

cent 1° adj. num. card. *Cent* prend un *s* quand il est précédé d'un nombre qui le multiplie, pourvu qu'il ne soit suivi d'aucun adj. numéral (supérieur ou inférieur). Ex. : *cinq cents euros,* mais : *deux cent mille euros,* et : *deux cent trois euros.* Il s'accorde devant *millier, million, milliard, billion, trillion,* qui ne sont pas des adj. numéraux mais des noms (subst.). 2° ADJ. NUM. ORD. *Cent,* dans cette fonction, reste invar. : *l'an mil huit cent, la page deux cent* (ici, *cent* = centième). 3° N. MASC. S'accorde normalement : *des mille et des cents* (*mille,* au contraire, reste invar., même quand il est subst.). • On écrit sans tr. d'union : *cent vingt ans, le cent cinquantième anniversaire, le trois centième numéro de la revue.* • En revanche, on met un tr. d'union quand il s'agit d'une fraction, d'un fractionnement, et que la loc. adj. num. est substantivée : *Il n'a touché que le deux-centième de l'héritage !*

centigrade adj. L'expr. *degré centigrade* est abandonnée depuis 1948 et remplacée par *degré Celsius*. Symbole : °C. Le signe *degré* (°) doit être espacé du chiffre qui le précède, et collé à la lettre C : *une température de 41 °C.* (Si l'on supprime le C, le signe *degré* doit, au contraire, être collé au chiffre : *41°*.)

cep n. m. (= plant de vigne), **cèpe** n. m. (= bolet).

cerf n. m. L'*f* terminal est muet. Pourtant, beaucoup de gens le prononcent, sauf dans le dér. *cerf-volant* (plur. : *cerfs-volants*).

cerise n. f. Est invar. en son emploi d'adj. de couleur : *des bonnets cerise, des tentures rouge cerise.*

cervical(e, es, aux) adj. = qui concerne le cou, la nuque ou le col de l'utérus et non pas le cerveau : ne pas confondre alors avec **cérébral**.

cessez-le-feu n. m. Noter la finale *ez* et les deux tr. d'union.

cession n. f. (= acte ou fait de *céder*). Ne pas confondre avec l'hom. **session** (= acte ou fait de *siéger*).

chai n. m. Pas d'*s* final, sauf au pluriel : *les chais de ce viticulteur bordelais.*

chair n. f. Au sing. : *bien en chair* ; *ni chair ni poisson.* • Adj. de couleur invar. : *des bas chair.*

champ n. m. Deux tr. d'union à : *sur-le-champ*, loc. adv. (= immédiatement). • On écrit *champ* au SING. dans : *à tout bout de champ.* • On écrit : *une brique posée de chant* (le **chant** est le petit côté), ou : *sur chant.* • Histoire : *les champs Catalauniques*, ou *Catalauniens.* • Mythologie : *les champs Élysées*, ou *Élyséens*. • À Paris : *les Champs-Élysées* (c'est le même mot que : *les Alyscamps*, ou *Aliscamps*, à Arles ; lat. *Elysi campi*).

chaque adj. indéf. sing. Une succession de *chaque* laisse le verbe au sing. : *chaque homme, chaque femme, chaque enfant sera recensé.* C'est logique, puisque *chaque* n'a pas de pluriel. • Dire : « ils possèdent vingt millions chaque » est familier mais incorrect : il faut dire : *vingt millions chacun* (pron. indéf.).

char n. m. Tous les dérivés de *char* – excepté **chariot**, n. m. – doublent le *r* : **charrette**, n. f., **charrier**, v. tr., **charroi**, n. m., **charroyer**, v. tr., etc. De même : **charretier**, n. m.

chassé-croisé : n. m. Plur. : *des chassés-croisés.*

chat n. m. Féminin **chatte** (deux *t*, alors que le féminin de *rat* est *rate*, avec un seul *t*).

châtaigne n. f. Mot invar. quand il est employé comme adj. de couleur : *des pantalons châtaigne.*

châtain adj. var. (de la couleur de la châtaigne). Il est normal de pouvoir dire : *une chevelure châtaine, une barbe châtaine, des mèches châtaines.*

château n. m. Pas de tr. d'union à *château fort.*

chauve-souris n. f. Plur. : *des chauves-souris.*

chef n. m. Quand *chef* est mis en apposition avec un autre subst., il ne prend un tr. d'union que s'il vient en dernier dans le groupe. Ex. : *un adjudant-chef, un médecin-chef,* mais *le chef jardinier, le chef mécanicien.* • On écrit : *un chef-lieu,* n. m. (plur. *des chefs-lieux*) ; *un chef-d'œuvre* (plur. : *des chefs-d'œuvre*) [on prononce : « chédeuvre »] ; *un couvre-chef* (plur. : *des couvre-chefs*).

chemin n. m. Pas de tr. d'union à *chemin de fer.*

chenal n. m. Plur. : *des chenaux.*

chêne-liège n. m. Tr. d'union. Plur. : *des chênes-lièges.*

cher adj. (fém. : *chère*) et adv. 1° très aimé : *mon cher ami* ; 2° très coûteux : *la viande est chère* (adj.) ; *cette étoffe coûte cher* (adv.). • Attention aux confusions éventuelles : ne pas écrire « faire bonne **chair** », mais : *faire bonne* **chère**, ce qui, à l'origine, signifiait : « faire bon visage », et a fini par vouloir dire : « faire un bon repas ».

cheval n. m. Plur. : *chevaux.* • Le compl. de nom est touj. au SING. dans : *un cheval (des chevaux) de bât, de course* (mais : *un champ, des champs de courses*), *de selle, de trait* ; et, au figuré : *cheval (chevaux) de frise* (usité presque exclusivement au plur.). • Le compl. de nom est touj. au PLUR. dans : *un cheval (des chevaux) d'arçons* (ou *cheval-arçons,* n. m. invar.). • *cheval(aux)-vapeur.*

chez-soi n. m. invar. *On est mieux chez soi* : pas de tr. d'union (prép. + pron.) : *chacun son chez-soi* : tr. d'union (subst.).

chlorhydrique adj. Attention au groupe *rhy*...

chocolat n. m. *Des chocolats amers.* • Adj. de couleur, le mot demeure invar. : *des tuniques chocolat.*

chœur n. m. *Chanter en chœur.* • Mais : *réciter par* **cœur** (hom.).

chou n. m. Plur. : *choux.* • Les dér. comp. avec tr. d'union (*chou-fleur, chou-navet, chou-palmiste, chou-rave*) prennent le double plur. (à l'exception de *chou-colza*, qui n'a pas de plur. usité). • Au PLUR. : *pâte à choux.*

chouchou n. m. Fém. : *chouchoute* (mais on peut conserver le masc. à propos d'une fille, d'une femme : *Elle est son chouchou*). Plur. : *chouchous.*

chrysanthème n. m. Noter le genre (et les deux *h*).

ci adv. (= ici, que voici). Après un subst., touj. avec tr. d'union : *cette rue-ci, ces jours-ci* ; • En loc. adv. invar. : *ci-après, ci-contre, ci-dessous, ci-dessus, ci-devant* (ce mot substantivé reste invar. : *les ci-devant Dupond et Dupont*) ; • Dans les loc. tantôt adverbiales, tantôt adjectives *ci-annexé, ci-inclus, ci-joint, ci-présent.* La dernière citée, n'étant qu'adjective, est toujours variable : *les prévenus ci-présents.* Les trois premières sont considérées :
1° comme adjectives, donc VARIABLES, quand elles qualifient et suivent un subst. : *les rapports ci-joints, la facture ci-incluse* ; ou si elles précèdent un subst. assorti d'un article : *Veuillez trouver ci-jointe* (ou : *ci-annexée* ; ou : *ci-incluse*) *la notice explicative* ;
2° comme adverbiales, donc INVARIABLES, quand elles commencent une phrase : *Ci-joint une liste de produits à détaxer, ci-annexé les indications complémentaires* ; ou quand elles précèdent un subst. dépourvu d'article : *Je vous envoie ci-inclus photocopie des documents reçus* ; *tu trouveras ci-joint note de frais détaillée.*

ciel n. m. Le plur. *cieux* est d'emploi général. • Le plur. *ciels* est usité en poésie, en critique artistique (les *ciels* des impressionnistes), et dans quelques mots composés dér. du mot *ciel*, tous n. m. : *ciel de carrière, ciel de chambre, ciel de foyer, ciel de lit.* Ces noms composés ne prennent pas de tr. d'union.

cime n. f. Pas d'acc. sur l'*i*, contr. à *abîme.*

ciseau n. m. (= outil pour trancher dans le bois, le fer, la pierre). Ne dites pas : « Passe-moi le ciseau, que je me coupe les ongles », car il s'agit alors d'une *paire de ciseaux* ; plur. OBLIGATOIRE.

cithare n. f. (= autref., sorte de lyre ; auj., instrument à cordes sans manche) ; **sitar** n. m. (= instrument à cordes pincées d'origine indienne). Noter la différence de graphie et de genre.

citron n. m. L'adj. de couleur est invar. : *des vestes citron.*

clafoutis n. m. S'écrit aussi *clafouti.*

cloche-pied (à) loc. adv., donc invar. Tr. d'union.

cocotte n. f. Touj. deux *t*, quel que soit le sens.

coexister v. intr. Part. passé invar. Ne pas lier l'*o* et l'*e.* De même dans *coexistence,* n. f.

coffre-fort n. m. Tr. d'union. Double plur. : *des coffres-forts.*

commande n. f. Au sing. dans : *un (des) bon(s) de commande, le(s) levier(s) de commande* (ou : *les commandes*). • Au plur. dans : *un (des) carnet(s) de commandes* (cf. *un carnet de chèques, de notes*).

comme conj. et adv. La présence ou l'absence d'une virgule de part et d'autre d'une incidente introduite par *comme* peut modifier le sens de la phrase et imposer ou non l'accord. Ex. : *La IIIe République, comme le Second Empire, s'est achevée sur une défaite* : les virgules donnent à *comme* un sens COMPARATIF, qui entraîne l'accord du verbe au SING. avec « République ». • Mais : *La IIIe République comme le Second Empire se sont achevés sur une défaite* : ici l'absence de ponctuation confère à *comme* un sens CUMULATIF qui amène tout naturellement l'accord du verbe au PLUR. avec les deux sujets « République » et « Empire ». • Voir aussi *considéré(e).*

commis n. m. SANS tr. d'union : *commis voyageur.*

communicant(e) adj. Noter la fin du mot : *-cant(e),* et la différence avec le part. passé du v. tr. : *communiquer* : *communiquant.*

comptine n. f. (= chant enfantin). Ne pas écrire « contine » !

concomitant(e) adj. Aucune consonne n'est doublée.

conserve n. f. L'expr. **de conserve**, loc. adv. (= ensemble, pour s'entraider, en parlant de bateaux), ne devrait pas être confondue avec l'expr. **de concert**, loc. adv. (= d'un commun accord).

considéré(e) part. passé du v. tr. *considérer.* Il faut dire : *Ce terme est considéré comme incorrect* (et non : « considéré incorrect »).

constellé(e) adj. « Constellé d'étoiles » est un pléonasme à rejeter.

conte n. m. On écrit : *conte de fées* avec un *s* à ce dernier mot.

coquelicot n. m. L'adj. de couleur est INVAR. : *des pulls coquelicot.*

corail n. m. Plur. : *coraux.* • L'adj. de couleur est INVAR. : *des draperies corail.* • Cet adj. peut se substantiver : *des corails rutilants* (ici, le plur. *coraux* ne saurait convenir).

coteau n. m. Pas d'acc. sur l'*o.* Ex. : *Les coteaux du Layon.*

courtisan(e) n. et adj. Ne double pas l'*n* au fém., tout comme *partisan(e),* et contrairement à *paysan(ne).* • L'adj. a le même sens au masc. (*un hommage courtisan*) et au fém. (*des flatteries courtisanes*) ; il n'en va pas de même du subst., qui, masc., désigne un noble de la cour, et, fém., une femme légère.

crachoter v. Un seul *t.*

créance n. f. On écrit : *le nouvel ambassadeur présenta ses lettres* (au plur.) *de créance* (au sing.).

crêpe n. m. (= tissu) s'écrit comme *crêpe,* n. FÉM. (= galette).

D

dahlia n. m. Attention à la place du *h* ! Le nom de cette plante vient de *Dahl*, patronyme d'un botaniste suédois.

dalaï-lama n. m. La bonne règle est de mettre un tr. d'union, sans indiquer de majuscule(s) : *Le dalaï-lama a visité Paris.*

damier n. m. Ne pas prendre le tout pour une partie, et ne pas écrire, par exemple : « Un drapeau à damiers noirs et blancs » quand il s'agit de cases noires et blanches. Écrire : *à damier noir et blanc.*

dartre n. f.

datte n. f. Fruit du dattier. Deux *t.*

débâcle n. f. et ses dér. **(débâclement, débâcler)** s'écrivent avec un acc. circ.

déballage n. m., **déballer** v. tr., prennent deux *l.*

débarras n. m. S'écrit avec deux *r*, de même que ses dér.

déblai n. m. Sans *s* final, comme *remblai* et *délai.*

déblaiement, déblayage n. m. Action de déblayer. • Au sens figuré, c'est *déblayage* qui est usité : *faire le déblayage de ses affaires.*

déblocage n. m. Avec un *c*, et non « qu ».

déboire n. m. Est le plus souvent usité au pluriel : *avoir essuyé bien des déboires.*

debout adv. Donc toujours INVARIABLE ! Ex. : *Ils sont toujours restés debout* ; *des vents debout.*

début n. m. La langue soutenue exige que l'on dise : *au début de juillet, au début de 1980.* « Début 86 », « début janvier », etc., sont des tournures elliptiques de style familier.

débuter v. intr. • L'emploi transitif, quoique fréquent dans la langue parlée, n'est pas reconnu comme licite.

deçà adv. Ne pas omettre l'acc. grave. *Courir deçà et delà, deçà delà ; jambe deçà, jambe delà.* • Pas de tr. d'union dans *en deçà, en deçà de.*

décade n. f. « Période de dix jours ». *La Décade prodigieuse,* d'O. Welles. Ne pas confondre avec **décennie** n. f. « Période de dix ans ».

déceler v. tr. « Découvrir, dévoiler, montrer »... Ne pas confondre orthographiquement avec **desceller.**

décemment adv. Se prononce « déssaman ».

déchiffrage n. m. Action de déchiffrer, spécialement en musique : *déchiffrage d'une partition musicale.* Le mot est donc à distinguer de **déchiffrement** n. m., action de déchiffrer : *déchiffrement des messages, des dépêches, d'inscriptions, de hiéroglyphes, de caractères à demi effacés*, etc. ; particulièrement : décodage, décryptage, action de déchiffrer un message codé.

de-ci, de-là loc. adv. Deux tr. d'union. La virgule est facultative, mais la tendance est à mettre cette ponctuation.

décimer v. tr. A conservé longtemps, et exclusivement, son sens originel : « mettre à mort une personne sur dix ». Quoi que puissent dire des puristes, l'extension de sens s'est imposée (« faire périr un grand nombre de personnes »).

déclarer v. tr. *Déclarer que* se construit avec l'indicatif ou avec le conditionnel : *Il a déclaré que la mesure serait bientôt rapportée.*

décollage n. m. Action de décoller volontairement (*décollage d'affiches, de papier peint*) ; action de prendre son envol, de quitter le sol (*décollage de deux chasseurs-bombardiers*). Par extension : développement, démarrage économique. • **Décollement** n. m. Syn. de *décollage* au sens de « décoller volontairement ce qui est collé ». Est surtout usité au sens de « fait de s'être décollé », « accident par lequel ce qui est collé arrive à se décoller » (*décollement du papier peint du fait de l'humidité*) ou avec l'acception de « séparation d'un organe ou d'une partie d'organe des régions anatomiques où, normalement, ils adhèrent » (*décollement de la rétine*).

décombres n. m. plur. Le mot est parfois employé au singulier, en poésie.

décorticage n. m., **décortication** n. f., s'écrivent avec un *c* et non « qu ».

décorum n. m. Acc. aigu sur l'*e*. • Le mot est inusité au pluriel, quel que soit le sens (*mépriser les règles du décorum*).

découplé(e) adj. Souple, bien proportionné, bien bâti. Ne pas dire : « une grande et belle fille bien découpée », mais : *une grande et belle fille bien découplée* !

décrépi(e) adj. Qui a perdu son crépi (*mur décrépi, maison décrépie*, etc.). À ne pas confondre avec l'homon. **décrépit(e)** adj. Qui est dans un état de décrépitude, dans une extrême déchéance physique due à la vieillesse. S'applique donc, au sens propre, à des personnes.

décrochage n. m. Action de décrocher (*le décrochage de tous les tableaux du salon*) ; repli, pour une unité militaire (*la section profita de la nuit pour effectuer son décrochage*). • **Décrochement** désigne un écart entre deux terrains qui ne sont pas au même niveau, ou un retrait par rapport à un alignement (*la maison en décrochement, après les deux H.L.M.*).

décrue n. f. Pas d'acc. circ. comme pour *crue*, n. f.

défi n. m. Pas de *t* final.

définitif(ve) adj. On ne dit plus « en définitif » (= en [jugement] définitif) mais exclusivement *en définitive* (loc. adv.). *En définitive, la ferme fut vendue au notaire.*

dehors adv. On écrit avec un tr. d'union : *au-dehors, par-dehors* (*se pencher au-dehors*). En revanche, pas de tr. d'union dans : *en dehors* et *en dehors de.*

déjà adv. Ne pas omettre l'acc. grave sur l'*a*.

déjeuner n. m. Ne prend pas d'acc. circ. sur l'*u* (ne pas se laisser influencer par l'orthogr. de *dîner* ou de *jeûner* !).

délice n. MASCULIN au singulier et FÉMININ au pluriel (survivance de l'usage littéraire). On évitera de faire figurer le mot aux deux genres dans une même phrase : « C'est un de mes plus grandes délices » ! Dans un cas semblable, on unifie sur le MASCULIN : *Écouter du Mozart est un de mes plus grands délices.*

démarrer v. tr. et intr. Deux *r.*

demi n. m. 1° La moitié d'une unité : *deux demis font un entier.* 2° Verre de bière (qui à l'origine contenait un demi-litre : *boire un demi panaché* ; *garçon, deux demis !*). 3° Au football et au rugby, joueur placé en position intermédiaire : *les demis, un demi gauche, un demi droit, un demi de mêlée.*

demi(e) adj. S'accorde en genre avec le subst. qui le précède, mais en restant touj. au sing. : *deux centimètres et demi, quatre heures et demie, une fois et demie, minuit et demi*, etc. • C'est un adj. substantivé dans : 1° *demie*, n. f., moitié d'une heure : *la demie de 7 heures vient de sonner* ; 2° *demie*, n. f., bouteille d'un demi-litre (autref.) ou de 37,5 cl (auj.) : *Patronne, deux demies de muscadet bien frais, avec nos huîtres !* • Au sens d'« à moitié » (toujours avec tr. d'union) : *Ils étaient demi-saouls.*
• Loc. adv. : *à demi* (= « à moitié », et, par extension, « presque », « en partie », « partiellement »...) : est suivi d'un tr. d'union devant un nom : *à demi-mot, à demi-voix...* Devant un adj. ou un participe, pas de tr. d'union : *à demi morts de peur, à demi brûlée, à demi sourd*, etc. Également invar. – de par sa nature grammaticale – lorsque la loc. adv. figure après le verbe : *avoir mené l'entreprise à demi* ; *ouvrir un tiroir, une porte à demi...*
• Adj. et élément de formation, *demi* sert à composer des mots désignant la moitié d'un tout, ou d'une chose imparfaite, incomplète. Ces mots sont formés avec un nom (*un demi-finaliste, une demi-mondaine, une demi-heure...*) ou avec un adj. (*pâtes demi-feuilletées, aiguille demi-fine...*). • Dans TOUS ces cas, *demi-* demeure INVARIABLE. À part de rares exceptions, les substantifs prennent la marque du pluriel (*un demi-tour, des demi-tours* ; *une demi-heure, des demi-heures*) ; les adj. varient en genre et en nombre (*un enfant demi-nu, des fillettes demi-nues*).

dent n. f. Figure dans de nombreuses locutions et expr. soit au plur. : *à belles dents, en dents de scie, le mal de dents, mentir comme un arracheur de dents*, soit au sing. : *donner un coup de dent* ; *œil pour œil, dent pour dent* ; etc.

déploiement n. m. Ne pas oublier l'*e* intérieur.

dépouille n. f. Le plus souvent accompagné de l'adj. *mortelle* quand il s'agit d'un corps humain (*la dépouille mortelle du chef de l'État a été exposée à Notre-Dame*), mais non quand il s'agit d'animaux. • Au plur. au sens de « butin », de « biens ou fonctions qu'on se partage » : *les dépouilles opimes, le système des dépouilles* (aux États-Unis) ; *se partager les dépouilles du disparu.*

derechef adv. Signifie « de nouveau » et nullement « sur-le-champ ».

dernier(ère) n. et adj. La place de *dernier(ère)* peut modifier le sens : on dira toujours *le dernier mois, la dernière semaine, la dernière année,* etc., quand il s'agira du dernier mois, de la dernière semaine... d'une période quelconque (*la dernière semaine de mon service militaire s'est passée en déplacements incessants*), alors que l'adj. viendra en... dernière position lorsqu'on parlera du mois, de la semaine, etc., qui précèdent le mois, la semaine... où l'on est au moment où l'on parle (*la semaine dernière, je suis allé à Rambouillet*).

dernier-né n. Les deux éléments varient en genre et en nombre : *des derniers-nés, une dernière-née, des dernières-nées.*

derrière prép. adv. et n. m. On dit : *l'arrière du train*, plutôt que « le derrière du train » ; en revanche, les deux termes peuvent être employés concurremment : *le derrière* (ou : *l'arrière*) *de la maison, le derrière* (ou : *l'arrière*) *de la tête,* etc. • *Par-derrière* s'écrit avec un tr. d'union (*attaquer par-derrière*).

désirer v. tr. *Désirer que* est suivi du subj. : *Elle désire que tu viennes.*

dessein n. m. « Projet, intention ». • Loc. adv. : *à dessein.*

desserrer v. tr. et pron. Deux *s* et deux *r,* comme les dér. : **desserrage**, n. m., **desserrement**, n. m., etc.

dessous prép. et adv. Comme prép., est souvent remplacé de nos jours par *sous* (*chercher sous la table*, et non plus *chercher dessous la table*). • On écrit avec un tr. d'union : *au-dessous, ci-dessous, là-dessous* et *par-dessous,* mais non *de dessous* ni *en dessous.* • On doit dire : *traiter quelque chose par-dessous la jambe* (négligemment), et non « par-dessus la jambe ». • Pas de tr. d'union dans : *sens dessus dessous.*

dessus prép. et adv. Tr. d'union à *au-dessus, ci-dessus, là-dessus*, mais non à *de dessus* ni à *en dessus.* • Pas de tr. d'union à *sens dessus dessous.*

désuet adj. Le fém. est : **désuète** (avec un acc. grave). La prononciation considérée comme licite est : « dessuet(te) ».

détail n. m. Au singulier dans : *en détail* (*voir, raconter*). On dit plutôt : *vendre au détail* que : *vendre en détail.*

détente n. f. Alors que la *gâchette* est une pièce intérieure dans une arme à feu, la *détente* est la pièce saillante sur laquelle on appuie le doigt. Il faut donc dire : *appuyer, mettre le doigt sur la détente, avoir le doigt sur la détente*, etc., car on ne peut pas avoir le doigt sur la gâchette !

détoner v. intr. De même que ses dér. (**détonant[e], détonateur, détonation**), ce verbe qui signifie « exploser avec bruit » s'écrit avec un seul *n.* • Son hom. **détonner**, v. intr. (= « chanter faux » ; « n'être pas en harmonie avec un ensemble ») prend deux *n.*

deuxième adj. num. ord. et n. Ne pas écrire « deuzième ». • Les puristes respectent la distinction entre *second(e)* et *deuxième* : s'il n'y a que deux termes dans une énumération, on emploie *second(e)* ; si l'énumération peut être continuée, c'est *deuxième* qui doit être employé... Pourtant, on dit bien : *un deuxième classe* (soldat), alors qu'il n'y a pas de « troisièmes classes » parmi les hommes de troupe, ou « *passer en seconde* » à l'issue de la classe de troisième... Pour cette raison, on dit : *la Seconde Guerre mondiale* (et non « la Deuxième »).

devant prép. adv. et n. m. Tr. d'union dans les loc. *au-devant, ci-devant, par-devant.* • *Ci-devant* est touj. invar. quand il est n. ou adj. : *Les ci-devant avaient fui devant la foule* ; *les ci-devant marquises.*

dévot n. et adj. Fém. : *dévote* (un *t*). Pas d'acc. circ.

dieu n. m. Majusc. initiale quand il s'agit du Dieu unique propre à certaines religions monothéistes : *implorer Dieu* ; *à la grâce de Dieu !* ; *le bon* (ou : *Bon*) *Dieu* ; *à Dieu vat !* (orthographe classique, en faisant claquer le *t* final), ou *à Dieu va !*, ou encore *à-Dieu-va !* et *à-Dieu-vat !* • Petit *d* quand il est question des diverses divinités des religions polythéistes : *allons prier les dieux...* ; *le dieu des Moissons, le dieu du Commerce*, etc. (noter la majusc. au déterminant) ; *les dieux de l'Olympe, les demi-dieux, une nourriture des dieux, les dieux tutélaires*, etc. ; par extension : *Ce chanteur est le dieu de mes filles...* • Dans les interjections et jurons, c'est la notion du dieu unique (d'où la majuscule) qui l'emporte : *bon Dieu ! juste Dieu ! grand Dieu ! bon Dieu de bon Dieu ! mon Dieu !* etc. (mais : *Vingt dieux !*).

différend n. m. « Désaccord, contestation ». Bien distinguer ce mot de ses deux hom. **différent** (adj. ; fém. : *différente*) et **différant** (part. prés. invar. du v. *différer*).

difficulté n. f. Au sing. dans les loc. *avec difficulté, sans difficulté, non sans difficulté, être en difficulté.*

digestible adj. « Facile à digérer ». • L'adj. synonyme **digeste** (quasi homographe de *digest*, anglicisme auquel on doit préférer *résumé, condensé*), n. m., est considéré comme appartenant au langage familier. • **Digestif**, adj. (fém. : *digestive*) et n. m., n'est pas un synonyme, mais signifie : « qui facilite la digestion ».

digression n. f. Éviter la faute fréquente qui consiste à dire et à écrire : « disgression ».

dilemme n. m. Ne pas dire et écrire « dilemne »... *Dilemme* n'est pas synonyme d'*alternative* : les deux possibilités d'un dilemme aboutissent à une conclusion malheureuse, ce qui n'est pas le lot de toutes les alternatives.

dîner 1° v. intr. ; 2° n. m. Noter l'*i* (acc. circ.). • Avec tr. d'union : *dîner-débat, dîner-concert, dîner-spectacle...* • Au plur., les deux éléments s'accordent : *des dîners-débats*, etc.

diplôme n. m. Acc. circ. sur l'*o*, de même que **diplômer**, v. tr., et **diplômé(e)**, adj. et n. • contrairement aux autres mots de la même famille : **diplomate** et ses dér., qui s'écrivent sans acc.

disgrâce n. f. Acc. circ. sur l'*a*, à la différence de **disgracié(e)**, disgracier et **disgracieux(euse)**.

dissonance n. f. Un seul *n*. *Idem* pour : **dissonant(e)** et **dissoner.**

dissymétrie n. f., **dissymétrique** adj., s'écrivent avec deux *s* (contrairement à *asymétrie* et à *asymétrique*) ; un seul *y* et *é* (non *è*).

drainage n. m., **drainer** v. tr. Pas d'acc. circ. sur l'*i*.

drôle n. m. et adj., **drôlerie** n. f., **drôlesse**, n. f. S'écrivent avec un *ô*, ce qui n'est pas le cas pour l'adj. **drolatique**.

dû n. m. Acc. circ. : *payer son dû*. Cela, pour distinguer ce mot de l'article *du*. Il n'y a pas besoin de cet acc. circ. ni au féminin ni au pluriel : *la somme due, les intérêts dus.*

duc n. m. S'écrit sans majusc. Fém. : *duchesse*. • Tr. d'union à : *grand-duc* (noble régnant sur un *grand-duché*), *grand-ducal, grand-duché, grande-duchesse* ; plur. : *grands-ducs, grandes-*

duchesses. • *Un grand duc* (sans trait d'union) peut être un duc fameux dans l'Histoire... ou grand par la taille !, ainsi qu'un rapace.

dru(e) adj. *Une pluie drue, des herbes drues.* • Derrière un infinitif, *dru* est généralement considéré comme adverbialisé, et reste invariable : *La pluie tombe dru.*

dûment adv. Acc. circ., au contraire de *prétendument.*

duplicata n. m. invar. *Les duplicata d'une note de frais.*

dysenterie n. f. Maladie infectieuse grave, qu'on ne doit pas confondre avec une banale *diarrhée*. Prononcer : « di-ssan-tri ».

dysharmonie n. f. Noter l'*y* de l'orth. classique. *Disharmonie* est aujourd'hui accepté.

E

eau n. f. On écrit, au singulier : *faire eau de toutes parts, être en eau* (= être en nage), *tourner en eau de boudin, une salle d'eau, un porteur d'eau, des jeux d'eau, une voie d'eau, un jet d'eau.* En revanche, plur. dans : *une ville d'eaux* (= où l'on va prendre les eaux).

ébène n. f. : *une très belle ébène.*

ébouriffer v. tr. et pron. Un seul *r* et deux *f*, comme tous les dér. : *ébouriffade*, n. f., *ébouriffage*, n. m., *ébouriffant(e)*, adj., *ébouriffement*, n. m., etc.

écailler v. tr. Ôter les écailles d'un poisson. • Ne pas confondre avec *écaler*, v. tr., « retirer l'écale », c'est-à-dire l'écorce, la gousse ou la coque (de certains fruits : noix, amandes, etc., des œufs, des haricots, des fèves...). • **Écailler(ère)** n. Personne qui vend, qui ouvre des coquillages : ne pas écrire « écaillier » avec un *i* derrière les deux *l*, sur le modèle de *quincaillier(ère)*.

écarlate n. f. et adj. L'adj. est variable et s'accorde en nombre (*des tentures écarlates*).

ecchymose n. f. Prononcer : « ekimoz ». Syn. : hématome ou, plus familier, « bleu ».

échafaud n. m., **échafaudage** n. m., **échafauder** v. tr., s'écrivent avec un seul *f* (contrairement à *échauffourée*).

échalote n. f. Un seul *t*.

échappatoire n. f.

échauffourée n. f. Deux *f*, un seul *r*.

éfaufiler v. tr. (= ôter les fils). Ne pas écrire « effaufiler ».

égout n. m. Pas d'acc. circ. sur l'*u* (étym. : *goutte*).

eh ! interj. exprimant la surprise, la joie, la contradiction. Ne pas confondre avec **hé !** interj. qui appelle, interpelle, interrompt. On écrit : *Eh ! que faites-vous donc ?* et : *Hé ! toi, là-bas, où vas-tu ?*

élection n. f. Au PLUR. : *les élections législatives* ; *les élections consulaires* ; au SING. : *l'élection présidentielle.*

emblème n. m. Avec un accent grave.

emboîter v. tr. Acc. circ. sur l'*i* (étym. : **boîte**) [contrairement à **boiter, boiterie, boiteux**, qui sont d'origine différente].

embonpoint n. m. Un des rares cas où l'*n* devant le *p* ne soit pas remplacé par un *p*. (Cas semblable : *nonpareil[le].*)

émeraude n. f. (d'une pierre précieuse d'un vert bleuté). *De belles émeraudes.* • Le n. repris en apposition ou comme adj. de couleur est alors INVAR. : *les eaux émeraude du lac Kivu.*

emmitoufler v. tr. Deux *m*, un seul *f*. Prononcer « an ».

emplâtre n. m. Noter le genre, et l'acc. circ.

emporte-pièce n. m. Au plur., ou bien invar. (*des emporte-pièce*) ou bien accord du second élément (*des emporte-pièces*).

encablure n. f. Pas d'acc. circ. sur l'*a,* bien que ce mot dérive de **câble**, qui en a un.

encaustique n. f. Noter le genre.

encombre n. m. Touj. au SING. dans la loc. *sans encombre,* contrairement à *sans ambages*, touj. au plur.

endroit n. m. Au plur. dans la loc. *par endroits.*

enfant n. C'est le type de vocable épicène, c'est-à-dire à la fois masc. et fém. : *un bel enfant, une enfant studieuse.* • Le composé *petits-enfants* (tr. d'union) [= enfants des enfants] est exclusivement PLUR.

énième adj. num. et n. En abrégé : n[e].

enjôler v. tr. Acc. circ. sur l'*o* (*idem* pour les dér.). Bien qu'issu du mot **geôle**, n. m., s'écrit avec un *j*.

enrubanné(e) adj. et part. passé du v. tr. **enrubanner** (= garnir de rubans). Il faut deux *n*, contrairement à **rubaner**, part. passé **rubané(e)**, qui a le même sens mais n'en prend qu'un.

enseigne n. f. (= panneau, emblème, drapeau, marque, symbole, etc.). • n. m. au sens de *porte-enseigne*, et dans les acceptions qui en découlent (= officier de marine). *Une enseigne de cabaret* ; *un enseigne de vaisseau.*

entrefaites n. f. plur. : élément de l'expr. *sur ces entrefaites* (= juste à ce moment).

entrelacs n. m. invar. Prononcer : « entrelà ». Ni le *c* ni l'*s* ne se prononcent. Touj. un *s* final au sing. comme au plur.

envi (à l') loc. adv. Ne pas écrire « à l'envie ». (Le sens est : « autant qu'il se peut », « à qui mieux mieux ».)

enzyme n. f. *Des enzymes gloutonnes.*

épître n. f. Acc. circ. sur l'*i.*

ermitage n. m. Ne prend plus d'*h* initial (autref. *hermitage*).

ermite n. m. Ne prend plus d'*h* initial, sauf dans la réédition d'anciens textes (ainsi que dans l'Hermite, personnage du tarot utilisé pour la divination). On écrit encore parf. *bernard-l'hermite,* n. m. invar. (= pagure), mais plus souvent *bernard-l'ermite.*

errata n. m. invar. (plur. du lat. *erratum* = faute). Série d'erreurs.

erroné(e) adj. Deux *r,* comme dans *erreur,* et un seul *n.*

ès prép. Contraction archaïque de *en les*. *Se promener ès bois* : *se promener dans les bois.* Du fait de son origine plurielle, *ès* ne peut EN AUCUN CAS se placer devant un nom au singulier. Ex. : *docteur ès lettres, ès sciences* ; *intervenir ès qualités* (ne jamais écrire : « ès qualité », qui serait une faute majeure).

escarpe n. f. (= talus fortifié) ; n. m. (= voyou).

espèce n. f. Il faut touj. accorder au FÉMININ n'importe quel article indéfini ou adj. démonstratif qui PRÉCÈDE le mot *espèce*. Ex. : *une espèce de magnolia, cette espèce de truand.* Ne pas dire : « un espèce de truand », sous prétexte que *truand* est un mot masculin ; ne pas écrire : « cet espèce d'énergumène », pour le même motif.

essai n. m. Reste au sing. dans les expr. : *ballon d'essai, banc d'essai, bouts d'essai, cinéma d'essai, pilotes d'essai.*

état-major n. m. Plur. : *des états-majors* ; *le Haut État-Major.*

étau n. m. Plur. : *étaux.*

etc. Abrév. usuelle pour *et cetera* (ou *et cætera*), loc. adv. lat. (= et la suite). Avec un point abréviatif, SANS POINTS DE SUSPENSION.

éternuement n. m. Attention à l'*e* intérieur renforçant l'*u.*

ex- Au sens de : « ancien », se lie par un tr. d'union : *Un discours de l'ex-président.* • Dans les emprunts au lat., *ex* ne se lie par un tr. d'union que si la loc. est substantivée : *un ex-libris, un ex-voto.* • Les loc. adv., elles, s'écrivent sans tr. d'union et se composent, en principe, en caractère différent quand on considère qu'elles ne sont pas encore francisées complètement : *intervenir* ex abrupto ; *parler* ex cathedra, etc. Cet usage est en voie de disparition : ainsi, on ne met plus *ex aequo* en italique dans un texte en romain (ou en romain dans un texte en italique) : *ils ont été classés septièmes ex aequo.*

ex aequo loc. adv. et n. m. invar. Sans tr. d'union. Le *a* et le *e* ne sont pas collés.

excellemment adv. L'*e* qui suit les deux *l* se prononce « a ».

exigu adj. Au fém., le tréma se met sur l'*e* : **exiguë** (comme dans *ciguë*).

exorbitant(e) adj. S'écrit sans *h*, la racine étant *orbite*, n. f.

expédient(e) adj. (= opportun). Noter la différence orthographique avec **expédiant**, part. prés. du v. tr. *expédier.* • N. m., surtout usité au plur. : *vivre d'expédients.*

express adj. et n. m. invar. *des trains express, une rame express, la voie express.*

expressionnisme n. m. Deux *n*, et idem dans **expressionniste**, n. et adj.

exterminer v. tr. Ne pas dire : « exterminer jusqu'au dernier », car *exterminer*, c'est massacrer sans laisser de survivant.

extravagant(e) adj. S'écrit sans *u*, contr. au part. prés. du v. intr. extravaguer : *Il pérorait en extravaguant.*

exubérant(e) adj. Pas d'*h*. *Idem* pour **exubérance**, n. f.

exutoire n. m. Noter le genre.

ex-voto n. m. invar., extrait d'une loc. lat. Tr. d'union.

f

fabricant(e), n. Le part. prés. **fabriquant** a donné naissance au subst. *fabricant(e)*, qui prend un *c* à la place de *qu* (contrairement à *trafiquant*, qui garde *qu* en se substantivant).

façon n. f. Au SING. dans l'expr. : *de toute façon* ; au PLUR., écrire : *de toutes les façons*. • L'expr. *de façon que...* est aussi correcte et plus concise que : *de façon à ce que...*

fantôme n. m. Acc. circ. sur l'*o*, contrairement à **fantomal(e, es, aux), fantomatique, fantomatiquement.**

faon n. m. Prononcer « fend ».

fatigant(e) adj. En s'adjectivant, le part. prés. *fatiguant* perd l'*u* que le v. *fatiguer* garde dans toute sa conjugaison.

fauve n. m. et adj. • En tant qu'adj. de couleur, varie : *des soies fauves*.

fort(e) adj. AVEC tr. d'union : *coffre-fort*, n. m. ; *eau-forte*, n. f. • SANS tr. d'union : *chambre forte*, n. f. ; *château fort*, n. m. • Sont invar. les expr. : *se faire fort de* (ex. : *Jeanne se fait fort de m'aider*) ; *se porter fort* (= se porter garant ; mais *se porter garant* est variable : *elle se porte garante*).

fou adj. Fém. : *folle*. Devant une voyelle ou un *h* muet, un *l* remplace l'*u* : *un fol espoir*.

foudre (du lat. *fulgur*) n. f. (= météore électrique). • n. m. : 1° Homme brillant ou redoutable (*foudre de guerre*) ; 2° Faisceau d'éclairs de Jupiter ; 3° Flammes du blason. • (De l'all. *Fuder*) n. m. : grand tonneau (*un foudre de marsala*). • Touj. au plur., n. f. : blâmes (*les foudres de la loi*).

frais n. m. plur. N'a pas de sing. au sens de « dépenses », ce qui autorise par exception de mettre un *s* à *aucun* : *sans aucuns frais.*

frais adj. Fém. : **fraîche**. D'où le dér. **fraîcheur**, n. f. • Employé comme adv., s'accorde ou bien reste invar. : *des roses fraîches écloses, des fleurs frais cueillies.*

fraise n. f. L'adj. de couleur est invar. : *des écharpes fraise.*

framboise n. f. L'adj. de couleur est invar. : *des cols framboise.*

fringant(e) adj. Pas d'*u*, contr. à *fringuant*, part. prés. du v. tr. *fringuer* (= habiller).

fruste adj. Attention ! Ne pas écrire (ou prononcer) « frustre », par attirance de *frustré(e)*, part. passé du v. *frustrer*, et aussi de l'adj. et n. m. *rustre* (car un *rustre* est *fruste* !).

fuchsia n. m. (prononc. « fuchia », ou « fuksia », ou encore « fouksia »). Du n. du botaniste all. *Fuchs.*

funèbre adj., **funéraire** adj. L'usage seul décide de l'emploi de ces deux adj. exactement syn. On dit : *cérémonie funèbre, éloge funèbre, les pompes funèbres* ; mais : *monument, urne funéraires.*

funérailles n. f. plur. Comme *obsèques*, pas de sing.

fût n. m. 1° Tonneau ; 2° Élément d'architecture. • Acc. circ., qu'on ne retrouve dans AUCUN des mots commençant par ces trois lettres, qu'ils soient ou non dér. de *fût* : **futaie, futaille, futaine, futée** (= mastic), **futé** (= rusé), mais qui reparaît dans les dér. de *fût* dotés d'un préfixe (**affût, affûtage, affûtiaux**, etc.), sauf **raffut** (= bruit insolite).

G

gâcher v. tr. Noter l'acc. circ. sur l'*a*, qui apparaît également dans les dér. **gâchage**, n. m., **gâche**, n. f. (outil du plâtrier ou du pâtissier), **gâcheur(euse)**, n. et adj., et **gâchis**, n. m.

gâchette n. f. Avec un acc. circ. ; la gâchette est une pièce INTÉRIEURE du mécanisme d'une arme à feu, solidaire de la *détente* (voir ce mot) : on n'appuie donc pas « sur la gâchette » lorsque l'on fait feu. On doit dire : *appuyer sur la détente, presser la détente.*

gadget n. m. Américanisme... qui viendrait du français. Plur. : *gadgets*. On prononce : « gad-jett ».

gageure n. f. Doit être prononcé « gajure ».

gagne- élément de n. comp. *Gagne-pain* et *gagne-petit* sont deux n. m. invariables. • En revanche, *gagne-denier*, n. m., prend la marque du plur. : *des gagne-deniers* (le premier élément restant invar.).

gaiement adv. On n'écrit plus « gaîment ».

gaieté n. f. Orthogr. contemporaine. L'orthogr. ancienne **gaîté** doit être observée uniquement, à Paris, pour la rue de la *Gaîté*, l'ancien théâtre de la *Gaîté-Lyrique* (avec deux majusc. et un tr. d'union), le théâtre de la *Gaîté-Montparnasse* et pour le cinéma *Gaîté*. Aussi : *Les Gaîtés de l'escadron*, de Courteline.

gaine n. f. Pas d'acc. circ. sur l'*i*. • *Idem* pour **gainer, gainerie, gainier, gainule** ; **dégaine, dégainer** ; **rengaine, rengainer.** Aussi pour **gaine-culotte** (plur. : *gaines-culottes*).

galette n. f. Un seul *l*.

gargote n. f. Un seul *t*.

garrot n. m. Deux *r*. • *Idem* pour **garrottage**, n. m., et **garrotter**, v. tr., qui en outre prennent deux *t*.

gâteau n. m. Ne pas omettre l'acc. circ. sur l'*a*. • Adj. invar. : *des grands-papas gâteau, des mamans gâteau.*

gaufre n. f. Un seul *f*. • *Idem* pour tous les dér. : **gaufrage**, n. m., **gaufrer**, v. tr., **gaufrette**, n. f., **gaufrier**, n. m., etc.

gaz n. m. invar. Hom. : **gaze**, n. f., « tissu très léger ».

gemme n. f. (pierre précieuse ; résine du pin) et adj. (*du sel gemme*).

gène n. m. Acc. grave.

gêne n. f. Les dér. **gênant(e), gêneur(euse)** conservent l'acc. circ. • Noter que **Gênes** s'écrit avec un acc. circ. mais que **Génois(e)**, et **génoise** (gâteau), s'écrivent avec un acc. aigu.

genou n. m. Plur. en *x* : *genoux*.

gens n. m. ou f. plur. L'adj. épithète qui SUIT *gens* se met au masculin : *des gens courageux.* • L'adj. épithète qui PRÉCÈDE immédiatement *gens* se met au féminin : *de vieilles gens, de bonnes gens*. • Si plusieurs adj. se suivant immédiatement PRÉCÈDENT directement *gens*, ils se mettent tous au masc. si le dernier d'entre eux se termine par un *e* muet aussi bien au masc. qu'au fém. : *de faux honnêtes gens, tous ces heureux braves gens* ; mais si le dernier de ces adj. a une forme masc. différente de la forme féminine, tous les adj. se mettent au fém. : *certaines petites gens, de bonnes vieilles gens*. • Si les adj. qui précèdent *gens* en sont séparés par d'autres mots, ils se mettent au masc. : *heureux les gens sans scrupules !* ; *annoncés par une lettre de leur protecteur, ces bonnes gens sont venus me voir.* • Les adj. attributs et les participes (avec un temps composé) se mettent TOUJ. au masc. : *ces gens sont idiots, ces vieilles gens sont naïfs*. • Avec *tous* : on emploie le masc. lorsque *tous* précède immédiatement *gens* et que ce nom est suivi d'un qualificatif : *tous gens fort sérieux, ma foi...* ; également au masc. quand il précède *gens* et qu'il en est séparé par un déterminant (*tous ces gens*) ou par un adj. qui se termine par un *e* muet aussi bien au masc. qu'au fém. : *tous ces braves gens, tous les honnêtes gens* ; mais c'est *toutes* qui doit être employé quand l'adj. situé devant *gens* a une forme masc. différente de la forme fém. en *e* muet : *toutes ces vieilles gens.* • Le respect des règles grammaticales conduit donc à écrire des phrases telles que : TOUTES *ces* BONNES *gens sont bien* NAÏFS ! • Les expr. *gens d'Église, gens de robe, gens de lettres*, etc., entraînent le genre masc. pour tous les adj. : *d'heureux gens de lettres, de nombreux gens de robe...* • *Jeunes gens* est du masc. : *d'heureux jeunes gens* (... quand bien même y aurait-il en leur sein plusieurs jeunes filles).

gentilhomme n. m. Plur. : *des gentilshommes.*

geôle n. f. Acc. circ.sur l'*o.* • *Idem* pour **geôlier(ère)**, n.

gibier n. m. On écrit : *le gibier à poil, à plume* (au sing.).

gigoter v. intr. Un seul *t.*

girofle n. f. Un seul *f.* • *Idem* pour **giroflée**, n. f., **giroflier**, n. m.

girolle n. f. Champignon appelé aussi *chanterelle.* • Ne pas confondre avec *girelle*, n. de poisson.

gîte n. m. (1° abri, chez-soi... ; 2° morceau de bœuf) ou fém. (inclinaison d'un navire). Acc. circ. dans tous les cas.

glu n. f. Pas d'*e* final.

gnome n. m. Pas d'acc. circ. sur l'*o*, mais on prononce un *o* fermé.

golf n. m. Sport. • À distinguer de **golfe**, n. m. (grande baie), qui prend un *e* final.

grand(e) adj., n. ou adv. • Dans son emploi adverbial, *grand* présente la particularité de s'accorder, généralement, avec l'adj. ou le part. qui suit : *des portes grandes ouvertes, avoir les yeux grands ouverts.* • La place de *grand* adj. modifie le sens de l'expr. : *un homme grand* (= de haute taille) n'est pas forcément *un grand homme* (= un homme éminent). • *Grand* forme le premier élément de n. comp. 1° Dans les composés masculins, les deux éléments prennent la marque du pluriel : *un grand-oncle, des grands-oncles* ; *un grand-père, des grands-pères*, etc. 2° Pour les composés féminins, dont *grand*, sans *e* final, constitue le premier élément, l'usage est flottant, et on admet désormais un *s* final à *grand* ; cette forme du pluriel est facultative, mais correcte quand bien même continuerait-on à considérer comme meilleur l'usage ancien. On peut écrire : *des grand-mères* ou *des grands-mères* ; *des grand-tantes* ou *des grands-tantes* ; etc. • L'orthogr. avec une apostrophe (*une grand'mère*) est abandonnée.

grappe n. f. Deux *p.* • *Idem* pour : **grappeler**, v. tr., **grappillage**, n. m., **grappiller**, v. tr. et intr., et les autres dér.

gré n. m. On écrit : *bon gré mal gré* (sans virgule, et *mal gré* en deux mots).

grenat n. m. et adj. inv. On écrit : *Les grenats ornant ce collier valent une fortune* ; *les grenats profonds de ce tableau font paraître fades les orangés délavés.* • *Des vestes grenat, des pantalons grenat.*

grésil n. m. Grêle fine. • Ne pas confondre avec **crésyl**, n. m., produit désinfectant.

gril n. m. Se prononce « gri » ou « gril' ». • Mais il faut écrire avec deux *l* : *grill-room* (plur. : *grill-rooms*).

grille-pain n. m. invar.

groseillier n. m. Ne pas oublier le second *i.*

gueule n. f. Premier élément de plusieurs n. comp. (*gueule-de-loup, gueule-de-raie...*), tous féminins. Au plur., seul *gueule* varie : *des gueules-de-loup.* • Autres mots comp. : *amuse-gueule*, n. m. (invar. ou *s* final au plur.) ; *brûle-gueule*, n. m. (invar. ou *s* final au plur.) ; *casse-gueule*, adj. et n. m. invar.

H

habileté n. f. « Adresse, caractère de ce qui est habile. » • Ne pas confondre avec **habilité**, n. f. (par ailleurs part. et adj. : « *être habilité pour...* »), qui désigne une aptitude légale (terme de droit).

hache n. f. Pas d'acc. circ. sur l'*a*. • *Idem* pour les dér. **hachage**, n. m., **haché**, n. m., **haché(e)**, adj., **hachette**, n. f., **hachis**, n. m., **hachoir**, n. m., etc.

haillon n. m. Pas d'acc. circ. sur l'*a*. • Au plur. dans : *être en haillons*. • Hom. : **hayon**, n. m., panneau ou porte arrière d'une charrette ou d'une automobile.

haler v. tr. « Remorquer, tirer ». Pas d'acc. circ., au contraire de **hâler**, v. tr., « bronzer ».

haltère n. m. : *de lourds haltères*. L'*h* est muet et l'on élide : *l'haltère de droite*.

handball n. m. Collé sans tr. d'union, comme *football*. À la différence de ce dernier mot, la dernière syllabe de *handball* se prononce « bal' » (et non « baul »), car le mot vient de l'allemand.

haut(e) adj. (*une haute fonction*), n. m. (*le haut du mur*) et adv. (*être haut placé, parler haut* ; « *Haut les mains !* »). • On écrit : *là-haut*, avec tr. d'union, mais : *en haut*, sans tr. d'union. • Deux majusc. sans tr. d'union dans : *la Haute Cour (de justice), la Haute Assemblée* (= le Sénat). • Pour les noms géographiques (entités territoriales, historiques, divisions administratives, etc.) : *La Haute-Normandie, la haute Seine, la Haute-Égypte* (ou : *la haute Égypte*)..., *haut(e)* prend une majuscule et est relié par un tr. d'union au nom qui le suit SEULEMENT quand il s'agit d'une division politico-administrative.

hâve adj. Le *h* est aspiré ; acc. circ. sur l'*a*.

havre n. m. Pas d'acc. circ. (il en est de même pour *Le Havre*). Le *h* est aspiré.

hémorragie n. f. Deux *r* ; pas de *h* après ces deux *r*. « Hémorragie de sang » est un grossier pléonasme à éviter !

héraldique n. et adj. f. L'*h* est muet.

hère n. m. Ne subsiste plus que dans l'expr. *pauvre hère* pour désigner un homme misérable. • Par ailleurs *hère* est le nom d'un jeune cerf (qui a plus de six mois, mais non encore daguet).

hibou n. m. Le *h* est aspiré. Plur. : *hiboux*.

hiéroglyphe n. m. L'*h* est muet.

hindou(e) adj. et n. La graphie **indou(e)** est très vieillie. S'est dit pour désigner ou qualifier les habitants de l'Inde ; dans ce sens, on emploie aujourd'hui *indien(ne),* qui s'écrit avec un *I* majusc. pour le nom propre (*les Indiens*), et l'on réserve *hindou(e)* au sens religieux relatif à l'hindouisme. Substantivé, *hindou* s'écrit sans majusc., puisque les termes désignant les adeptes de telle ou telle religion sont des noms communs : *les protestants, les juifs, les musulmans, les chrétiens, les catholiques, les taoïstes...*

homme n. m. Le compl. de nom est au sing. dans : *homme(s) de paille, homme(s) de main, homme(s) de parole*, etc. Au plur. dans : *homme(s) d'affaires* et *homme(s) d'armes*. • *Homme* constitue le premier élément de plusieurs mots composés masc., qui prennent tous le double plur. : *des hommes-grenouilles, des hommes-morts, des hommes-orchestres, des hommes-sandwichs* (pluriel français, qu'il faut préférer au franglais *des hommes-sandwiches*), *des hommes-serpents, des hommes-troncs*. • Exception : *un homme-canon, des hommes-canon* (voir à *canon 2*). • Bien distinguer *un brave homme* (= un homme bon) d'*un homme brave* (= un individu courageux).

honoraires n. m. Toujours au plur. Un seul *n*.

hôte n. m. Attention ! ce mot a deux sens ! En effet, il désigne à la fois celui qui reçoit, qui donne l'hospitalité, et celui qui est reçu, qui est hébergé. Curieusement, l'ambiguïté n'existe pas au fém., où **hôtesse** ne désigne que la maîtresse de maison, **l'hôtelière**, etc., et ne s'applique pas à l'invitée (dans ce sens, on dit : *une hôte*).

huis n. m. On élide l'article : *l'huis est ouvert* • sauf... dans l'expr. *huis clos* : *La cour a prononcé le huis clos.* • Élision pour : **l'huisserie, l'huissier** (ne pas dire : « le huissier »).

huître n. f. Acc. circ. sur l'*i*. L'initiale est muette.

hydrau-, hydro- éléments (= eau) de mots composés. Commencent par *hydrau-* : *hydraule*, n. f. (« ancêtre » de l'orgue) ; *hydraulicien(ne)*, n. ; *hydraulique*, adj. • Tous les autres mots où se trouve cette consonance commencent par *hydro-* : *hydrogène, hydrologie, hydrothérapie*, tous sans tr. d'union, même devant une voyelle : *hydroélectricité.*

hymne n. m. : *L'hymne national* ; n. f. (uniquement pour des chants liturgiques) : *Léon XIII composa de nouvelles hymnes.* Mais des hymnes protestants.

hyper- (grec *huper* = au-dessus). Les mots construits avec *hyper* s'écrivent sans tr. d'union : *hyperémotivité, hyperglycémie, hypermarché, hypersensible, hypervitaminose*, etc.

hypnotiser v. tr. Surtout ne pas dire « hynoptiser » !

hypoténuse n. f. Pas d'*h* derrière le *t*.

I

icône n. f. Quelle que soit la signification, acc. circ. sur l'*o*, mais TOUS ses dér. en sont dispensés : **iconoclaste, iconographie, iconolâtre**, etc.

idiome n. m. Pas d'acc. sur l'*o*, bien qu'il se prononce aussi appuyé que dans *dôme*, qui en prend un.

idiot adj. Fém. : **idiote** (un seul *t*). Dans le dér. **idiotie**, n. f., le *t* se prononce « ss ».

île n. f. Acc. circ. sur l'*i*. On le retrouve dans les dér. **îlien(ne)**, adj. et n. (= insulaire, notamment sur la côte ouest) [parf. avec un *I* majusc. pour désigner les habitants de l'île aux Moines, des îles de Sein, d'Yeu, etc., bien que ces lieux aient leurs ethnonymes propres] ; **îlot**, n. m. (ne pas écrire « ilôt » !).

illusionnisme n. m. **illusionniste** n. Deux *l*, deux *n*.

imposteur n. m. N'a pas de féminin.

imputrescible adj. Noter le groupe *sc*.

inclinaison n. f., **inclination** n. f. On doit dire *l'inclinaison d'un sol, d'un toit*, etc., c'est-à-dire « la pente ». C'est l'état de ce qui est incliné, déclive. Mais on doit dire : *une inclination de tête*, le mouvement du chef pour opiner. *Inclination* a aussi l'acception de « sentiment » : *avoir de l'inclination pour quelqu'un, pour un art, une idéologie*, etc.

incoercible adj. L'*o* et l'*e* ne sont pas liés.

indou(e) Voir *hindou(e)*.

inénarrable adj. Aucun *n* n'est doublé, mais le *r* l'est.

infâme adj. Seul mot de la famille à prendre un acc. circ. sur l'*a*. • Sans acc. : **diffamer**, v. tr. ; **fameux(euse)**, adj. ; **infamie**, n. f.

infarctus n. m. Surtout, ne pas dire « infractus ».

ingénierie n. f. A remplacé l'anglicisme *engineering*.

ingénument adv. Pas d'*e* après l'*u*, ni d'acc. circ.

inouï(e) adj. Tréma sur l'*i*, aussi sur le dér. **inouïsme**, n. m.

interpeller v. tr. Attention au deux *l* (prononcer « pelé ») ! Conjug. : *nous interpellons* (contr. à *appeler* : *nous appelons*).

intervalle n. m. Touj. au plur. dans : *par intervalles*.

interlude n. m. Noter le genre.

intrigant(e) n. et adj. Le part. prés. **intriguant** perd son *u* quand on l'adjective ou on le substantive : *un(e) intrigant(e), un aspect intrigant*.

irascible adj. Noter le groupe *sc*. Un seul *r*, comme dans **ire**, n. f. (= colère), et contr. à **irritable, irritabilité, irriter**, etc., qui en prennent deux. (*Irascible* et *irritable*, malgré l'analogie de leurs acceptions, sont issus de racines différentes.)

ivoire n. m. Noter le genre. • L'adj. de couleur est invar.

ivre adj. des deux genres. *Ivre(s) mort(s), ivre(s) morte(s)*, s'écrivent sans tr. d'union.

J

jade n. m. Le nom de pierre (*un collier de jade*) s'étend aux objets (*des jades bien ouvrés*). • L'adj. de couleur est INVAR. : *les feuilles jade du muguet.*

jais n. m. Il faut dire : *noir comme du jais* (variété de lignite) et non « noir comme un **geai** », cet oiseau ayant un plumage gris, avec du marron, du bleu et du blanc.

jambe n. f. Il faut dire : *les jambes* d'un cheval, non « les pattes ». • Au SING. : *à mi-jambe, un entrejambe* (*s* au plur.), *faire des ronds de jambe.* • Au plur. : *un jeu de jambes, courir à toutes jambes.* • Un *croc-en-jambe,* des *crocs-en-jambe* (prononcer « krokan »).

jaune n. m. On écrit : *des jaunes clairs* ; *des jaunes d'œufs.* • Adj. de couleur : *des robes jaunes,* mais *des robes jaune clair, jaune d'or* ; *des papiers jaune serin.*

jeun (à) loc. adv. Pas de tr. d'union ni d'acc. • En revanche, acc. circ. sur l'*u* de **jeûne**, n. m. ; **jeûner**, v. intr. ; **jeûneur(euse)**, n. (mais non de **déjeuner**, n. m. et v. intr.).

joujou n. m. Plur. en *x* : *de beaux joujoux.*

jusque prép. conj. L'*e* s'élide touj. devant une voyelle. La forme archaïque *jusques* évite seule cette élision dans quelques cas d'usage : *jusques à quand, jusques et y compris,* ou par préciosité : *jusques à demain.* • On écrit : *jusqu'aujourd'hui* ou *jusqu'à aujourd'hui* ; la première forme, moins usitée, est meilleure, l'autre étant pléonastique : (*au-* = à le). • Tr. d'union à : *jusque-là.* • *Jusqu'à ce que* doit être suivi du subj. : *jusqu'à ce qu'il ait compris.* • Dérivé : *jusqu'au-boutisme,* n. m. ; *jusqu'au-boutiste,* n. et adj. Au plur. un *s* final au dernier élément.

K

kaki n. m. (= fruit du plaqueminier) : *manger des kakis*. • Couleur : *des treillis kaki* ; en ce sens, n. et adj. INVAR.

kinésithérapeute n. Bien noter la place de l'unique *h*. L'élément préfixal *kiné-* vient du gr. *kinêsis*, « mouvement ».

krach n. m. (= débâcle financière). Prononcer, à la française, « krak ». Plur. en *s* : *des krachs*.

kraft n. m. Mis en apposition, reste invar. : *des papiers kraft*.

L

là adv. Ne pas oublier l'acc. grave sur l'*a*. Tr. d'union dans *là-bas, là-dedans, là-dessous, là-dessus, là-haut*, ainsi que dans les expr. *par-ci, par-là* et *de-ci, de-là*. *Idem* pour *jusque-là*.

labyrinthe n. m. Noter l'orthogr. • Majusc. lorsqu'il s'agit de la demeure du Minotaure, en Crète, ou des ruines du temple de la pyramide d'Amenemhat III, dans le Fayoum.

lacet n. m. On écrit, sans *s* final : *une route en lacet* (cette route présente de nombreux tournants, zigzags, mais elle ne constitue qu'un seul ruban d'asphalte, de goudron, etc.).

lacs n. m. Ce mot, qui prend un *s* même au singulier, est de la famille de *lacet*. Il se prononce « lâ » ou « la », le *c* et le *s* étant muets (comme dans *entrelacs*) ; il désigne un cordon, un collet de chasseur ou de braconnier. • Le sens de l'expr. *tomber dans le lacs* est donc : « tomber dans le piège, donner dans le panneau, être pris au piège... ». • Si *lacs* est utilisé au pluriel, le sens peut s'en trouver modifié, et signifier : « être victime des ruses de quelqu'un ».

laïc adj. et n. m., **laïque** adj. et n.f. • Au masc., la forme *laïque* s'impose de plus en plus dans l'emploi adj. : *des militants laïques* ; *l'enseignement laïque*, au détriment de *laïc*, qui reste une graphie licite. • En tant que subst., c'est encore la forme *laïque* qui, dans l'acception moderne (partisan de la laïcité, indépendant de toute opinion confessionnelle), prédomine sans conteste dans les médias, dans l'usage contemporain en général, alors que *laïc* est confiné dans des sens « historiques » : *les clercs et les laïcs*.

laisser-aller n. m. invar. Deux terminaisons en *er*.

laisser-faire n. m. invar. Noter la finale *er* de *laisser.*

laissez-passer n. m. invar. Noter l'orthogr. de *laissez* (= impératif).

lambeau n. m. Touj. au plur. dans l'expr. *mettre* [...] *en lambeaux.*

landau n. m. Plur. : *landaus,* avec un *s.*

lapider v. tr. Ne pas dire « lapider à coups de pierres », ce serait commettre un pléonasme.

laurier n. m. Entre comme premier élément dans plusieurs n. comp. (d'arbres, d'arbustes). • Au plur., les deux éléments s'accordent : *laurier-cerise (lauriers-cerises), laurier-rose (lauriers-roses), laurier-tin (lauriers-tins).* Exception : *laurier-sauce,* dont seul le premier terme varie : *des lauriers-sauce.*

lavande n. f. Touj. invar. quand il est adj. de couleur (*des polos lavande, des jupes bleu lavande*).

leasing n. m. (anglicisme). Plur. : *leasings.* Équivalent français : *location-vente* (voir ce mot), *crédit-bail.*

ledit adj. S'écrit en un seul mot, ainsi que son fém. *ladite* et que le plur. *lesdits* (*lesdites*). On écrit : *la susdite belle-mère* (et non « lasusdite »), *le susdit locataire.*

legs n. m. Touj. avec *s* final. La prononciation originale était « lè », mais les dict. entérinent maintenant la prononciation usuelle « laigue ».

leur pron. pers. Toujours inv. (*je leur donnerai des vêtements*). Ne pas confondre avec *leur(s),* adj. poss. var. : *Ils comparent leurs souvenirs de jeunesse.* • En principe, il faut écrire : *Ils prirent leur* (au sing.) *chapeau,* chacun de ces personnages possédant un seul chapeau.

logarithme n. m. Un *i,* et non un *y.*

logorrhée n. f. Noter le groupe *rrh.*

lorsque conj. On élide généralement devant : *il(s), elle(s), en, on, un, une.* La plupart des dict. mentionnent l'élision devant ces six mots (il y a des désaccords sur *en*) ; quelques lexicographes y ajoutent un ou d'autres mots : *avec, ainsi, enfin, aussi.*

M

macaroni n. m. (plur. italien). Plur. francisé : *macaronis.*

mâcher v. tr. Ce mot et tous ses dér. s'écrivent avec un *â.*

machette n. f. Grand couteau, sabre d'abattis. Pas d'acc. sur l'*a.*

maestria n. f. (mot italien). Pas de tréma sur l'*e.*

maestro n. m. (mot italien). Pas de tréma sur l'*e.* Plur. : *des maestros.*

magasin n. m. Un *s* et non un « z ».

magazine n. m. Avec un *z* (c'est un mot anglais), contr. à *magasin.*

magma n. m. Pas d'*s* final.

magnum n. m. Bouteille équivalant à 1,5 litre. Prononciation : « mag'nom' ». Plur. : *magnums.*

maison n. f. On écrit, sans tr. d'union : *une maison mère.* • Compléments au sing. dans : *des maisons d'arrêt, de jeu, de retraite.* • Employé en apposition (reste invar. dans ce cas) : *des tartes maison, des spécialités maison.* • Au sing. dans : *des gens de maison.*

majorité n. f. Quand ce mot est suivi d'un complément du nom, on peut accorder soit au singulier, soit au pluriel : *la majorité des habitants possèdent un animal domestique ; la majorité des Français s'est prononcée contre le travail du dimanche.*

malgré prép. La loc. conj. *malgré que* au sens de « quoique » est encore contestée par des puristes ; l'expr. *malgré qu'on en ait*

(= quelque mauvais gré que...) est seule admise sans opposition. Le subj. est obligatoire.

mamelle n. f. Un seul *m* médian. • Les dérivés prennent les uns un seul *m* – **mamelon, mamelu(e)**, entre autres –, les autres deux (les plus usuels : **mammaire, mammifère, mammite**).

manchot(e) n. et adj. Oui n'a qu'un bras (parfois : qui a perdu une main). Au fém., le *t* n'est pas doublé : *une manchote.*

mange-tout n. et adj. m. invar. *Des mange-tout* (variété de haricots, de pois) ; *des haricots mange-tout*. La graphie *mangetout*, plus rare, est licite.

mappemonde n. f. Ne peut désigner qu'une carte plane représentant la Terre (soit en deux hémisphères, soit en un tout), et non point un globe terrestre.

maraîcher(ère) n. et adj. Acc. circ. sur l'*i*, le mot dérive de *marais*, n. m., qui, lui, s'écrit sans acc. circ.

marche n. f. Ne pas dire « marche à pied » (pléonasme !).

marmite n. f. Un seul *t*. En Belgique, *marmite à pression* (autocuiseur).

marmotte n. f. Deux *t*. Idem pour **marmotter.**

marocain(e) adj. et n. (avec majusc., dans ce cas). *Des villages marocains* ; *de belles Marocaines.* • Hom. : **maroquin**, n. m., peau tannée ; par extension, portefeuille de ministre : *avoir le maroquin des Affaires étrangères.*

maronner v. intr. (fam.). *Rager en maronnant*. Un *r* et deux *n*.

marotte n. f. Un *r*, deux *t*.

marqueterie n.f. Un seul *t*.

marri(e) adj. Contrarié, penaud, affligé. Deux *r*, au contraire de l'hom. **mari**, n. m.

marron n. m. Est invar. quand il est employé comme adj. de couleur : *des blouses marron.* • Mais, quand il est substantif au sens de « couleur », le mot varie : *Ces marrons se marient bien.* • L'expr. *tirer les marrons du feu* signifie EXCLUSIVEMENT : « agir de telle sorte que tout le profit en soit pour autrui » (et n'est absolument pas synonyme de « tirer son épingle du jeu »). • Dér. : **marronnier**, deux *r*, deux *n*. • Hom. : **marron**, adj. (fém. : **marronne**, deux *r*, deux *n*), qui qualifiait, autrefois, un esclave en fuite. De nos jours, s'applique à un professionnel clandestin (*médecins marrons*) ou véreux (*avocates marronnes*).

martyr(e) n. et adj. Désigne celui ou celle qui subit ou a subi *un martyre* (n. m., touj. avec un *e* final). • Bien dire et écrire : **martyrologe** (liste des martyrs), et non « martyrologue », par attraction de *catalogue*.

m'as-tu-vu n. invar. Noter l'apostrophe et les deux tr. d'union : *Ces filles narcissiques sont d'incorrigibles m'as-tu-vu !*

match n. m. Plur. « français » : *matchs*.

mater v. tr. Vaincre, dominer, dresser. A pour hom. **mater**, v. tr. (qui se dit aussi **matir**, « rendre mat »), et pour quasi-hom. **mâter**, « doter d'un mât ou de mâts » (l'*a* est plus appuyé).

matin n. m. L'usage courant veut que ce mot reste au sing. dans des expr. comme : *tous les samedis matin, il y a cours tous les jeudis matin...*, parce qu'il s'agit d'une abréviation pour *« au matin »*.

mèche n. f. Acc. grave, et non acc. circ.

médaillier n. m. 1° Collection de médailles. 2° Meuble. Un *i* après les deux *l*. • Ne pas confondre avec **médaillé**, n. et adj. (= décoré).

média n. m. Acc. aigu. S'est imposé dans le langage au sens de « support de diffusion de l'information », et qualifie donc : la presse, la télévision, la radio, la publicité, le livre, etc. Dans cette acception, on ne dit plus **médium** (mot latin francisé). Le plur. de *média* est : *médias*, « à la française ». • *Médias* a supplanté **mass media** (latinisme mâtiné d'anglais).

médium n. m. Acc. sur l'*e*. Est usité couramment dans d'autres acceptions que celle de *média* (en rhétorique, en musique, en peinture, et en spiritisme – en ce dernier domaine, le terme s'applique à l'un et l'autre sexe). Plur. : *médiums*.

méli-mélo n. m. Deux acc. aigus. Plur. : *des mélis-mélos*.

même 1° Adv., au sens de « jusqu'à, aussi, de plus, encore » (*même les plus expérimentés peuvent être trompés*). 2° Adj., au sens de « semblable, identique » (*le même bateau, les mêmes mots...*). 3° Pron. indéf. (*ce livre n'est pas si rare : j'ai le même*).
• Placé après un nom au plur., derrière plusieurs noms au sing., ou encore après un pron. autre qu'un pron. pers., *même(s)* peut

légitimement être considéré soit comme un adv., soit comme un adj., et l'hésitation que l'on ressent dans bien des cas est tout à fait compréhensible.
• Moyens pratiques de distinguer le sens : si le mot ne peut pas être déplacé et mis devant le(s) nom(s) ou le pronom, c'est qu'il est adj., au sens d'« eux-mêmes » (*les plus penauds furent les auteurs mêmes de la plaisanterie* ; *il était le courage et l'honnêteté mêmes*) ; si le mot peut être déplacé, c'est en principe l'emploi adverbial qui l'emporte (*les Américains, les Australiens, les Chinois même produisent du vin* [= ... et même les Chinois] ; *les plus éminents savants même peuvent se tromper* [= même les savants les plus...]). Quand un auteur veut bien faire comprendre, sans déplacer le mot, qu'il s'agit de l'adv. invar., il fera intervenir la ponctuation, en mettant *même* entre deux virgules ou deux tirets : *Ses propos, même, ne les ont pas découragés* (alors que sans ponctuation on aura plutôt tendance à penser qu'il s'agit de l'adj. : *Ses propos mêmes ne les ont pas découragés*).
• *Même* se joint par un tr. d'union au pron. pers. qui le précède : *toi-même, lui-même, nous-mêmes, eux-mêmes* (accord en nombre normal, puisque, ici, *même* est adj. ; mais il reste au sing. quand *nous* est un pron. pers. de majesté ou de personnalisation [*vu et signé par nous-même, Othon III de Sysnovie, en notre château de [...] ; la crainte d'un dieu impitoyable réside au plus profond de nous-même*] ou *vous* un pron. pers. de politesse [*mais, vous-même, vous êtes un spécialiste de l'histoire médiévale*]).
• Il n'y a pas de tr. d'union avec un pron. dém. : *ceux-là même(s), à ce moment même...*, ni dans *ici même, par là même.*

mémento n. m. Mot latin, francisé : acc. aigu. Plur. : *des mémentos*. Prononciation : « mé-main-to ».

mémoire n. f. (sens usuel : *avoir une bonne mémoire*). • n. m. (facture, note, étude : *Le mémoire de mon maçon est plutôt « salé » !* ; *Le professeur Berthier vient de présenter un mémoire étonnant sur l'influence de la Lune dans le domaine de la reproduction des cigognes*). • Touj. masc. plur. quand il s'agit de souvenirs autobiographiques : *Les Mémoires de ce journaliste ont pour titre* Plume de canard.

mémorandum n. m. Acc. aigu sur l'*e*. Plur. : *des mémorandums.* On prononce : « mé-mo-ran-domme ».

mer n. f. Pas de tr. d'union à : *haute mer, pleine mer, mal de mer.*
• Pas de majusc. à *mer* dans les n. géographiques : *la mer Balti-*

que, la mer Jaune, la mer Méditerranée, la mer Morte, la mer Rouge, etc.

mi- Préfixe invar., est touj. joint au second élément par un tr. d'union : *mi-bas*, n. m. invar. ; *mi-carême*, n. f. (*des mi-carêmes*) ; *à mi-chemin*, loc. adv. ; *à mi-corps*, loc. adv. ; *à mi-côte*, loc. adv., etc.

midi n. m. Le point cardinal s'écrit avec une minusc. : *villa exposée au midi*, mais avec une majusc. quand le mot désigne – sans complément – une région : *habiter dans le Midi*. • Le mot désigne aussi le milieu du jour : *il est midi !* ; *il est midi et demi* (*demi* s'accorde au masculin, sur le genre de *midi*).

mille adj. num. card. et n. m. invar. *Mille* est TOUJ. INVAR. (SAUF AU SENS D'UNITÉ DE LONGUEUR, VOIR CI-DESSOUS) : *dix mille francs, trois mille mètres, gagner des mille et des cents, ils étaient des dizaines et des dizaines de mille, la page deux mille*, etc. • Orthogr. traditionnelle : *l'an mil* (ou : *mille*) *neuf cent quatre-vingt-sept*. Mais : *l'an mille, l'an deux mille*. • Si *mille* est INVAR. quand, adj. num. substantivé, il est syn. de *millier*, c'est un n. m. VAR. dans ses différentes acceptions de mesures de longueur : *Le yacht avait parcouru une dizaine de milles* ; *la voie romaine se termine à 4 milles d'ici*. (Se méfier de la confusion entre les différents **milles** [terrestres, marins] et le **mile** anglo-saxon [qui peut être terrestre ou nautique, avec des valeurs distinctes] !)

million n. m. Il ne s'agit pas d'un adj. num. mais d'un subst. : le mot s'accorde donc touj. au plur. (*Vingt-cinq millions d'euros, cent millions de Japonais*.)

minerai n. m. Pas d'*s* final au sing.

minuit n. m. On écrit : *minuit et demi, minuit et quart, minuit quinze* (en toutes lettres).

mis à part loc. Lorsque *mis à part* est en tête de phrase, précède le nom, on fera ou non l'accord : *mis à part ces erreurs vénielles* (ou *mises à part ces erreurs vénielles...*) ; aucune hésitation à avoir si *mis à part* vient après le nom : l'accord s'impose (*ces erreurs vénielles mises à part...*).

moelle n. f. L'*o* et l'*e* ne sont pas liés. Ni acc. ni tréma sur l'*e*. *Idem* pour **moellon**, n. m.

mœurs n. f. plur. ; *o* et *e* liés. On prononce « meur » ou « meurss ».

mois Les noms de mois sont des noms communs, et s'écrivent donc sans majusc. initiale (*début mai* ; *nous sommes le 13 avril*), sauf dans les noms de fêtes – *le 14[-]Juillet a été célébré par de nombreux feux d'artifice* – et d'événements historiques où l'on ne mentionne pas le millésime : *la nuit du 4-Août*.

môme n. m. et f. Prend un acc. circ. sur l'*o*, ce qui n'est pas le cas de *momerie*, n. f.

monopole n. m. Éviter le pléonasme « monopole exclusif ».

mufle n. m., **muflier** n. m., **muflerie** n. f. Un seul *f*.

muséum n. m. Mot latin francisé : acc. aigu sur l'*e*. Plur : *des muséums*.

music-hall n. m. Plur. : *des music-halls*.

mutuellement adv. Ne pas associer ce mot avec des v. exprimant par eux-mêmes une idée de réciprocité (*s'entraider, s'entre-égorger, s'entre-déchirer, s'entre-dévorer...*), car ce serait commettre des pléonasmes. (À plus forte raison, éviter les doubles pléonasmes naïfs du type « s'entraider mutuellement les uns les autres ».)

mystifier v. tr. Tromper, berner, faire une farce en abusant de la crédulité d'autrui (*en déguisant ta voix, au téléphone, tu as bien mystifié tes parents !*). Paron. : **mythifier**, v. tr., dont l'acception est « conférer à qqn ou à qqch. le caractère d'un mythe » (*les membres du parti se sont bien repentis, quelque temps plus tard, d'avoir mythifié le secrétaire général*).

N

nacre n. f.

naval(e, es) adj. Plur. masc. : *navals. Les chantiers navals.*

navigant(e) adj. et n. *Le personnel navigant, les navigants.* Pas d'*u*, contr. à **naviguant**, part. prés. du v. intr. *naviguer.*

ne dit « explétif ». Cette particule s'intercale après *que* par souci d'élégance et d'harmonie. Elle n'a pas de valeur négative. • Dans l'écrit, elle est obligatoire après les v. exprimant la crainte : *j'ai peur qu'il* NE *s'égare* ; *j'appréhende qu'on* NE *vous nuise* (autres v. : *craindre, redouter, trembler que*) ; ainsi qu'après *mieux que, moins que* et *plus que* : *il est plus riche que je* NE *pensais, j'ai mieux chanté que vous* NE *croyiez.* • Elle est recommandée après *à moins que* : *J'irai, à moins qu'il* NE *vienne* ; et avec le v. *douter* à la forme NÉGATIVE : *Je ne doute pas qu'elle* NE *vous plaise* (mais non à la forme affirmative : *Je doute qu'elle vous plaise*). • Le *ne* explétif est facultatif avec *empêcher* et *éviter* ; à proscrire avec le v. *risquer* ; inutilement précieux avec *avant que* et *sans que.* On peut l'employer avec *il s'en faut que...* et *n'avoir de cesse que...*, pourvu qu'aucune ambiguïté n'en résulte. – Il importe que, dans l'esprit du lecteur, nulle équivoque ne puisse l'induire en confusion avec le *ne* négatif.

net adj. Fém. : *nette.* Adverbialement : *parler net.* • Le pléonasme *clair et net, net et précis* (adj. ou adv.), est toléré à condition de n'en pas abuser. • *Net* est adv., donc invar., dans : *Il a reçu 5 000 euros net de commission* ; mais adj., donc var., dans : *Ses pourcentages nets se sont montés à 5 000 euros.* • On écrit : *10 % net.*

nid- premier élément de plusieurs n. comp., tous masc. : *nid-de-pie, nid-de-pigeon, nid-de-poule, nid-d'oiseau.* Au plur., ces mots ne prennent un *s* qu'à *nid* : *des nids-de-poule.*

noce n. f. Au sing. : *faire la noce.* Au plur. : *convoler en justes noces, épouser en secondes noces.* De préférence au plur. : *cadeau de noces, nuit de noces, repas de noces, voyage de noces.*

noisette n. f. Invar. quand il est employé comme adj. de couleur : *des yeux noisette.*

non adv. Parf. employé comme élém. négatif devant un autre mot : dans ce cas, le tr. d'union est : • OBLIGATOIRE devant un subst. : *la non-belligérance, une fin de non-recevoir, le point de non-retour, un non-inscrit,* etc. Les n. comp. formés avec *non* prennent un *s* final au *plur.* (*des non-fumeurs*), sauf *non-être* et *non-moi*, invar., et *non-lieu*, qui selon les uns prend un *x* et selon d'autres doit rester invar. du fait d'une ellipse : [*ordonnance(s) de*] *non-lieu* ; • De préférence EXCLU devant un adj. (bien que les dict. usuels l'admettent devant quelques adjectifs) : *un député non inscrit* (ou : *un député non-inscrit*), *un État non aligné* (ou : *un État non-aligné*), *les pays non belligérants* (ou : *les pays non-belligérants*), et devant un adv. : *non exclusivement.* • La loc. *non compris* reste invar. devant un n. : *non compris les dépenses fortuites*, mais s'accorde si elle vient derrière : *votre commission non comprise.* • Attention à ne pas employer la tournure « moi (toi, lui...) aussi » au lieu de *moi (toi, lui...) non plus.*

nu adj. On écrit : *jambe(s) nue(s), pieds nus, tête nue*, mais, avec tr. d'union et touj. invar. : *nu-jambes, nu-pieds, nu-tête.*

O

obélisque n. m. Noter le genre.

obligeamment adv. Noter l'orthogr. ainsi que celle d'**obligeance**, n. f., et d'**obligeant(e)**, adj., qui, comme le part. prés. du v. *obliger*, gardent l'*a* • contr. à *négligent(e)*, adj., et à *négligemment*, adv., par exemple.

obstacle n. m. Au plur. dans : *course d'obstacles, saut d'obstacles.*

occurrence n. f. Noter l'orthogr. : deux *c*, deux *r*.

océan n. m. Touj. avec un *o* minusc. devant le ou les adj. : *l'océan Atlantique, l'océan Glacial Antarctique* (majusc. aux adj.). • Avec deux majusc. : *le Grand Océan* (l'océan Pacifique). • Par exception, avec majusc. au sens absolu : *l'Océan* (l'Atlantique), par opposition à la Méditerranée.

ocre n. f. (*des ocres délavées*) et adj. invar. de couleur : *les murailles ocre des bourgades sahariennes.* • Le n. est masc. au sens de « teinte » : *de beaux ocres pâles*.

octave n. f. Noter le genre (le n. pr. *Octave* étant masc.).

oculiste n. et adj. (= *ophtalmologiste* ou *ophtalmologue* : médecin qui traite les maladies des yeux). Ne pas confondre avec **oculariste**, n. (= fabricant[e] de prothèses oculaires), ni avec **opticien(ne)**, n. (= personne qui fait ou vend des lunettes, des instruments d'optique). Un seul *c*.

office n. f. (souvent usité au masc.) : lieu où l'on prépare le matériel pour la table. • n. m. dans toutes les autres acceptions : tâche, fonction, bureau, service, cérémonie religieuse.

oh ! interj. Toujours suivie d'un point d'exclamation, souvent répété en fin de phrase : *Oh ! quelle splendeur, ce tableau !* Marque l'étonnement, la surprise, l'admiration, la douleur, tandis que **ho !** sert à appeler ou peut exprimer le doute, l'indignation. • Autre hom. : **ô** (voir ce mot).

oiseau n. m. Touj. au sing. dans : *à vol d'oiseau.*

olive n. f. et adj. invar. de couleur. Dér. : **olivâtre(s)**, adj.

omoplate n. f. Noter le genre.

on-dit n. m. invar : *se moquer des on-dit.*

opéra n. m. (= drame chanté). On écrit avec tr. d'union : *opéra-ballet, opéra-comique* ; SANS tr. d'union : *opéra bouffe.* • Avec un O majusc. : *l'Opéra* (de Vienne, de Paris, etc.), *l'Opéra-Comique* (à Paris, etc.), théâtres.

opiniâtre adj. Acc. circ. sur l'*a*.

opprobre n. m. Bien noter la finale *-bre* (rime avec *octobre*).

orange n. f. Est invar. quand on l'emploie comme adj. de couleur : *des blouses orange.* Mais le dér. **orangé**, adj. (et n. m.), s'accorde.

orbite n. f. Noter le genre.

orgue n. m. sing. : *un bel orgue* ; • n. m. plur. désignant plusieurs instruments : *les plus beaux orgues de France et de Navarre* ; *des orgues électriques allemands* ; • n. f. plur. désignant en style solennel et emphatique UN SEUL instrument monumental : *les grandes orgues de Notre-Dame.* • On écrit : *buffet(s) d'orgue, jeu(x) d'orgue, point d'orgue, tuyau(x) d'orgue* ou *d'orgues* ; plutôt *tribune(s) d'orgues.* • Touj. masc. *orgue(s) de Barbarie* ; masc. plur. : *orgues de Staline*, et aussi (géographie) : *les orgues de Fingal* (Écosse).

oriflamme n. f. Noter le genre.

ovale adj. des deux genres et n. m.

ozone n. m.

P

pacotille n. f. Un seul *t* (contr. à *flottille*).

pallier v. uniquement tr. dir. : *pallier ses insuffisances.* (La forme « pallier à... » est une faute de français.) Deux *l.* • Dér. **palliatif(ive)**, adj. ; **palliatif**, n. m. • Hom. : **palier**, n. m.

panacée n. f. (= remède universel). Ne pas dire : « une panacée universelle », ce serait commettre un pléonasme.

pantomime n. f. (= jeu de scène sans paroles). Surtout ne pas dire ou écrire « pantomine ».

paon n. m. Le groupe *aon* se prononce « an », comme dans *faon*, dans *taon* (fautivement prononcé « ton » dans certaines régions) et dans *Laon* et *Craon.* • La femelle du *paon* est la *paonne* (hom. de *panne*).

papeterie n. f. Un seul *t*, comme dans *marqueterie* (et contr. à *lunetterie*).

paraffine n. f. Deux *f.*

pareil(le) adj. L'expr. *pareil que* appartient au langage relâché. Il faut dire *pareil à* : *J'ai une veste pareille à la tienne.* • On écrit : *des beautés sans pareilles.*

parenthèse n. f. Touj. au sing. : *par parenthèse* ; ex. : *Je te dirai, par parenthèse* (incidemment, en faisant une parenthèse), *que cette solution ne me plaît pas*. • Au contraire, touj. au PLUR. : *entre parenthèses* (en mettant entre les deux parenthèses).

parti n. m., **partie** n. f. Ne pas confondre *prendre son parti* (sans *e* final) et *prendre à partie* (avec *e* final = comme si c'était l'une des *parties* dans un procès), ni avec *avoir maille à partir* (où *partir* est un verbe). • *Parti pris* s'écrit sans tr. d'union.

passager(ère) adj., **passant(e)** adj. Un malaise qui ne dure pas est *passager* ; une rue très fréquentée est *passante.*

pastel n. m. : *des pastels.* Adj. invar. de couleur : *des teintes pastel.*

pâturage n. m. Veiller à l'acc. circ. sur l'*a.*

pause n. f. (= temps d'arrêt dans une activité). *Faire la pause à midi.* On écrit : *la pause café* ou *la pause-café*. • Ne pas confondre avec **pose**, n. f. ; le modèle prend la *pose* chez le sculpteur, puis, fatigué, fait la *pause*.

peau-rouge adj. : *tribus peaux-rouges.* • N. pr., avec deux majusc. : *deux Peaux-Rouges échangeaient des signaux de fumée.*

peccadille n. f. Noter les deux *c*.

pécuniaire adj. Noter la finale *aire*. Il n'existe pas d'adj. « pécunier », ni par conséquent de fém. « pécunière ».

peine n. f. On dit et l'on écrit : *à grand-peine* ; tr. d'union. (qui remplace l'*e* disparu).

pèlerin n. m. Un acc. grave ainsi que pour ses dérivés (pèlerinage). Un seul *l*.

peloter v. tr. Un seul *l* (*idem* pour le dér. **peloton**, n. m. ; deux *n* à **pelotonner**, v. tr. et pronom.).

pénates n. m. plur. Noter le genre. Pas de sing.

pénitencier n. m. 1° Prêtre pouvant absoudre les cas réservés ; 2° Prison (« *Les portes du pénitencier...* »). • Le mot fut adj. autref. : *maison pénitencière*, « où l'on se rend pour faire pénitence » ; il ne l'est demeuré que dans l'expr. *navire pénitencier*, où il peut être aussi bien considéré comme un subst. en apposition. • L'adj. dér. du 2° est auj. **pénitentiaire**, au masc. et au fém. : *règlement pénitentiaire, administration pénitentiaire.*

pense-bête n. m. Plur. : *des pense-bêtes.*

perclus adj. Fém. : **percluse**, et non « perclue » (barbarisme populaire).

périgée n. m. Noter le genre.

période n. m. au sens archaïque de « degré », de « stade » : *la période critique d'une maladie* ; f. dans tous les autres sens.

périple n. m. Ne devrait s'employer que pour un voyage circulaire, ou, pour le moins, d'aller-retour, comportant en principe des péripéties, des aventures. À l'origine : circumnavigation. Ne pas employer à propos, par exemple, d'un Paris-Nantes aller-retour en TGV sans incidents !

perruque n. f. Ne pas dire « une fausse perruque » (c'est un pléonasme) !

persiflage n. m., **persifler** v. tr. Un seul *f*, contr. à *siffler*.

pervenche n. f. Employé comme adj. de couleur, est INVAR. : *tons pervenche*, mais non le subst. de couleur : *une gamme de pervenches.*

peut-être adv. Le tr. d'union est obligatoire dans l'adv. : *J'irai peut-être à Paris.* Bien entendu, le tr. d'union est à bannir s'il s'agit du v. assorti du semi-auxil. *pouvoir* : *Votre ami peut être aussi le mien.*

philanthrope n. et adj. Noter le second *h*.

philharmonie n. f., **philharmonique** adj. Noter les deux *h*.

picoter v. tr. Un seul *t*.

pie adj. invar. de couleur : *des voitures pie. Des chevaux pie(-) rouge, des vaches pie(-)noir* (avec ou sans tr. d'union).

pistache n. f. En tant qu'adj. de couleur, est invar. : *des jupes pistache.*

pivoine n. f. d'une plante à bulbe. • Adj. de couleur, est invar. : *des rubans pivoine.*

plaidoirie n. f. Pas d'*e* intérieur devant le *r*.

planisphère n. m. Ne peut désigner qu'une représentation plane de la Terre (ou du ciel), et non un globe terrestre.

plasma n. m. Pas d'*s* à la fin de ce mot.

plastic n. m. Explosif plastique. Hom. : **plastique**, n. m., abrév. pour *matière plastique* ; **plastique**, n. f. et adj., termes d'art relatifs à la forme et à la beauté.

plâtre n. m. Acc. circ. sur l'*a*. *Idem* pour : **plâtrage, plâtras, plâtrer, plâtrier**, etc.

pléthore n. f. Ne pas oublier l'*h*.

plinthe n. f. Moulure, planche au bas d'un mur. Ne pas omettre l'*h*. Hom. : **plainte**, n. f.

plume n. f. On écrit le mot au sing. dans *gibier à plume,* ainsi que dans *lit de plume, matelas de plume.* • Sans tr. d'union : *un boxeur poids plume, un poids plume.* Invar. en nombre : *des [boxeurs] poids plume.*

plupart (la) Quand *la plupart* est employé seul ou suivi d'un complément au pluriel (constructions les plus usuelles auj.), le v. se met toujours au plur. : *La plupart des châteaux de la région ont été restaurés au* XIX*e s.* ; *La plupart d'entre nous ont été les élèves de M. Topaze.* • Le mot *temps* est le seul qui s'associe couramment au singulier à *la plupart* : *La plupart du temps, ils se promenaient l'après-midi au Bois.* Quand ce groupe de mots est sujet du v., celui-ci se met au sing. : *la plupart du temps se passe en interminables parties de cartes.*

plus-value n. f. Avec un tr. d'union. Plur. : *des plus-values.*

plutôt adv. Syn. de « de préférence ». En un seul mot (*je viendrai plutôt mardi que mercredi*), à la différence de **plus tôt** (contraire de « plus tard ») : *Plus tôt vous viendrez, plus tôt on pourra partir visiter la région.* Bien écrire : *Nous n'étions pas plus tôt arrivés que ma belle-mère s'invita à dîner* (= nous étions à peine arrivés que...).

pneu n. m. (abrév. de *pneumatique*). Plur. : *des pneus* (*s* final).

poêle n. f. Ustensile de cuisine pour frire, fricasser, griller. • n. m. 1° Appareil de chauffage ; 2° Drap mortuaire, dais. (Prononcer « pwâle ».) • Quels que soient le genre et l'acception, le mot s'écrit avec un acc. circ. C'est touj. un acc. circ. que l'on trouve dans les mots appartenant aux familles des différents *poêle* : **poêlée**, n. f., **poêler**, v. tr., **poêlon**, n. m., ou bien **poêlier**, n. m.

poil n. m. Au sing. dans les expr. *gibier à poil, bonnet à poil, être à poil* (famil. pour « tout nu »). C'est également le sing. qui est préconisé dans *de tout poil* (*Pour le Carnaval, des escrocs de tout poil arrivaient en ville !*).

poing n. m. Reste au sing. dans : *un coup de poing, des coups de poing, se battre à coups de poing...* bien que l'on se serve parfois de SES POINGS en ces circonstances. • Mais c'est le plur. qui est de rigueur dans *dormir à poings fermés.* • Tr. d'union dans le m. composé *coup-de-poing* (1° arme de silex des hommes préhistoriques ; 2° [dit *coup-de-poing américain*] arme de main des truands et des voyous). Plur. : *des coups-de-poing* (seul le premier élément varie).

point n. m. Auj., on dit : *un point-virgule* (plur. : *des points-virgules*), et on lie les deux éléments par un tr. d'union. La forme *un point et virgule* est obsolète. • On dit indifféremment : *les deux points* ou *un deux-points* (la seconde forme étant particulièrement employée par les professionnels de l'imprimerie). Si le tr. d'union est obligatoire avec l'article au sing., il n'est que facultatif avec l'art. au plur. • Sing. logique dans : *à point, à point nommé* et *de point en point.* • *Point de vue* s'écrit sans tr. d'union. Le plur. est : *points de vue* (*vue* restant invar.).

polaire adj. Pas d'acc. circ. sur l'*o*.

pôle n. m. Acc. circ. sur l'*o*. • On écrit : *le pôle Sud, le pôle Nord,* et, en abrégeant, *le pôle S., le pôle N.*

policlinique n. f. Formé sur le grec *polis,* « ville », le mot désigne un établissement communal où l'on soigne les gens sans les hospitaliser. • Ne pas confondre avec **polyclinique**, n. f., clinique où l'on soigne diverses maladies au sein de plusieurs services spécialisés. Ce mot est formé sur le grec *polus*, « plusieurs, nombreux ». • Attention à ne pas confondre ces deux mots, en cas d'urgence, en se rendant dans une *policlinique* alors que le cas relève d'une *polyclinique* !

poliomyélite n. f. Attention à la place de l'*y*.

poltron n. m. et adj. Fém. : **poltronne** (deux *n*).

poly- Les comp. avec le préfixe *poly* s'écrivent en un seul mot. Ainsi : *polychromie, polyphonie, polyurie...*

polyester n. m. Ne pas écrire « polyesther » avec un *h*.

polyglotte n. et adj. Deux *t*.

polygone n. m. Pas d'acc. circ. sur l'*o*.

polynôme n. m. Acc. circ. sur le second *o*.

polytechnique n. f. et adj. Avec un *p* minusc. dans : *l'École polytechnique*, mais *P* majusc. quand il y a ellipse (*entrer à Polytechnique*).

popote n. f. et adj. Un seul *t* : *Le général faisait la tournée des popotes.* • Invar. en son emploi adj. : *Ces épouses sont trop popote aux yeux de leurs maris ; ces retraités sont bien popote !*

porc-épic n. m. Plur. : *porcs-épics.* Au plur. comme au sing., la prononciation est : « porképic », l'*s* du pluriel restant muet.

possible adj. S'accorde quand il se rapporte à un nom : *Visitez tous les clients possibles.* • Mais ne s'accorde pas s'il suit un superlatif : *Visitez le plus de clients possible*, car le sens est ici : « ... le plus de clients qu'il vous est (ou : qu'il vous sera) possible de visiter. » De même : *Les mâts de cocagne devront être les plus hauts possible* (= qu'il vous sera possible de les faire) ; *faites le moins de bévues possible* ; *elles ont été le mieux soignées possible.* Mais : *Il a accumulé toutes les fautes possibles !* (= qui étaient possibles). • *Il est possible* (et : *il n'est pas possible*) *que...* Cette expr. se fait suivre du subjonctif : ... *qu'il vienne* ; ... *qu'elle t'éconduise.* Le conditionnel (« Il est possible qu'il viendrait s'il savait que Nicole serait là ») est critiqué, et l'on prône alors : *Il viendrait peut-être s'il savait que Nicole sera là.*

post- élément de composition. La plupart des comp. avec ce préfixe (= après) s'écrivent sans tr. d'union, en un seul mot : *postclassique, postcombustion, postcommunion, postface, postposition*, etc.

poulain n. m. Fém. : **pouliche** (et non « poulaine »).

pouls n. m. Prononcer « pou ». Étym. : lat. *pulsus*, battement. Penser à *pulsation* pour ne pas oublier le *s* final.

pourcentages L'accord du verbe qui dépend d'un pourcentage est source d'hésitation, car on se demande s'il faut dire et écrire : *Dix pour cent seulement de la population a voté pour lui*, ou *ont voté pour lui.* Notre réponse : le plur. est touj. préférable. Si l'on hésite, on peut tourner la phrase autrement : *Dix pour cent seulement des électeurs ont...*, ou bien : *La population ne lui a accordé que dix pour cent des voix.* • Cela vaut pour toutes les proportions : *75 % (les trois quarts) du quartier ont été détruits*, ou : *Le quartier a été détruit à 75 % (aux trois quarts).*

pourparlers n. m. plur. Pas de sing.

praticable adj. et n. (masc.). Le groupe *qu* de *pratique* se change en *c.* • *Idem* dans **praticabilité**, n. f.

pratiquant(e) adj. et n. Garde le groupe *qu* et la désinence du part. prés. de *pratiquer*, v. tr.

prêcher v. tr. et intr. Acc. circ. comme à *prêche*, n. m. • Dér. comp. : *prêchi-prêcha*, n. m. invar.

prémices n. f. plur. (n'a pas de sing.) Autref., les premiers fruits de la terre, offerts au culte des divinités ; auj., les premières manifestations d'un fait nouveau, d'un changement, de quelque chose d'espéré. La première messe d'un prêtre est dite *messe de prémices* : on décèle chez un élève doué les *prémices* d'une belle carrière. • Hom. : *prémisse* (voir ce mot).

prémisse n. f. En rhétorique, chacune des deux premières propositions d'un syllogisme, la majeure et la mineure. Souvent usité au plur., du fait que les *prémisses* sont touj. deux. Au sens figuré, et au plur. : bases sur lesquelles on peut s'appuyer pour élaborer une politique, principes dont peuvent découler des événements, des conséquences... • Hom. : *prémices* (voir ce mot).

près adv., **prêt(e)** adj. La confusion est continuelle à l'écrit, à la radio, à la télévision, entre ces deux mots. La distinction est pourtant aisée : *on est* ***près*** *d'aboutir* (= on n'en est plus très éloigné), *on est* ***prêt*** *à commencer un travail* (= on a pris toutes dispositions pour cela). *Être près de sortir*, c'est être sur le point de s'en aller ; *être prêt à sortir*, c'est avoir rangé ses affaires, endossé son manteau s'il fait froid, pris ses clefs en vue du retour. *Près* s'assortit de *de*, *prêt* se fait suivre de *à*.

presque adv. Pas de tr. d'union à : *la presque totalité, la presque unanimité* (alors qu'on en met un à : *la quasi-totalité, la quasi-unanimité*).

presqu'île n. f. Noter l'apostrophe. C'est le seul cas où *presque* s'élide.

prête-nom n. m. Plur. : *des prête-noms.*

prétexte n. m. Ne pas dire ou écrire : « faux prétexte », c'est un pléonasme (même dans le cas d'un « bon prétexte » !).

prévôt n. m. Acc. circ. sur l'*o*. De même chez les dér. **prévôtal(e, es, aux)**, adj. ; **prévôté**, n. f.

procès-verbal n. m. Noter le tr. d'union. Plur. : *procès-verbaux.*

prodige n. m. Parf. en apposition : *enfant prodige.* S'accorde alors comme un adj. • Paron. : **prodigue**, adj. et n., à ne pas confondre ; le *prodigue* est quelqu'un qui dilapide sa fortune.

profiterole n. f. Un seul *f.*

prône n. m. **prôner** v. tr. Noter l'acc. circ. sur l'*o.*

provocant(e) adj. Noter le *c*, au lieu de *qu* dans **provoquant**, part. prés. du v. tr. *provoquer.*

prud'homme n. m. Noter l'apostrophe. • Dér. : **prud'homal(e, es, aux)**, adj. ; ici, apostrophe mais un seul *m* ; il en va de même dans **prud'homie**, n. f. • Au contraire, **prudhommerie**, n. f., et **prudhommesque** (du nom du personnage d'Henri Monnier : Joseph Prudhomme), adj., perdent l'apostrophe et récupèrent le second *m.*

prune n. f. • Employé comme adj. de couleur, est invar. : *des jupes prune.*

Q

quand conj., **quant**, élément de loc. Attention à la lettre terminale ! Ces deux mots n'ont pas le même emploi.
• *Quand* = lorsque : *Quand vous êtes venu...*, avec un usage plus étendu, car, interrogativement, on dira : *quand êtes-vous venu ?*, question où *quand* ne pourrait être remplacé par *lorsque.* En outre, *quand* peut signifier « même si » : *Quand vous me le diriez cent fois, j'hésiterais à vous croire* (noter qu'avec *même si* l'on devrait dire : *disiez*, et non *diriez*). Enfin, *quand* entre dans les loc. *quand même* et *quand bien même* (= malgré tout, malgré cela).
• *Quant*, que Littré donne pour adv., n'est qu'un élém. de la loc. prép. *quant à* (= en ce qui concerne, pour ce qui est de). • Dér. : *quant-à-soi*, n. m. invar. (on rencontre aussi *quant-à-moi*, n. m. invar.).

quantité n. f. En l'absence d'art., on écrit, en conservant *quantité* au sing. : *Quantité de personnes se sont plaintes* (accord au plur.). Avec un art., l'accord est libre : *Une grande quantité d'oiseaux ont*, ou : *a péri* ; mais le plur. est de beaucoup préférable.

quart n. m. SANS tr. d'union : *les trois quarts des gens, une salle vide aux trois quarts*. • AVEC tr. d'union : *porter un trois-quarts en tweed ; les trois-quarts ont bien mal joué !* • On dit : *midi et quart* plutôt que : « un quart ».

quasi adv. Avec un nom, est suivi d'un tr. d'union : *un quasi-échec.* • Pas de tr. d'union avec un adj. ou un part. (*quasi terminé*), ni avec un adv. (*quasi entièrement*).

quatre adj. num. et n. m. invar. • Les dér. comp. prennent des tr. d'union et sont tous INVAR. : *quatre-cent-vingt-et-un* (jeu de dés), *quatre-épices, quatre-mâts, quatre-quarts.*

quelque adj. indéf. et adv. / **quel(le) que** loc. La confusion est fréquente entre le mot et la loc., qu'il faut bien distinguer :
• 1° *J'ai envoyé quelques lettres à Sylvie.* Ici, *quelque* est adj. indéf. et s'accorde au plur. avec le subst. *lettres* ; 2° *Quelques douceurs que vous lui prodiguiez, elle restera réservée.* Là aussi, *quelque* est adj. : donc, accord au plur. avec *douceurs* ; 3° *Quelque excellentes que soient vos relations, elles finiront par se gâter.* Au contraire, *quelque* est ici adv. (au sens de « si »), et invar. ;
• *Quelles qu'elles soient, vos relations s'altéreront un jour.* Dans cet ex., ce qu'on trouve, c'est l'adj. relat. *quel* suivi de *que* ; en tant qu'adj., *quel* s'accorde avec le subst. auquel il se rapporte : *relations,* au fém. plur. Le v. est touj. au subj. : *quelle que soit la distance, quels que puissent être vos désirs, quelles qu'aient pu être vos préventions.*
• REMARQUES : 1° *Quelque* n'élide son *e* final que devant *un* et *une.* 2° Au contraire, avec *quel(le) que,* toute élision est licite. 3° Attention à ne pas confondre l'adj. indéf. et l'adv. Ex. dans : *Ils étaient quelque cent vingt,* il s'agit de l'adv. INVAR. (= environ cent vingt) ; mais dans : *Ils étaient cent vingt et quelques,* il s'agit de l'adj. VAR. (= et quelques autres). Dans le premier cas, ils pouvaient être *plus ou moins* de cent vingt, *à peu près* cent vingt ; dans le second, ils étaient *un peu plus* de cent vingt. • La loc. *quelque chose* est du genre MASCULIN.

quelqu'un pron. indéf. des deux genres. Le fém. *quelqu'une* est d'emploi littéraire. Plur. : *quelques-uns, quelques-unes.*

qu'en-dira-t-on n. m. invar. : *N'écoutez pas les qu'en-dira-t-on.*

quetsche n. f. (= prune : eau-de-vie de prune). Prononcer « kouetch ».

queue n. f. On écrit sans tr. d'union : *à la queue leu leu.* • Seul le mot *queue* prend un *s* au plur. dans les dér. comp. commençant par **queue-de-** : *des queues-d'aronde, des queues-de-morue, des queues-de-pie,* etc.

queux n. m. (= cuisinier). Ne se dit que dans l'expr. *maître queux* (pas de tr. d'union).

quincaillier(ère) n. Noter le troisième *i* à la finale.

quinconce n. m. On écrit : *arbres en quinconce* (sans *s*).

quintal n. m. (= 100 kg). Plur. : *quintaux.*

quoique conj. (= bien que). L'*e* final s'élide devant *elle, en, il, on, un, une.* • Attention à la confusion avec la loc. en deux mots **quoi que** : *quoi que je fasse* (= quelque chose que je fasse), *je n'arriverai pas à l'heure.*

R

rabâcher v. tr. et intr. Acc. circ. sur le 2e *a*. Même chose chez tous ses dér. : *rabâchage, rabâcheur...*

rabbin n. m. Deux *b*, ainsi que tous les dér. : **rabbinat, rabbinique...**

râble n. m. Prend un acc. circ. sur l'*a*, ainsi que ses dér. : **râblé(e), râblure...**

racler v. tr. Pas d'acc. sur l'*a*. • *Idem* chez les dér. : **raclée, raclette, racloir...**

radjah n. m. S'écrit aussi *rajah*.

radoter v. intr. Un seul *t*. Part. passé invar.

rafle n. f., **rafler** v. tr. Un seul *f*. Pas d'acc., bien que l'*a* soit appuyé.

ragoût n. m. Acc. circ. sur l'*u*, comme dans **goût, goûter, dégoûtant, ragoûtant.**

râper v. tr. Acc. circ. sur l'*a*. • *Idem* chez les dér. : **râpe, râperie, râpeux(euse).**

rasséréner v. tr. (et pronom.) « Rendre (redevenir) *serein* ». Ne pas dire « rassénérer ».

rate n. f. Femelle du rat. Un seul *t* (comme pour l'organe du corps). Mais il y a deux *t* dans le nom de pomme de terre **ratte**.

râteau n. m. Acc. circ. sur l'*a*. • Dér. : 1° Avec cet acc. : **râtelage, râtelée, râteler, râteleur(euse), râtelier, râtelures** ; 2° Sans acc. circ. : **ratissage, ratisser, ratisseur(euse), ratissoire...**

rationalisme n. m. Un seul *n* devant un *a* (**rationalisation, rationaliser, rationaliste, rationalité**). Prononcer « rassio ».

rationnel(le) adj. Deux *n*, ainsi qu'à **rationnellement**, adv.

rebelle adj. et n. Pas d'acc., mais **rébellion**, n. f., prend un acc. aigu sur son premier *e*. **Se rebeller**, v. pronom., s'écrit sans acc.

record n. m. Adjectivé, s'accorde en nombre, non en genre : *des vitesses records, des résultats records.*

règlement n. m. / **réglementation** n. f. • Le v. tr. **régler** s'écrit avec un acc. aigu, qu'il ne change en acc. grave que devant une syllabe muette FINALE (*je règle, nous réglerons*), comme *céder.* • **Règle, règlement** et **dérèglement** sont les seuls mots de la famille à prendre un acc. grave. Tous les autres : **réglable, réglage, réglementaire, réglementation, dérégler**, etc., prennent un acc. aigu.

relais n. m. Prend un *s* comme *palais* : *un relais de télévision.*

remue-ménage n. m. invar.

renâcler v. intr. Acc. circ. sur l'*a.*

repaire n. m. 1° Gîte d'un animal sauvage ; 2° Refuge de malfaiteurs. • Ne pas confondre avec **repère**, n. m. (= marque, jalon) : *les repères de la mission Citroën au Sahara* ; mot qui a donné *repérage,* n. m., et *repérer,* v. tr.

restant est invar. comme part. prés. : *les sommes restant à vous devoir,* mais VAR. comme adj. : *Les sommes restantes vous seront versées ultérieurement.*

rétractation n. f. / **rétraction** n. f. Le premier mot désigne un acte par lequel on revient sur ce qu'on a dit : *la rétractation de ses aveux par un accusé.* Le second mot se dit d'un repli sur soi effectué par un animal qui se fait plus petit pour sa défense ; de la contraction d'une substance, lors d'une réaction physique ou chimique ; d'un mouvement de retrait naturel (*la rétraction du poil sous le rasoir*).

réveille-matin n. m. invar. Mais : *un réveil, des réveils.*

revolver n. m. Pas d'acc. Mais *révolvériser,* v. tr., prend deux acc. aigus. • Le revolver étant un pistolet à répétition muni d'un barillet (voir *baril*), « revolver à barillet » est un pléonasme inadmissible.

rococo adj. invar. en genre et en nombre.

roder v. tr. (1° user par frottement ; 2° employer avec précaution une machine neuve) / **rôder** v. intr. (= vagabonder). Seul le second de ces v. prend un acc. circ. sur l'*o*.

rosbif n. m. Orthogr. francisée de l'anglais *roast* et *beef*.

rose n. f. On écrit : *des roses blanches, des roses pompon* ; *la rose des vents, la rose des sables* ; *le laurier-rose, des lauriers-roses* (tr. d'union). • Adj. : *des dentelles roses* ; *des nappes rose bonbon*.

rouge n. m. et adj. Le subst. varie : *des rouges très vifs*. L'adj. varie quand il est seul : *des toits rouges, les Khmers rouges* ; il est invar. quand il est associé à un autre adj. de couleur : *des murs brun-rouge, rouge-brun* (tr. d'union), *des pulls rouge brunâtre* (sans tr. d'union), ou précisé par un compl. : *des banderoles rouge sang* (pas de tr. d'union). • Parfois adv., donc invar. : *Ils se fâchèrent tout rouge*.

rouge-gorge n. m. Plur. : *des rouges-gorges*.

rubané adj. et part. passé du v. tr. *rubaner*. S'écrit avec un seul *n*, contr. à *enrubanné* et *enrubanner*.

rue n. f. On écrit : au SING., *des batailles de rue, des coins de rue* ; au PLUR., *des noms de rues, des croisements de rues*.

S

sable n. m. Employé comme adj. de couleur, est invar. : *des chemises sable* (= beige clair). Cet adj., qui signifie : « de la couleur du sable », n'a rien de commun avec *sable,* n. m., qui désigne la couleur NOIRE en héraldique : *écu de sable aux trois fleurs de lys et au pairle d'or.*

sadomasochisme n. m. S'écrit en un seul mot.

sage-femme n. f. Plur. : *des sages-femmes.*

saint adj. et n. m. Fém. : *sainte.* • S'écrit avec un *s* minusc. et sans tr. d'union dans la désignation de personnages : *les clés de saint Pierre,* et de leur représentation : *un saint Yves en chêne polychrome.* Une exception : *Saint Louis,* à qui l'on met touj. un S majusc. • On écrit avec un S majusc. et un ou des tr. d'union le nom des ordres, congrégations, confréries et édifices religieux : *l'église Saint-Étienne, la cathédrale Saint-Laurent, l'ordre de Saint-Benoît* ; de même en toponymie : *la ville de Saint-Claude, la rivière Sainte-Austreberthe. Idem* en médecine : *être atteint de la danse de Saint-Guy* (= la chorée). • Les n. communs comp. avec *saint(e)* gardent les minusc. et prennent le tr. d'union : *la sainte-barbe* (d'un navire ; mais on écrit : *la Sainte-Barbe* pour la fête des pompiers), *un saint-bernard* (chien), *le saint-émilion* (vin), *le sainte-maure* (fromage), *la saint-glinglin* (on ne sait quand), *un saint-honoré* (gâteau), *du saint-nectaire* (fromage), etc. • Exception pour : *une sainte nitouche,* qu'on écrit généralement sans tr. d'union

sanatorium n. m. Plur. : *des sanatoriums.*

sandwich n. m. Plur. : *des sandwichs* (« à la française »).

sang n. m. On écrit SANS tr. d'union : *les animaux à sang froid* (ex. : les batraciens), mais AVEC tr. d'union : *Il a perdu son sang-froid, il a tiré sur nous de sang-froid.* En ces deux derniers ex., il s'agit du mot comp. invar. **sang-froid,** n. m.

saoul ou **soûl** adj. Deux graphies licites ; l'*a* dispense de l'acc. circ. sur l'*u*, l'acc. circ. sur l'*u* dispense de mettre un *a*. *Idem* pour le v. tr. et pronom. **saouler** ou **soûler.**

sarment n. m. Il y a pléonasme à dire : « un sarment de vigne » ; il en va de même que pour *pampre* et *treille,* qui ne peuvent désigner que des rameaux ou des ceps de vigne.

satire n. f. (= œuvre et genre littéraires : *les* Satires *de Boileau*). Noter l'*i*. • Hom. : *satyre* (voir ce mot).

satyre n. m. Demi-dieu à pieds de bouc ; homme lubrique ; n. f. Œuvre théâtrale où des *satyres* tenaient le chœur ; dér. : *satyrique,* adj. (= relatif à la *satyre*). Noter l'*y*. • Hom. : *satire,* n. f. (voir ce mot).

sauf adj. Fém. : *sauve. Des naufragés sains et saufs.* • Employé prépositivement, *sauf* (= excepté) devient INVAR. : *tous les Européens, sauf les Suisses.*

saynète n. f. (= sketch, petite pièce de théâtre). Ne pas écrire « scénette ». (Étym. : l'espagnol *sainete.*)

sceptique adj. (= qui doute). Ne pas confondre orthographiquement avec **septique**, adj. (pas de *c*), « relatif à l'infection » : *fosse septique.*

schilling n. m. Unité monétaire autrichienne. Noter le *c*, présent au contraire de **shilling**, n. m., monnaie britannique.

script n. m. : écriture simplifiée (*écrire en script*). Parf. adjectivé (invar.) : *une écriture script.* • n. f. : abrév. pour *script-girl* ; mais il est conseillé de franciser le mot : *une scripte.*

scrupule n. m. On écrit au SING. : *dénué de TOUT scrupule* ; *peser au scrupule près* ; au PLUR. : *dénué de scrupules, un individu sans scrupules.*

second(e) adj., employé, en toute rigueur, quand il n'y a pas de « troisième » : *le Second Empire, la Seconde Guerre mondiale.* En cas contraire, on dit *deuxième* : *le deuxième tome du Grand Dictionnaire universel du* XIXe *siècle.*

séculaire adj., **séculier(ère)** adj. Le premier se rapporte à une période de cent ans. Le second a trait au clergé qui n'appartient pas aux ordres religieux, mais « qui vit dans le siècle ».

sens n. m. On écrit sans tr. d'union : *sens dessus dessous.* • Avec tr. d'union : *un non-sens.* • Dér. : **sensé(e)**, adj. à bien distinguer de *censé(e),* « supposé, considéré comme ».

sépia n. f. Noter le genre. • Adj. invar. de couleur : *des jupes-culottes sépia.*

sépulcre n. m. *Le Saint-Sépulcre.*

serein adj. (fém. : **sereine**) et n. m. • L'adv. **sereinement** garde le groupe *ei*, qui disparaît dans **sérénade**, n. f., et **sérénité**, n. f. • Ces mots viennent de *soir* (lat. *sero*, au soir). Une *sérénade* se donne le soir, une *aubade* le matin (« à l'aube »).

sergent-chef n. m. Tr. d'union. Plur. : *des sergents-chefs.*

serpillière n. f. Noter les deux *l* flanqués de deux *i* (cf. *groseillier, joaillier, quincaillier*).

serviette-éponge n. f. Tr. d'union. Double plur. : *serviettes-éponges.*

sibylle n. f. Noter la place de l'*y*. • Avec majusc : *la Sibylle* = la sibylle de Cumes. • Dér. : **sibyllin(e)**, adj.

sismique adj. (de *séisme* = secousse [grec *seiein*, secouer]). Éviter de dire ou d'écrire : « secousse sismique », expr. qui contient un pléonasme. Dire : *tremblement de terre, phénomène sismique, secousse tellurique* (lat. *tellus*, terre)... ou tout simplement *séisme.*

soi-disant adj. invar. et adv. Ne doit s'employer que pour une PERSONNE : *de soi-disant femmes du monde, des techniciens soi-disant compétents* (= qui se disent, ou peuvent se dire, tels ou telles). Ne pas dire : « une faute soi-disant réparable », « une ville soi-disant animée », mais : *prétendument réparable, prétendument animée* (= que l'on prétend être ainsi). De même : *de prétendues améliorations, de prétendus progrès* (et non « soi-disant »). • Veiller aussi au non-accord : *sa soi-disant nièce* (et non « soi-disante » !).

solde n. m., « vente au rabais d'articles démodés » : *annoncer des soldes exceptionnels* ; n. f., traitement de militaires ou d'agents de l'armée. • Le dér. *demi-solde* est fém. et s'accorde au plur. au sens de « traitement diminué de moitié » (*des demi-soldes* = des demi-pensions). Est masc. quand il désigne des anciens officiers de l'Empire mis en non-activité à la Restauration.

souffre-douleur n. m. invar.

soufre n. m. Un seul *f.* Adj. invar. de couleur : *de longues nuées soufre.*

soupirail n. m. Plur. : *soupiraux.*

soutien-gorge n. m. Plur. : *soutiens-gorge.*

sphinx n. m. Prend un *i*, non un « y », qu'il s'agisse du monstre fabuleux (fém. : *sphinge*) ou du papillon de nuit.

stalactite n. f., concrétion tombante ; **stalagmite** n. f., concrétion montante. Moyen mnémonique : *tite*/tombe, *mite*/monte.

stupéfait(e) adj. Ne pas l'employer comme un part. passé, car il n'existe pas de v. « stupéfaire ». Ne pas dire : « J'ai été stupéfait par cet événement », ni : « Cet événement m'a stupéfait », mais : **stupéfié(e)**, part. passé du v. tr. *stupéfier*, qui, lui, existe bien. En revanche, on dira très correctement : *Elle est restée stupéfaite.*

succéder v. tr. indir. et pronom. Part. passé TOUJ. INVAR.

succinct(e) adj. Ne pas omettre le troisième *c*, qui toutefois reste muet au masc. et au fém. Le *t* ne se prononce qu'au fém.

suffocant(e) adj. Noter la différence d'orthogr. avec le part. présent du v. intr. *suffoquer* : **suffoquant.**

super- élément de composition, s'agglutine à l'élément suivant (*superalliage, superbombe, supermarché*, etc.), sauf dans *super-huit*, n. m. et adj. invar. (format de film amateur, qu'on écrit aussi *super-8*). • Adj. invar. : *des vêtements super.*

surdose n. f. proposé à la place de l'anglais *overdose.*

T

tache n. f. (= salissure, marque, etc.) ; **tâche** n. f. (= travail). Acc. circ. sur l'*a* du second mot. Dér. SANS acc. : **tacher**, v. tr. (= salir) ; **tacheter**, v. tr. (= semer de taches ; conjug. : *je tachette, tachetons !*) ; mais AVEC acc. : **tâcher**, v. parfois tr. (*Tâchez qu'il vienne*), le plus souvent tr. indir. soit avec *de* : *Tâchez d'y aller !*, soit avec *à* (= s'efforcer à...) : *Tâchez à bien préparer votre examen !*

tain n. m. *Glace sans tain.* • Prendre garde aux hom. : **teint**, n. m. (*un teint coloré*) ; **thym**, n. m. (*le thym et le romarin*) ; **tin**, n. m. (*Le tin supporte la quille du bateau en chantier*).

taper v. tr. et intr. On peut dire : *à 4 heures tapant* ou *tapantes.*

tâter v. tr. / **tatillonner** v. intr. Le premier v. prend un acc. circ. sur l'*a*, le second non, bien que celui-ci dérive de celui-là. • Il en va de même pour leurs dér. réciproques : **à tâtons,** loc. adv., **tâtonner**, v. intr. et son dér. **tâtonnement**, n. m., héritent de l'acc. de *tâter*, tandis que **tatillon(ne)**, adj. (qui double au fém. son *n*) en est exempt comme *tatillonner.*

taxer v. tr. On *taxe* quelqu'un d'hypocrisie, ou on le *traite* d'hypocrite ; on le *taxe* de vénalité, ou on le qualifie de *vénal*. Il est incorrect d'écrire et de dire : « taxer d'hypocrite », « taxer de vénal ».

taxi n. m. Au sing. dans : *des chauffeurs de taxi* (chacun d'entre eux ne conduit qu'un véhicule à la fois). Dér. comp. : *avion-taxi*, n. m. (plur. : *des avions-taxis*) ; *taxi-brousse* (plur. : *des taxis-brousse*).

tel adj. et pron. • Accord sans problème dans l'emploi général : *De telles conditions sont inacceptables.* • Non suivi de *que*, accord de *tel* avec ce qui SUIT. Ex. : *J'aime les pierres de couleur,* TELS *le* *rubis et le saphir* ; *l'intolérance a causé de grands maux,* TELLES *les guerres de Religion et les violences révolutionnaires.* • Suivi de *que,* accord de *tel* avec ce qui PRÉCÈDE. Ex. : *J'aime les pierres de couleur,* TELLES QUE *le rubis et le saphir* ; *l'intolérance a causé de grands maux,* TELS QUE *les guerres,* etc. • Application de ces règles : *les grandes vedettes telles que Jean Gabin, Fernandel, Gérard Depardieu,* mais : *les grandes vedettes, tels Cary Grant, Greta Garbo, Romy Schneider.*

tenace adj., **ténacité** n. f. Acc. aigu au premier *e* du nom seulement.

tentacule n. m. Noter le genre.

terme n. m. Ne pas confondre *au terme,* sing. (= à la fin) et *aux termes,* plur. (= selon les termes). Ex. : *au terme de mon contrat* (« à son expiration ») ; *aux termes de mon contrat* (« d'après ses dispositions »).

termite n. m. Noter le genre.

timbre-poste n. m. Pluriel : *des timbres-poste* (= des timbres de LA Poste, pour LA Poste).

tintinnabuler v. tr. Noter l'*n* doublé.

toboggan n. m. Un seul *b,* deux *g.*

tohu-bohu n. m. Reste invar. au plur.

tord-boyaux n. m. Second élém. touj. au plur.

touche-à-tout n. m. invar. Deux tr. d'union. Ex. : *Ces jeunes filles sont des touche-à-tout !*

tout 1° Adj. (donc variable : *toute, tous, toutes*) : *de tout cœur, en toute hâte, à tous égards, toutes choses égales.* Adj., *tout* peut être : • adj. qualificatif, au sens de « entier », « complet » (*toute la nuit, tout l'or du monde, en faire toute une affaire, donner toute satisfaction* ; *Je la voyais toute...*) ; • adj. indéfini, au sens de « chaque », « n'importe quel(le) » et, au plur., de « la totalité de » (*à tout moment, en tout lieu, de toute façon, à tous égards, toutes proportions gardées...*).
2° Adv. (n'est pas touj. invariable, ce qui entraîne de nombreuses hésitations quant à la classification de *tout(e)* [adv. ou adj. ?] et à l'accord, surtout devant un nom au singulier). • Devant un adj. masc., *tout* adv. est TOUJOURS INVARIABLE : *Ils étaient tout mouillés, ils sont tout heureux.* Le sens de *tout* est ici « tout à fait, entière-

ment », qu'il faut bien distinguer de l'emploi pronom. ou adj. : *Ils sont tous mouillés* (= tous sont mouillés). • Devant un adj. fém. commençant par une voyelle ou par un *h* muet, *tout* adv. demeure invar. : *Elle est tout intimidée* ; *elles sont tout attristées* ; *elle est tout heureuse*. Lorsque l'adj. fém. commence par une consonne ou par un *h* aspiré, *tout* s'accorde en genre et en nombre : *Elle est toute honteuse* ; *elle était toute surprise* ; *elles sont toutes fatiguées* ; *elles sont toutes hautaines*... Au plur., ces formules sont ambiguës, car l'on peut comprendre que « toutes étaient fatiguées », que « toutes étaient hautaines », aussi bien que : « elles étaient complètement fatiguées », « elles étaient absolument hautaines ». Il convient donc d'exprimer très explicitement sa pensée en formulant le texte autrement, ou en rendant la phrase plus limpide par le contexte ! • Devant un nom au sing., accord ou invariabilité : *il est tout innocence* ou *toute innocence*, elle était *tout passivité* ou *toute passivité*.

tout-à-l'égout n. m. invar. *Des tout-à-l'égout.*

toute-puissance n. f. Avec tr. d'union. • De même pour *tout(e)-puissant(e)*, n. et adj. : *le tout-puissant ministre de la Sécurité* ; *les tout-puissants méprisent les problèmes des faibles* (*tout* demeure invar.) ; *les toutes-puissantes sociétés de transport* (au fém., *tout* varie en nombre). • *Le Tout-Puissant* (Dieu).

tout-petit n. m. Avec tr. d'union. Plur. : *les tout-petits* (*tout* invar.). • Mais sans tr. d'union : *un tout petit enfant.*

tradition n. f. Deux *n* à **traditionnaire, traditionnel** et **traditionnellement**, mais UN SEUL à **traditionalisme** et **traditionaliste.**

trafic n. m. Un seul *f*.

tragi-comédie n. f., **tragi-comique** adj. • Au plur. : *tragi-* reste invar. : *des tragi-comédies, des aventures tragi-comiques.* Ce sont des abrév. pour *tragico-comédies, tragico-comiques.*

traîner v. tr. et intr. Acc. circ. sur l'*i*. • Tous les dér. conservent l'acc. : **traînage, traînailler, traînant, traînard, traînasse.**

traître n. et adj. Fém. : *traîtresse* (« *Ah ! traîtresse ! Tu as répété mes confidences !* » ; *des paroles traîtresses*). Mais la forme masc. *traître* est aussi employée comme second féminin en des emplois moins « littéraires » : *Attention ! La couche de neige est traître !* ; *Cette femme n'était pas traître à la patrie.*

trapèze n. m. Acc. grave, mais acc. aigu aux dér. : **trapéziste, trapézoïdal(e, aux)...**

trappe n. f. Deux *p. Idem* pour : **trappeur, trappiste...**

trapu(e) adj. Un seul *p.*

tréfonds n. m. *Le tréfonds de son âme.* Touj. avec *s* final.

trembloter v. intr. Un seul *t.*

très adv. Ne s'emploie pas devant un part. passé actif (« Il l'a très aimée »), mais est correct devant un part. passé passif, adjectivé (*Elle a été très aimée*).

trêve n. f. Acc. circ. (Mais : **Trèves**, en Allemagne.)

tricycle n. m. : *i* puis *y.*

tripe n. f. Un seul *p.* De même pour les dér. : **triperie, tripier(ère)** et **tripette** (*Ça ne vaut pas tripette !*).

tripoter v. tr. et v. intr. Un seul *t* après l'*o.*

triste adj. Attention à la place de cet adj. : le sens s'en trouve notablement modifié ! Un *personnage triste* exhale de la mélancolie ; un *triste personnage* inspire de la méfiance, du mépris ou du dégoût.

trombone n. m. 1° Instrument à vent ; 2° Personne qui en joue (on dit aussi *tromboniste*) ; 3° Attache métallique. Un seul *n.*

tubercule n. m. Noter le genre.

turc adj. et (avec un T majusc.) n. pr. : *les Turcs*. Contr. à *grec(que)*, perd son *c* au fém. : *la politique turque.*

tyran n. m. Tous les dér. doublent l'*n* final : **tyranneau**, n. m. ; **tyrannie**, n. f. ; **tyranniser**, v. tr. ; **tyrannosaure**, n. m., etc.

U

unanime adj. Ne pas dire et écrire : « Ils sont tous unanimes », cette formulation étant pléonastique. Pour la même raison, on évitera des expr. comme : « décision prise à l'unanimité totale », « ils se levèrent tous unanimement », « tous à l'unanimité »...

unième adj. num. ord. On écrit sans tr. d'union : *vingt et unième, trente et unième...* ; exception : *quatre-vingt-unième.* (Sur le modèle de *vingt et un, trente et un... quatre-vingt-un.*)

urticaire n. f. : *une urticaire très cuisante.*

usine n. f. Avec tr. d'union : *bateau-usine, navire-usine* (plur. : *bateaux-usines, navires-usines*).

V

va ! 2e pers. du sing. de l'impératif du v. *aller*. Il n'y a pas d'*s* final. Mais on met un *s* d'euphonie quand cette forme verbale est suivie d'un *y* adv. de lieu : *Vas-y !* • S'emploie très souvent comme interj. exprimant un encouragement, marquant la sympathie : *Ce n'est rien, va ! ; Tu arriveras bien à surmonter cette difficulté, va !* Forme hom. du v. *aller* : *tu vas, il va* (prés. de l'ind.). • On écrit : *Va-t'en !* (le *t*, précédé d'un tr. d'union est suivi d'une apostrophe remplaçant l'*e* élidé du pron. pers. *te*). • On écrit traditionnellement *À Dieu vat !* (sans tr. d'union et avec un *t* final, que l'on fait souvent entendre). Mais l'orthogr. évolue, et des dict. contemporains acceptent aussi : *à Dieu va !, à-Dieu-va(t) !*

va-et-vient n. m. invar. Deux tr. d'union : *Il effectuait d'incessants va-et-vient, des mouvements de va-et-vient.*

valse-hésitation n. f. Plur. : *des valses-hésitations* (= il y a à chaque fois une valse et une hésitation, donc, au plur., plusieurs valses et plusieurs hésitations...).

va-nu-pieds n. invar. *C'est une va-nu-pieds ! Deux va-nu-pieds.*

varech n. m. On prononce « va-rek ».

variété n. f. Touj. au plur. dans : *un artiste de variétés, un spectacle de variétés...*

va-tout n. m. invar. : *Ils ont joué leur va-tout* ; *des va-tout.*

va-vite (à la) loc. adv. Prend un tr. d'union.

velléité n. f., **velléitaire** n. et adj. Noter l'acc. aigu sur le second *e*. Pas de tréma sur l'*i*.

vélo n. m. On doit dire : *aller à vélo,* et non « en vélo » (le cycliste n'est pas dedans, comme dans une voiture).

vénézuélien(ne) adj. S'écrit avec trois *é*, à la différence du n. pr. *Venezuela* : *les villages vénézuéliens, les radios vénézuéliennes.* • Avec une majusc. quand il s'agit du n. pr. (= habitants, originaires du Venezuela) : *deux Vénézuéliens, de belles Vénézuéliennes.*

vents Les noms de vents sont des n. communs, qui s'écrivent donc avec une minusc. : *le mistral, la tramontane, le simoun, le sirocco...,* sauf quand le vent est personnifié (mythologie, légendes, poésie) : *l'Aquilon, Zéphyr [le]...*

verglas n. m. Attention : les dérivés s'écrivent avec un *c* ! Ainsi : **verglacé(e)**, adj. ; **verglacer**, v. impers.

verni(e) adj. (de *vernir*) : *un meuble verni* ; *des chaussures vernies* ; n. : *C'est un petit verni !* • **vernis** (avec un *s* final), n. m. (enduit) : *passer une couche de vernis.*

verroterie n. f. Deux *r*, mais un seul *t*.

verrou n. m. Plur. : *des verrous.*

verse (à) loc. adv. Écrire : *Il pleut à verse* (et non : « à verses », ni « averse »).

vert n. m. *Des verts criards.* Adj. : *des pommes vertes.* • L'adj. est invar. quand il est nuancé par un adj. (*des robes vert foncé*) ou par un nom (*des jupes vert émeraude* ; *une tapisserie vert jade...*). On ne met pas de tr. d'union. • L'adj. est toujours invar. quand il est associé à un autre adj. de couleur, auquel il est lié par un tr. d'union : *des gabardines vert-gris, des pantalons vert-bleu.*

vert-de-gris n. m. Carbonate de cuivre. • Adj. invar. de couleur : *des treillis vert-de-gris.* • L'adj. *vert-de-grisé(e)* s'applique à ce qui est couvert de vert-de-gris : *des bassines vert-de-grisées* (le dernier élém. s'accorde).

veto n. m. invar. Pas d'acc. aigu. • « Opposer son veto » est condamné comme pléonasme par la quasi-totalité des lexicographes, puisque *veto* signifie : « je m'oppose ». On dira donc : *mettre son veto, opposer son droit de veto.* • Hom. : **véto**, n. (abrév. fam. pour *vétérinaire*).

vice- Les n. comp. avec *vice-* s'écrivent avec un tr. d'union, et seul le second élément s'accorde : *des vice-amiraux, des vice-chan-*

celiers, des vice-consuls, des vice-consulats, des vice-légats, des vice-légations, des vice-présidences, des vice-présidents, des vice-recteurs, des vice-rois, des vice-royautés.

vice versa loc. adv. Sans tr. d'union. Ne pas écrire, sous l'influence de la prononciation, « vice et versa ».

vicissitude n. f. S'emploie surtout au plur. (*les vicissitudes de la vie*). Noter l'ordre : *c* puis *ss*.

vide- Cette forme conjuguée du v. *vider* entre comme premier élém. (invar.) dans la composition de plusieurs mots masc. : *vide-bouteille* (plur. : *vide-bouteilles*), *vide-cave* (invar.), *vide-gousset* (plur. : *vide-goussets*), *vide-ordures* (invar.), *vide-poches* (invar.)...

vidéo n. f. Aussi adj. invar. : *des cars vidéo, des jeux vidéo...*

vidéo- Élément préfixal, se colle aux mots auxquels il est associé (*vidéocâble*, n. m. ; *vidéocassette*, n. f. ; *vidéoclip*, n. m. ; *vidéoclub*, n. m. ; *vidéocommunication*, n. f. ; *vidéoconférence*, n. f. ; *vidéodisque*, n. m. ; *vidéofréquence*, n. f. ; *vidéogramme*, n. m...).

vieux adj. Fait **vieille** au fém. • *Vieux* se mue en **vieil** devant un subst. masc. commençant par une voyelle ou un *h* muet, à condition de le précéder directement : *un vieil horticulteur, un vieil imbécile, un vieil habit, un vieil artisan...* S'il n'y a pas contact entre les deux mots, la forme *vieux* est conservée : *un vieux et habile artisan.*

ville n. f. Les n. comp. fém. *ville-champignon, ville-dortoir, ville-satellite* prennent le double plur. : *des villes-champignons*, etc.

vingt adj. num. card., adj. num. ord. et n. m. • Le *t* est muet devant un *h* aspiré et devant les consonnes, sauf dans *vingt-deux, vingt-trois...* jusqu'à *vingt-neuf* inclus. Il se prononce devant les mots commençant par une voyelle ou par un *h* muet : *vingt hommes, vingt arbres,* mais l'usage est parfois hésitant, par exemple devant des noms de mois (20 avril : « vintavril » ou « vin-avril » ; 20 août : « vin-tou » ou « vin-ou ») ; l'usage est également flottant devant une épithète précédant un substantif (*vingt étranges convives*), mais on devrait faire la liaison, ainsi que devant un attribut (*sur ces quelque cent projets, il y en a vingt acceptables*) ; alors que dans la pratique le *t* est le plus souvent muet. • Pas de tr. d'union quand *vingt* est suivi de *et* : *vingt et un* (mais : *vingt-deux, quatre-vingt-trois...*). *Vingt* prend un *s* dans *les Quinze-Vingts* et dans *quatre-vingts*, mais reste invar. quand il est suivi d'un autre adj. num. cardinal : *quatre-vingt-deux, quatre-vingt-dix-sept...* • Non multiplié par quatre *(quatre-vingts)*, *vingt* demeure invar. quand il est précédé de *cent* ou de *mille* : *deux cent vingt hommes, trois mille vingt francs* (mais : *deux cent quatre-vingts francs...*). • Lorsqu'il est adj. num. ORDINAL, *vingt* est invar. : *la page quatre-vingt* (= la quatre-vingtième page), *en l'an de grâce mil sept cent quatre-vingt.*

viscère n. m. Adj. correspondant : **viscéral**(*e, aux*).

vitrail n. m. Plur. : *vitraux.*

vivat n. m. *Pousser des vivats* (ne pas écrire : « viva[s] »).

vivoter v. intr. Un seul *t.*

vizir n. m. Avec un *z.* Pas de tr. d'union à : *grand vizir.*

voici prép. et adv. 1° Annonce ce que l'on va dire (« *Voici les noms des heureux lauréats : Pierre Duval, Jacques Dupuis et Paul Dubois !* ») ; 2° Désigne, de deux ou plusieurs personnes ou objets, celui qui est le plus proche (« *Voici la Maison de la Radio ; voilà, de l'autre côté de la Seine, BeauGrenelle...* »). • Devant un infinitif, on emploie *voici* (et non *voilà*) : *Voici venir le roi...* • Il est incorrect de dire : « le voici qu'il vient » ; il faut dire : *voici qu'il vient*, ou bien : *le voici qui vient.* • Voir aussi à *voilà.*

voie n. f. Direction, route, chemin. • Ne pas confondre avec son hom. **voix**, n. f. (*une voix de ténor*). • Au sing. dans : *être en bonne voie ; être en voie de réussite.*

voilà prép. et adv. 1° Renvoie à ce qui vient d'être dit (« *C'est ma belle-mère qui m'a empoisonné !* » : *voilà ses derniers mots...*) ; 2° Renvoie à la personne ou à la chose la plus éloignée (*Nous voici donc à la gare, et voilà le train, qui en est encore à cinq cents mètres*). • Contr. à *cela*, *voilà* a un acc. grave sur l'*a.*

voire adv. Marque le doute : « *Ce journaliste serait un bon professionnel ?... Voire !* » • Le sens le plus usuel est « et même » : *On a relevé ces inexactitudes chez des écrivains médiocres, voire chez d'honnêtes auteurs.* • L'expr. *voire même* – sous l'influence de l'acception moderne de *voire* – a été condamnée comme pléonasme. Auj., les grammairiens reconnaissent que cette condamnation était excessive ; en effet, *voire même* n'est pas un pléonasme si l'on considère l'étymologie, mais c'est un archaïsme devenu une redondance bénigne...

voirie n. f. Pas d'*e* devant le *r.*

voiture n. f. Les deux éléments des mots comp. *voiture-bar, voiture-lit, voiture-restaurant, voiture-salon* prennent la marque du plur. : *des voitures-bars, des voitures-restaurants...*

volatil adj. Fém. : *volatile*. Ex. : *Un produit très volatil.* • Hom. **volatile**, n. MASC (touj. avec *e* final) : *La pintade est un volatile originaire d'Afrique.*

vol-au-vent n. m. invar. Deux tr. d'union. *Servir des vol-au-vent en entrée ; des vol-au-vent financière.*

volée n. f. Touj. au sing. dans : *à toute volée, de volée.*

volte-face n. f. invar. *Faire volte-face, des volte-face.*

volute n. f. *Les volutes bleutées de la fumée de cigare.*

vomir v. tr. *Vomir son petit déjeuner.* Pas d'acc. circ. sur l'*o*. De même pour : **vomi** (ne pas écrire « vomis »), n. m. ; **vomique**, adj. et n. f. ; **vomiquier**, n. m.

vote n. m. On écrit : *vote(s) à main levée* (au sing. : chacun levant UNE main) ; *vote(s) par acclamation* (au sing. : en acclamant).

votre adj. poss. Plur. : *vos*. Pas d'acc. circ. sur l'*o* : *Votre jardin est superbe !*

vôtre 1° Pron. poss. (*Mon étude est restreinte ; la vôtre est exhaustive*) ; plur. : *vôtres* (*Les vôtres sont plus grands que les miens*). 2° Adj. poss. touj. employé comme attribut, sans art. devant : *Considérez cette maison comme vôtre* ; *à compter de ce jour, ces archives sont vôtres* (ces emplois appartiennent à la langue soutenue, voire littéraire). 3° N. m. plur. (certains grammairiens considèrent que le mot est touj. pron. poss. dans ce cas) : *les vôtres* (vos parents, vos proches, vos amis...). • Expr. avec *vôtre(s)* : *Vous avez encore fait des vôtres !* (= des bêtises, des sottises, des folies...) ; *Heureusement que vous y avez mis du vôtre !* ; *Bien vôtre(s)*, formule de fin de lettre.

voûte n. f. Acc. circ., que l'on retrouve dans **voûté(e)**, adj. ; **voûter**, v. tr. et pronom.

voyou n. m. Plur. : *des voyous*. • Également adj. : *des airs voyous.* • L'emploi d'un fém. *voyoute* (voire *voyouse*) est controversé, aussi bien comme subst. que comme adj.

vraisemblable adj. et n. m. Un seul *s*, qui se prononce « ss ».

vrombir v. intr., **vrombissement** n. m. Ne pas commettre de barbarismes en écrivant « vombrir », « vombrissement ».

vue n. f. Au sing. dans : *à vue d'œil, à vue de nez, à perte de vue, la garde à vue, à première vue, perdre de vue, tirer à vue, avoir en vue, des personnes en vue, un effet à vue, payable à vue, un point de vue (des points de vue).* • Au plur. : *une unité de vues, une convergence de vues, une hauteur de vues, une profondeur de vues...* • *Au (du) point de vue* : loc. licite quand elle est suivie d'un adj. (*au point de vue pécuniaire* ; *du point de vue français...*), mais fautive devant un subst. (« Du point de vue propreté... »). Le subst. doit être précédé de *de* pour que l'expr. soit de bon aloi (*Du point de vue de la propreté...*).

W

wagon n. m. Étant complètement francisé, le mot, quoique d'origine anglaise, se prononce « vagon ». • En principe, il ne devrait pas être employé pour désigner les *voitures* (terme utilisé par la SNCF) occupées par des voyageurs, mais réservé aux véhicules destinés au transport des marchandises. • Dans le langage usuel, on dit couramment : *wagon-bar, wagon-lit, wagon-restaurant* et *wagon-salon,* mais on devrait donc touj. dire : *voiture-bar, voiture-lit*, etc. L'expr. « wagon de marchandises » est donc, en toute rigueur, un pléonasme... Quand il s'agit du véhicule servant au transport des bagages, le terme précis est *fourgon*. • Les deux éléments des n. comp. avec *wagon* prennent la marque du plur. : *un wagon-citerne, des wagons-citernes*, de même pour : *wagon-bar, wagon-écurie, wagon-foudre, wagon-lit, wagon-réservoir, wagon-restaurant, wagon-salon, wagon-tombereau, wagon-trémie.* • Exception : *wagon-poste,* dont le plur. est analogue à celui de *timbre-poste* ; il s'agit de wagons réservés à l'usage de LA Poste, d'où le plur. : *des wagons-poste.* • Les dérivés de *wagon* doublent l'*n* : **wagonnage, wagonnée, wagonnet, wagonnier** et **enwagonneuse.**

walkman n. m. (nom déposé). Lecteur de cassettes et/ou récepteur de radio. Plur. : *walkmans.* • L'équivalent français *baladeur* (un *l*) s'est imposé contre cet anglicisme.

walkyrie n. f. Autre graphie : *valkyrie*, qui est moins usuelle.

wallon n. pr. (en ce cas, prend une majusc.) et adj. : *Les Wallons sont francophones* ; *les villages wallons.* • Le fém. est : **wallonne** (*les populations wallonnes ; deux belles Wallonnes*), avec deux *n*. On prononce « oua-lon(ne) ». • Le *n* n'est pas doublé dans le n. pr. **Wallonie**, ni dans le n. m. **wallonisme**.

water-closet n. m. Lieux d'aisances, cabinets. Plur. : *les water-closets*. • On abrège souvent en *waters*, n. m. plur. (même sous la forme complète, on emploie presque touj. le plur. : *Où sont les water-closets ?*). On prononce : « oua-tèr ». • On abrège aussi en : *W.-C.* (mais dans ce cas le *W* est prononcé « v » – les « vé-cé », les « double vé-cé » –, alors que personne, ou presque, ne dit « va-tèr ».

watt n. m. (du n. pr. *Watt*). Unité de mesure de puissance (symbole : *W* [sans point]). Plur. : *watts*.

week-end n. m. Plur. : *week-ends*.

western n. m. Plur. : *westerns*. Prononcer : « ouestern ». • Le mot est aussi un adj. invar. : *La mentalité western des Texans*. • On écrit, avec un tr. d'union : *un western-spaghetti* (double plur. : *des westerns-spaghettis*), où *spaghetti* signifie « italien ».

whisky n. m. Plur. : *whiskies*, ou, « à la française », *whiskys*. • La graphie *whiskey* (avec plur. usité *whiskeys*) est licite quand on veut préciser qu'il s'agit du whisky irlandais. Donc, « whiskey irlandais » est un pléonasme.

white-spirit n. m. (anglicisme). Produit pétrolier servant à diluer les peintures. Auj., la quasi-totalité des dict. mettent un tr. d'union. Plur. : *des white-spirits*. On prononce, usuellement, « ouaillt'-spirit' ».

X, Y, Z

x Seuls noms en *ou* prenant un *x* au pluriel : *bijou, caillou, chou, genou, hibou, joujou, pou*... et *ripou* (que l'on écrit, aussi, au pluriel : *ripous*, graphie qui correspond mieux à « pourris »).

xyl(o)- Noter le groupe *xy* dans les mots formés sur le grec *xulon*, « bois » : *xylographie, xylophage, xylophone*...

y pron. pers., remplace souvent « à lui », « à elle », « à eux », « à elles », « à cela ». Quand il s'agit d'un nom de chose, d'idée ou d'animal, l'emploi est fréquent et licite ; quand il s'agit d'une personne (voire d'une allégorie personnifiée), il est en principe plus correct – aux yeux des « puristes » – d'utiliser « à lui », « à elle »..., mais on peut recourir à *y* si cela permet d'éviter la répétition du pron.
• Quand *y*, adv. de lieu (« en cet endroit », « là »), précède une forme verbale commençant par un *i*, on le supprime, quoique licite, pour éviter un hiatus. Le cas le plus fréquent se produit avec le v. *aller* au futur et au conditionnel : *j'irai, nous irons* (et non « j'y irai », « nous y irons »).
• Après une terminaison, une désinence, en *e* ou en *a* de la 2e pers. du sing. de l'impératif, *y* entraîne un *s* final d'euphonie à cette forme verbale : *penses-y !, restes-y !, vas-y !* Mais on n'ajoute pas d'*s* et on ne met pas de tr. d'union lorsqu'un v. à l'infinitif suit cet impératif : *Va y faire un tour !* (Voir *aller*).
• À l'impératif, *y* se place APRÈS le pron. compl. : *Attendez-vous-y ! ; Mène-nous-y !*, et non devant (« Attendez-y-vous ! », « Mènes-y-nous ! »). Noter les deux tr. d'union.

yaourt n. m. Graphies moins usuelles : *yoghourt* et *yogourt*.

y compris Cette expr. est invar. quand elle est placée prépositivement en tête de phrase : *y compris les dépenses pour l'hébergement* ; autrement, elle s'accorde : *ces femmes y comprises.*

yen n. m. Monnaie japonaise. Plur. : *des yens.* Pas d'élision de l'article : *le yen.*

yé-yé n. et adj. invar. *Une yé-yé, des yé-yé, un chanteur yé-yé, des adolescents yé-yé...* • On voit parfois la graphie sans tr. d'union : *un yéyé, des chanteuses yéyé.*

yiddish n. m. et adj. Utilisé couramment pour « judéo-allemand ». Le n. désigne la langue germanique des communautés juives d'Europe centrale et orientale : *parler le yiddish.* • Adj., le mot est invar. en genre et en nombre : *des journaux yiddish, la presse yiddish.*

yoga n. m. Discipline spirituelle et corporelle d'origine indienne. Pas d'élision : *pratiquer le yoga.*

yogi n. m. Celui qui pratique le yoga. • On a parfois vu la graphie *yogin,* n. m. • On prononce comme s'il y avait un *u* derrière le *g* : « yo-gui ». • Pluriel « à la française », avec un *s* final : *des yogis.*

yoghourt ou **yogourt** Voir *yaourt.*

zapper v. intr. Deux *p,* comme **zappeur(euse)**, n., et **zapping**, n. m.

zazou(e) n. et adj. Accord en genre et en nombre dans tous les emplois : *trois zazous, des costumes zazous, des allures zazoues, Sylvie et Véronique sont deux zazoues !*

zèbre n. m. Acc. grave, alors que l'adj. **zébré(e)** a un acc. aigu sur l'*e* qui suit le *z.*

zèle n. m. Acc. grave, tandis que l'adj. **zélé(e)** a un acc. aigu sur ses deux *e.*

zen n. m. et adj. inv. Désigne une secte bouddhiste et sa doctrine. *Ils sont zen !*

zénith n. m. Ne pas omettre l'*h,* qui subsiste dans les dérivés.

zéphyr n. m. Une seule orthogr. de nos jours, quelle que soit l'acception (vent, tissu, printemps).

zeppelin n. m. Ballon dirigeable. Pas d'acc. aigu sur le premier *e.* Plur. : *zeppelins.*

zéro n. m. et adj. En ce dernier emploi, est syn. de : 1° mauvais, nul (*Il est zéro, ce film !*) ; 2° aucun(e) (*Ça m'a coûté zéro euro*). • Il faut dire : *partir, repartir de zéro*, et non « partir, repartir à zéro ». C'est le seul chiffre qui soit variable en nombre, en tant que nom commun : *tracer des zéros sur le tableau* ; *collectionner les zéros en histoire* ; *ces types, ce sont des zéros !*

zeste n. m. Ne pas oublier l'*e* final (*le zeste de deux citrons*).

zézaiement n. m. Un *i* – et non un *y* comme dans **zézayer**, v. tr. et intr.

zig, zigue n. m. Deux graphies licites pour ce syn. de « type, individu ».

zigzag n. m. S'écrit en un seul mot. Plur. : *des zigzags*. • Dans l'expr. *en zigzag*, le mot est figé au sing. : *une route en zigzag, marcher en zigzag*. • Le part. prés. du v. intr. **zigzaguer** prend un *u* (*ils partirent en* **zigzaguant**), contr. à l'adj. **zigzagant(e).**

zinc n. m. Se prononce « zingue ». • Les dér. sont formés tantôt sur *zinc* (**zincate**), tantôt sur *zing-* (**zingage**) ou *zingu-* (**zingueur**). • Adj. invar. de couleur : *des survêtements zinc.*

zinzin n. m. (fam.). Objet quelconque. • Adj. (et aussi n.) : fou, fêlé, dingue... L'adj. peut s'accorder en nombre (*mes cousins sont zinzins*), mais non en genre (*ces filles sont zinzins*).

zippé(e) adj. (du n. pr. *Zip*). Qualifie un objet, un vêtement munis d'une fermeture à glissière. Noter les deux *p*.

zona n. m. Pas d'acc. circ. sur l'*o*. Plur. : *zonas*.

zone n. f. Pas d'acc. circ. sur l'*o* (bien que le mot se prononce « zaune ». *Idem* pour les dérivés (**zonage, zonard**...).

zozoter v. intr. Un seul *t*.

zygoma n. m. Apophyse de l'os temporal. Pas d'acc. circ. sur l'*o*. *Idem* pour l'adj. : **zygomatique.**

Deuxième partie

Le mot juste

par Pierre Jaskarzec

Introduction

« Vous voulez que toujours je l'aie à mon service
Pour mettre incessamment mon oreille au supplice ?
Pour rompre toute loi d'usage et de raison,
Par un barbare amas de vices d'oraison,
De mots estropiés, cousus par intervalles,
De proverbes traînés dans les ruisseaux des Halles ? »

(*Les Femmes savantes*, MOLIÈRE)

C'est ainsi, dans *Les Femmes savantes*, que Philaminte congédie Martine, sa malheureuse servante, pour avoir usé de mots estropiés et d'impropriétés. À l'époque de Vaugelas – le maître du bon usage – et de la toute jeune Académie française, le crime linguistique ne pardonnait pas. La chasse aux « fautes de français » était lancée pour des siècles. Le martyre de Martine allait se perpétuer à travers des générations de Français et de francophones...

Les temps ont changé. Si le poids des normes linguistiques reste considérable en France, les ouvrages péremptoires du type « Dites... ne dites pas... » sont devenus rares. Dans les journaux, les chroniques de langue fustigeant les incorrections ont même disparu. Aujourd'hui, les livres consacrés aux difficultés du français manient moins le bâton que la pédagogie. Et cette dernière n'exclut ni la légèreté, ni l'amusement, ni le plaisir des mots.

C'est dans cet esprit que s'inscrit *Le mot juste*. Cette partie est destinée à tous ceux qui souhaitent améliorer leur maîtrise du vocabulaire ainsi que leur expression écrite et orale. Présenté sous forme d'articles, il permet de s'assurer du sens d'un mot à travers une définition claire, illustrée par des exemples. Les emplois fautifs ou « critiqués » sont toujours signalés, mais sans purisme dépassé.

Concrètement, les lecteurs trouveront parmi plus de deux cents mots et locutions traités :

- des mots déformés (du type « omnubiler », « rénumérer », etc.) ;
- des impropriétés (ou tout au moins des glissements de sens discutés) ;
- des verbes qui connaissent des nuances de sens selon la préposition avec laquelle ils se construisent (par exemple *participer à* / *participer de*) ;
- des anglicismes (que l'on cherche parfois à éviter sans bien savoir quels autres mots employer).

Et surtout :

Des *paronymes*...

Les paronymes sont des mots voisins par la forme mais différents par le sens. Une bonne part des erreurs et des confusions sur le sens des mots est due à... (attention, lecteurs, voici une magnifique expression pédantesque) « l'attraction paronymique ». Certains pièges sont des « classiques » du genre (*éminent* / *imminent*, *effraction* / *infraction*, etc.), mais d'autres sont plus redoutables, surtout lorsque les mots sont proches à la fois par la forme et par le sens (le couple *prolifique* / *prolixe* en est un bel exemple).

L'attraction paronymique, c'est un peu comme l'attraction terrestre : nul n'y échappe, pas même les beaux esprits. Le meilleur moyen d'y résister ? S'efforcer de dissocier soigneusement les mots, selon leur forme et leur sens. Apprendre aussi à mieux les connaître par leur étymologie, leur histoire, leurs emplois, pour mieux les reconnaître.

C'est ce que s'efforce de faire, modestement mais fermement, cette partie.

Pierre JASKARZEC

Les mots suivis d'un astérisque (*) sont définis dans le lexique, p. 369.

A

À / chez (+ nom de lieu)
Le choix entre les prépositions *à* et *chez* dépend de ce que désigne le complément de lieu qui suit. Si c'est le lieu lui-même qui est désigné (commerce, établissement public), la préposition *à* s'impose. Ainsi, on va *à* la boulangerie, *à* l'hôpital, etc. Si l'on désigne le lieu par le nom de la personne qui l'occupe, on emploie *chez*. On se rend *chez* le boucher, *chez* le dentiste, etc.
L'hésitation naît quand le nom d'une enseigne commerciale est aussi un nom de personne. Le bon usage recommande d'employer *chez*. On fait ses courses *chez* Fauchon ou, plus modestement, *chez* Leclerc, parce que ces enseignes portent le nom de leur fondateur respectif.

> **À NOTER**
> « Aller au coiffeur, au boucher », etc. est une construction jugée très fautive. Notons cependant que l'on allait autrefois *à l'évêque* ou même *au pape*, pour s'adresser à eux. Dans un tout autre contexte, *aller aux filles* est toujours en usage.

À l'attention de / À l'intention de
À l'attention de est une mention placée en tête d'une lettre, d'une note, etc., afin d'en désigner le destinataire. Exemple : *à l'attention de Paulette Guilloux, personnel et confidentiel*. Une telle formule indique que l'on porte un message *à l'attention de* Paulette.
À l'intention de signifie « spécialement pour quelqu'un ; en son honneur ». Exemple : *Louis Guinchard a fait dire*

une messe à l'intention de Paulette Guilloux, décédée le mois dernier.

Acception (d'un mot) [et non « acceptation »]
L'*acception* d'un mot, c'est le sens dans lequel il est employé. Exemples : *les différentes acceptions d'un mot, l'acception propre, l'acception figurée*, etc.
Acception est parfois confondu avec son paronyme* *acceptation*, d'où l'erreur qui consiste à parler de l'« acceptation d'un terme ».
Dans toute l'acception du terme : « au sens fort, celui qui est le plus expressif ». Exemple : *cette chanteuse est géniale, dans toute l'acception du terme.* Autrement dit, cette chanteuse est véritablement géniale, elle a bel et bien du génie.

Agonir / agoniser
On entend (ou on lit) parfois une curieuse locution*, « agoniser d'injures », qui semble sans rapport avec le sens d'*agoniser*, « être à l'article de la mort ».
Il s'agit en fait d'une altération d'« agonir d'injures ». *Agonir* quelqu'un, c'est l'accabler d'injures, ou de toutes sortes de choses désagréables : de sottises, de reproches, de sarcasmes, etc.

> **À NOTER**
> L'origine d'*agonir* est incertaine. On suppose le mot né du croisement d'*agoniser* et de l'ancien verbe *ahonnir*, « insulter ». Ce verbe se trouve notamment chez les écrivains qui ont fait vivre la langue populaire en littérature (Céline, Queneau...). L'exemple suivant souligne avec humour la confusion entre *agonir* et *agoniser* :
>
> « – Elle est culottée, celle-là, dit Turandot. La vlà qui m'agonise maintenant. »
>
> (*Zazie dans le métro*, Raymond QUENEAU)

Aïeuls / aïeux
Le mot *aïeul* a deux pluriels, *aïeuls* et *aïeux*, qui ont été longtemps confondus, y compris dans l'usage littéraire.
Les *aïeuls*, ce sont les grands-parents maternels et paternels (registre littéraire* et vieilli*).

Les *aïeux,* ce sont les ancêtres (registre littéraire).

> **À NOTER**
> Les mots *aïeuls* et *aïeux* ont d'abord été employés indifféremment pour désigner les grands-parents ou les ancêtres. À partir du XVIIIe siècle, on a restreint *aïeuls* aux seuls grands-parents et réservé *aïeux* aux ancêtres. Les *bisaïeuls* sont les arrière-grands-parents, les *trisaïeuls* font remonter à la génération précédente.

Alternative

On est face à une *alternative* quand on doit choisir entre deux possibilités. Exemple : *se soumettre ou se révolter, voilà l'alternative.* C'est là le sens traditionnel du mot (depuis le XVIIe siècle) qui a longtemps dominé, au moins dans la langue écrite. Mais, par glissement de sens*, *alternative* est de plus en plus employé comme synonyme* de *possibilité,* de *choix,* de *solution de remplacement* (ici avec l'influence de l'anglais *alternative*). L'accent se trouve ainsi mis sur un seul des deux termes de l'*alternative*. Exemple d'emploi critiqué : « Les employés n'ont d'autre alternative que d'accepter le plan social pour éviter la délocalisation de leur usine. » Ce glissement sémantique semble si fortement installé dans l'usage (Littré* le condamnait déjà il y a plus d'un siècle) qu'une armée d'académiciens ne saurait l'en déloger...

Quant au fameux *solution alternative* (noter l'emploi adjectivé), on peut lui préférer *solution de rechange,* ou simplement *autre solution*.

> **À NOTER**
> *Alternative* doit être distingué de *dilemme*. Un *dilemme* est l'obligation de choisir entre deux possibilités qui présentent l'une comme l'autre de graves inconvénients. Mais l'usage actuel retient surtout la notion d'un choix difficile, que les conséquences soient favorables ou non.

⚠ **Ne pas écrire « dilemne », par analogie avec *indemne*.**

Amener / apporter
La langue parlée fait rarement la distinction entre *apporter* et *amener*.
On *apporte quelque chose* (c'est-à-dire qu'on le porte avec soi), on *amène quelqu'un*. On *amène* (c'est-à-dire qu'on mène avec soi) un « animé » (être humain ou animal). Ainsi *amène*-t-on son enfant chez le pédiatre et son chat chez le vétérinaire. Avec un complément désignant un objet, on ne peut employer *amener* (au sens de « conduire, acheminer ») qu'avec une chose capable de mouvement, par exemple une voiture.
En résumé, le dimanche on *apporte* le gâteau mais on *amène* grand-mère, sans que l'un de ces deux verbes puisse se substituer à l'autre...

> **À NOTER**
> On distinguera de la même manière *emporter* et *emmener*.

Antédiluvien [et non « antidiluvien »]
Le mot est composé du préfixe* *anté-* (du latin *ante*, « avant ») et de *diluvien*, « qui a trait au Déluge ». Est proprement *antédiluvien* ce qui s'est produit avant le Déluge, autrement dit en des temps immémoriaux, la Genèse situant le Déluge au début de l'humanité... Dans la langue courante, *antédiluvien* s'emploie par exagération et par plaisanterie pour désigner quelque chose de très ancien, de complètement démodé. Exemple : *Kévin a vexé Jason en qualifiant son téléphone portable d'antédiluvien.*

⚠ **Les usagers butent régulièrement sur la prononciation de cet adjectif long et compliqué. *Antédiluvien* est souvent altéré en « antidiluvien » ou « antidéluvien », par analogie avec les mots formés sur le préfixe grec *anti-*, très productif en français (*anti-âge*, *anticonstitutionnel*, *anticorps*, etc.).**

Aparté
De l'italien *a parte*, « à part », un *aparté* est un échange verbal qui se tient à l'écart d'un groupe. Exemple : *le Président et le Premier ministre ont eu un bref aparté avant le Conseil des ministres.* En aucun cas, un *aparté* n'est une

sorte de parenthèse que l'on ouvre dans la conversation. Exemple fautif : « Je fais un aparté dans notre interview pour vous demander si... » La formulation qui convient est : « *Je fais une parenthèse...* »

> **À NOTER**
> Au théâtre, un *aparté* est une parole qu'un personnage prononce pour lui-même et qui est censée n'être entendue que des spectateurs. Le vaudeville a abondamment utilisé ce procédé :
>
> « PERRICHON, *achevant d'écrire* [...] “Que l'homme est petit quand on le contemple du haut de la *mère* de Glace !”
> DANIEL. Sapristi ! c'est fort !
> ARMAND, *à part.* Courtisan !
> PERRICHON, *modestement.* Ce n'est pas l'idée de tout le monde.
> DANIEL, *à part.* Ni l'orthographe ; il a écrit *mère, r e, re* ! »
> (*Le Voyage de Monsieur Perrichon,* Eugène LABICHE)

Aréopage [et non « aéropage »]
Un *aréopage* est une assemblée de personnes très compétentes dans leur domaine (registre littéraire*). Exemple : *un aréopage de chercheurs annoncent la création d'un vaccin contre la grippe aviaire efficace chez la souris.*
Le mot est parfois déformé en « aéropage », par analogie avec les mots commençant par le préfixe* *aéro-* (« air ») que l'on reconnaît dans *aéronautique, aéroport,* etc.

> **À NOTER**
> Dans l'ancienne Athènes, l'*Aréopage* était un tribunal qui siégeait sur la colline d'Arès (dieu de la Guerre). Ce tribunal était spécialisé dans les horreurs en tout genre : incendies, empoisonnements, assassinats, etc.

Astérisque [et non « astérixe »]
Astérisque fait partie de ces mots sur lesquels on trébuche toujours un peu, et qu'on déforme volontiers en « astérixe ». Loin d'être emprunté au gaulois, le mot est d'origine grecque, *asteriskos,* signifiant « petite étoile ». Un *astérisque* (bien noter le genre masculin) est un signe typographique en forme d'étoile (*) qui remplit au moins trois fonctions :

– placé après un mot, il renvoie à une note explicative ou à un lexique ;

– dans certains ouvrages didactiques, placé avant un énoncé, il signale que celui-ci est « agrammatical » (ex. : *moi pas content) ;

– dans les romans, sous une forme triple (***), il se substitue à un nom propre que le narrateur masque ainsi au lecteur. Ce procédé, qui accentue le réalisme du récit, est courant au XIXe siècle :

« La comtesse *** n'était certes pas méchante mais, gâtée par le grand monde, elle était capricieuse, avaricieuse et enfermée dans un égoïsme froid, comme toutes les vieilles personnes qui ont passé l'âge d'aimer et à qui le présent est étranger. »

(*La Dame de pique*, Alexandre POUCHKINE)

Compte tenu de cet aimable portrait, il vaut mieux, en effet, que la comtesse reste anonyme...

Attester

Issu du latin *testis*, « témoin », le verbe *attester* signifie « certifier, garantir » (avec pour sujet un nom de personne). Exemple : *le témoin a attesté que l'accusé était innocent.*
Attester s'emploie également au sens de « porter témoignage de, prouver » (avec pour sujet un nom de chose) :

« De là vient l'extrême difficulté que je trouve à écrire. Mes manuscrits, raturés, barbouillés, mêlés, indéchiffrables, attestent la peine qu'ils m'ont coûtée. »

(*Les Confessions*, Jean-Jacques ROUSSEAU)

À NOTER

Dans le tour *attester quelqu'un de quelque chose* (vieilli* et littéraire), *attester* signifie « prendre à témoin ». Exemple : *l'accusé, qui se défend de toute dissimulation, a attesté le ciel de sa bonne foi.*

⚠ ***Attester* est un verbe transitif direct*, c'est-à-dire qu'il se construit directement avec un complément d'objet, sans**

l'intermédiaire d'une préposition. « Attester de », pourtant fréquent dans l'usage (par analogie avec *témoigner de*), est ignoré de la plupart des dictionnaires et jugé irrégulier par Grevisse.

Attractif / attrayant

Attractif signifie « qui a la propriété d'attirer ». Les dictionnaires citent généralement l'aimant comme l'objet typiquement *attractif* (antonyme* : *répulsif*). Sous l'influence de l'anglais *attractive, attractif* est souvent employé au sens d'« attirant, séduisant », se substituant ainsi à *attrayant*. Cet anglicisme* est omniprésent dans un contexte commercial et publicitaire (« prix attractifs », « produits attractifs », etc.). Dans le domaine des sentiments l'affaire se corse. Une personne aimée est-elle *attractive* (au sens figuré*) ou *attrayante* ? Si elle nous plaît, si elle nous séduit, elle est pour le moins *attrayante*. Mais si elle nous attire irrésistiblement, avec une force comparable à celle de l'aimant, on peut dire sans trop craindre les foudres de la grammaire que cette personne est bel et bien *attractive*...

Avérer (s')

Du latin *verus*, « vrai », *s'avérer* a d'abord signifié « apparaître comme vrai ». Exemple : *la bonne nouvelle s'est rapidement avérée.* Cet emploi est vieilli* et littéraire. De nos jours, *s'avérer* a couramment le sens d'« apparaître comme, se révéler » et est toujours suivi d'un attribut. Exemple : *les chiffres de la croissance se sont avérés meilleurs que prévu.* Malgré cette évolution sémantique qui éloigne *avérer* de toute idée de vérité, certaines constructions restent très critiquées dans une langue soignée : « avérer vrai », « avérer faux ». Les oreilles sensibles, qui entendent toujours *vrai* dans le mot *avérer*, jugent « avérer vrai » pléonastique* et « avérer faux » contradictoire. Il s'agit en fait d'une considération purement étymologique*.
Tous ces interdits rendent l'emploi d'*avérer* bien intimidant. En cas d'hésitation, on peut toujours recourir à *se révéler*. Exemple : *cette information s'est révélée vraie.*

À NOTER
En emploi adjectivé, le participe passé *avéré* est courant. Exemple : *d'après des sources proches de l'enquête, le mobile d'un crime passionnel est avéré* (c'est-à-dire « reconnu comme vrai, certain »).

B

Baser

« S'il entre, je sors. » Faisant trembler la Coupole, l'académicien Royer-Collard (reçu en 1827) menaçait de quitter l'Académie si elle accueillait dans son dictionnaire (6e édition, 1835) le verbe *baser*.

En fait, le mot figurait déjà dans le *Dictionnaire de l'Académie française* depuis 1798. Il en est ressorti sous la pression en 1835, avant un retour discret dans la dernière édition en date (9e édition) : « Ce mot ne doit pas être employé au sens figuré* » précise toutefois l'Académie, dans l'un de ces mystérieux décrets dont elle a le secret.

Mais que reproche-t-on au malheureux *baser* ? Pourquoi seul *fonder* serait-il autorisé au sens figuré ? *Baser* est aujourd'hui solidement implanté en français, du registre le plus courant au plus littéraire, et est correctement formé (verbe du premier groupe dérivé du nom *base*, de même que *fonder* est dérivé de *fond*).

Le rejet de ce verbe (que Remy de Gourmont, lui, jugeait « excellent et de forme élégante » dans son *Esthétique de la langue française* !) semble avoir pour seule justification la tradition puriste.

Bimensuel / bimestriel

Un *bimensuel* est un magazine qui paraît deux fois par mois.

Le néologisme* « quinzomadaire », qui ressemble à une

plaisanterie de collégien, connaît un succès croissant au sein des groupes de presse.
C'est surtout sur le sens de *bimestriel* que la plupart des usagers hésitent. Il faut se rappeler que *trimestriel* (plus courant) signifie « une fois tous les trois mois ». Un *bimestriel* paraît donc une fois tous les deux mois.

Bisannuel
« Qui revient tous les deux ans ; qui dure deux ans (plantes). » Un événement *bisannuel* se produit tous les deux ans. Exemples : *un congrès bisannuel, une foire bisannuelle,* etc. Les amateurs de plantes connaissent bien ce mot : les plantes *bisannuelles* ont un cycle de vie de deux ans (par opposition aux *annuelles*).

> **À NOTER**
> *Biennal* est un synonyme* de *bisannuel*. Noter l'emploi substantivé : *ce projet urbanistique a été présenté à la biennale de Venise.*

⚠ **Ne pas employer *bisannuel* pour signifier « deux fois par an ».**

Bouquin / livre
Déjà solidement établi dans l'usage courant, le mot *bouquin* s'emploie de plus en plus dans le langage médiatique à la place de *livre*. À la télévision, il est devenu la règle. Or, non seulement *bouquin* relève d'un registre familier*, mais il est ressenti comme péjoratif par une partie des usagers. Dirait-on de Flaubert qu'il a écrit de *bons bouquins* ? Imagine-t-on un journaliste pressant Marcel Proust de lui dévoiler les secrets de son *gros bouquin* ? Dans certains contextes, *bouquin* semble renvoyer à un pur produit de consommation, vidé de toute valeur intellectuelle et esthétique. Exemple : « Mollat, à deux pas de la place Gambetta, est une paisible entreprise familiale qui écoule 1,6 million de bouquins à l'année. » (*Le Journal du dimanche*, 22 mai 2005)

> **À NOTER**
> Du néerlandais *boek*, *bouquin* a primitivement une valeur péjorative : « vieux livre dont on fait peu de cas » (*Dictionnaire de l'Académie française*, 1762). Au fil du temps, *bouquin* est devenu

un synonyme* familier de *livre* et conserve également le sens de « vieux livre », mais sans valeur négative. Ce sont des livres anciens ou d'occasion que l'on va chercher chez le *bouquiniste* quand on est du genre *bouquineur*.

Bourrelé de remords [et non « bourré de remords »]
Quand on a commis une mauvaise action et qu'on est en proie aux remords les plus vifs, on est *bourrelé de remords* (registre littéraire*).
Le verbe *bourreler* est dérivé de *bourreau*. Il apparaît au XVIe siècle et signifie « torturer moralement comme le ferait un bourreau ». Il ne s'emploie plus aujourd'hui que sous la forme d'un participe passé dans la locution* *être bourrelé de remords*, « être tourmenté par les remords ». Comme le mot *bourrelé* n'est plus compris, la locution est souvent déformée en « bourré de remords ».

Bruire / bruisser
Bruire, « faire entendre un son faible et confus », est un verbe défectif* qui se conjugue comme *finir*. Exemple : *le vent d'automne fait bruire les feuilles des arbres*. Il n'est usité qu'à l'indicatif, à la 3e personne du présent et de l'imparfait (il *bruit*, ils *bruissent* ; il *bruissait*, ils *bruissaient*) et à la 3e personne du subjonctif présent (qu'il *bruisse*, qu'ils *bruissent*). Le participe présent est *bruissant*.
Le verbe *bruisser* s'est introduit dans la langue à la fin du XIXe siècle. Longtemps ignoré des dictionnaires (et toujours absent du *Dictionnaire de l'Académie française*), il est aujourd'hui encore critiqué par les puristes et certains grammairiens. Il permet pourtant une conjugaison complète, contrairement à *bruire*. *Bruisser* se conjugue comme *ratisser*, c'est-à-dire comme un verbe du 1er groupe (verbes réguliers).

À NOTER
Bruire s'est d'abord conjugué comme *fuir*, d'où l'adjectif *bruyant*, dérivé de l'ancien participe présent.

C

Caparaçon [et non « carapaçon »]
Un *caparaçon* est une armure ou une housse d'ornement pour les chevaux. Le mot se rencontre notamment dans le contexte médiéval, mais aussi tauromachique (le *caparaçon* est alors une housse rembourrée qui protège le cheval) :

> « Sur les poitrails des chevaux, sur le caparaçon du cheval du picador, coulait une écume blanche si épaisse qu'on l'eût recueillie à la cuiller. »
>
> (*Les Bestiaires*, Henry de MONTHERLANT)

⚠ **Le mot subit la très forte attraction de *carapace* et est souvent déformé en « carapaçon ».**

Clore / clôturer
Clore est un verbe très défectif* qui s'emploie surtout à l'infinitif et au participe passé, en emploi adjectivé. Exemples : *les yeux clos*, *le débat est clos*, etc.
Le verbe est peu usité à l'indicatif présent : je *clos*, tu *clos*, il *clôt*, ils *closent*, et inusité ou très rare aux autres formes. L'Académie française voudrait réserver à *clore* le sens figuré* de « mettre un terme à (un débat, une séance), etc. », estimant que *clôturer* ne doit s'utiliser qu'avec une valeur concrète (ex. : *clôturer son jardin*). Mais on ne voit pas bien pour quelle raison le sens figuré de *clôture* (« fait

de mettre un terme à un compte, à un débat, à une session parlementaire, etc. ») ne se retrouverait pas dans son dérivé *clôturer*, qui a l'avantage sur *clore* d'avoir une conjugaison complète...

Colleter (se) / coltiner (se)

Coltiner, c'est porter quelque chose de lourd. Exemples : *coltiner des paquets, coltiner une malle.* Le verbe est dérivé de *coltin*, large chapeau en cuir qui protégeait autrefois la tête et les épaules des portefaix.
Seule la construction pronominale *se coltiner* est courante dans l'usage actuel (registre familier*) : « se charger de quelque chose de pénible, de fatigant ». Exemples : *se coltiner le ménage, la vaisselle, le tri des papiers*, etc.
Se colleter avec quelqu'un, c'est « le saisir au collet », autrement dit se battre avec lui. Ce verbe, vieilli* au sens propre*, s'emploie aujourd'hui au figuré pour signifier « s'affronter à, se débattre contre ». Exemple : « *Un gouvernement qui gagne, c'est un gouvernement qui se collette avec les difficultés* », *a déclaré le Premier ministre, plein d'enthousiasme.*

⚠ ***Se coltiner*** **est parfois employé par erreur au sens de** ***se colleter.***

Collision / collusion

Une *collision* désigne un choc entre deux corps dont l'un au moins est en mouvement. Exemple : *la collision entre les deux avions a été évitée grâce aux réflexes d'un pilote en pleine forme.*
Au sens figuré*, le mot s'emploie comme synonyme* de *conflit*, d'*opposition* (registre soutenu*). Exemple : *à l'approche des élections, des collisions d'intérêts apparaissent au sein de la direction du parti.*
Le mot *collusion*, qui appartient au langage juridique, signifie « entente secrète entre deux ou plusieurs parties au détriment d'un tiers ». Ce terme est passé dans l'usage général au sens étendu de « connivence » (soit pour nuire à quelqu'un, soit par intérêt). Exemple : *cette enquête jour-*

nalistique met au jour les collusions du monde politico-médiatique.

Commémorer

Commémorer (du latin *commemorare,* « rappeler, évoquer »), c'est remettre en mémoire un événement, une personne, par des cérémonies, des festivités. On *commémore* une naissance, une mort, une victoire, etc., mais on ne *commémore* pas un anniversaire, on le *fête* ou on le *célèbre*. Exemple : *le Premier ministre a célébré discrètement le bicentenaire de la bataille d'Austerlitz, chez lui, en famille.*

Compendieusement

Du latin *compendium,* « abrégé, résumé », *compendieusement* est un mot aujourd'hui vieilli* qui signifie « succinctement, brièvement ». Influencés par la longueur du mot, certains auteurs lui ont prêté le sens contraire de « longuement, dans le détail ». Dans *Les Plaideurs* (1668), de Racine, un faux avocat verbeux se rend ridicule en promettant de s'exprimer *compendieusement*. Il y a probablement peu d'alexandrins dans le théâtre classique qui se composent pour moitié d'un seul mot...

> « Je vais, sans rien omettre, et sans prévariquer,
> Compendieusement énoncer, expliquer,
> Exposer, à vos yeux, l'idée universelle
> De ma cause, et des faits, renfermés, en icelle. »
>
> (*Les Plaideurs*, Jean RACINE)

Compréhensible / compréhensif

Compréhensible : « qui peut être compris, qui est clair et accessible ». Exemple : *« Les manuels de français d'aujourd'hui ne sont pas compréhensibles », estime Nicole qui doit aider son neveu en grammaire.*

Compréhensif (ne se dit que d'une personne) : « qui peut comprendre les autres ; qui se montre indulgent, bienveillant ». Exemple : *Kévin a vivement reproché à sa mère de n'être pas compréhensive.*

« Confusant »
Absent des dictionnaires, « confusant » est emprunté à l'anglais *confusing*, « ambigu, confus ». Les milieux de la communication et du marketing en font un usage immodéré. Tout ce qui est peu clair, ambigu, déroutant, déconcertant, et bien sûr tout ce qui *prête à confusion* est invariablement « confusant ». On entend parfois « confusionnant », formé sur *confusion*, dont le succès est plus limité.

Conjecture / conjoncture
Une *conjecture* est une supposition, une hypothèse. Le mot s'emploie généralement au pluriel, avec une nuance péjorative. Exemples : *se perdre en conjectures, en être réduit à des conjectures.*
Ne pas confondre ce terme avec son paronyme* *conjoncture* qui désigne une situation donnée. Le mot est d'un emploi fréquent dans le contexte économique, très utile pour justifier les échecs et les mauvais résultats. Exemple : *« La conjoncture internationale explique notre faible croissance », a rappelé le ministre, très détendu.*

> **À NOTER**
> On distinguera également les adjectifs dérivés *conjectural* : « qui repose sur des conjectures », et *conjoncturel* : « qui est lié à la conjoncture ».

Conséquent
Depuis le XVIIe siècle, on est *conséquent* lorsqu'on raisonne ou qu'on agit de manière logique, cohérente. Exemples : *être conséquent dans ses idées, avoir un comportement conséquent.* Dans le cas contraire, on est *inconséquent*. Au XVIIIe siècle, un autre sens apparaît, celui de « considérable ». Dans son *Dictionnaire de la langue française* (1872), Littré* juge sévèrement cet emploi : « *Conséquent* pour *considérable* est un barbarisme* que beaucoup de gens commettent et contre lequel il faut mettre en garde. » Il apparaît en tout cas que *conséquent* double inutilement *important, considérable*. Le bon usage recommande de lui conserver son sens d'origine.

À NOTER

Conséquent, au sens d'« important, considérable », est probablement dérivé de « de conséquence », courant au XVIIe siècle. Un homme *de conséquence* était alors un homme important, un homme « de grand mérite », dit même Furetière (*Dictionnaire universel*, 1690).

Controverse [et non « contreverse »]
« Discussion suivie dans laquelle des opinions s'opposent. »
Exemple : *le plan « antivoitures » du maire de Paris est l'objet d'une vive controverse.*

⚠ ***Controverse* est parfois déformé en « contreverse », par analogie avec les nombreux mots commençant par le préfixe* *contre-* (*contre-attaque*, *contrepoids*, etc.). *Controverse* vient du latin *controversia*, « discussion, débat », « litige ». Le mot est ancien en français puisqu'il apparaît au XIIIe siècle. On le trouve notamment chez Rabelais (la citation est traduite en français moderne par G. Demerson mais le mot figure tel quel dans le texte d'origine) :**

« Or, à cette époque précisément, il y avait un procès pendant à la Cour entre deux grands seigneurs : d'un côté Monsieur de Baisecul, le demandeur, de l'autre Messire de Humevesne, le défendeur ; leur controverse présentait des points de droit si compliqués et si difficiles que pour la cour du Parlement c'était du haut allemand. »

(*Pantagruel*, François RABELAIS)

Coordinateur / coordonnateur
Une personne qui *coordonne* (dans une entreprise, une administration, etc.) est un *coordonnateur* ou un *coordinateur*.
Coordonnateur, formé sur *coordonner* (noter les deux *n*), est la forme la plus ancienne (attestée* à la fin du XIXe siècle) et a les préférences des puristes. Mais *coordinateur*, dérivé de *coordination* (un seul *n*), apparu plus tardivement (vers 1950), s'est largement imposé dans l'usage et est aujourd'hui considéré comme correct.

Coupe claire / coupe sombre

Faire une *coupe sombre* dans une forêt, c'est y pratiquer un abattage limité des arbres pour permettre l'ensemencement de nouveaux arbres. Au figuré, l'expression est souvent employée à l'inverse du sens propre* pour désigner une réduction importante dans un budget, un effectif, etc. (*sombre* étant pris au sens d'« inquiétant »). Dans ce cas, il peut sembler plus cohérent de parler de *coupe claire* (au sens propre : « abattage important d'arbres qui laisse passer la lumière pour permettre le développement des jeunes arbres »). Exemple : *les syndicats craignent que le rachat de l'usine n'entraîne des coupes claires dans les effectifs*.

Les expressions *coupes sombres* et *coupes claires* sont si fortement en concurrence que, d'un journal à l'autre, elles qualifient parfois les mêmes compressions de personnel...

Courbatu / courbaturé

Voici une question que se posent bien des sportifs après l'effort : « Suis-je *courbatu* ou *courbaturé* ? » Les deux mots peuvent s'employer, car ils ont la même signification et désignent des douleurs musculaires, une lassitude ressentie dans tout le corps. En revanche, ils n'ont pas la même ancienneté dans la langue. *Courbatu* est attesté* dans son sens actuel dès le XVe siècle alors que *courbaturé* n'apparaît qu'au XIXe siècle, dans le sillage du verbe *courbaturer*. Après avoir ignoré *courbaturé* pendant un petit siècle, l'Académie française reconnaît son existence en 1970 par la voie d'un communiqué de presse !

Sans avoir éliminé la forme ancienne, *courbaturé* s'est aujourd'hui largement imposé dans l'usage courant.

⚠ **Bien que formé de *court* et *battu*, *courbatu* ne prend qu'un *t*. L'anomalie se retrouve également dans *courbaturé*.**

Courriel / e-mail

E-mail est une abréviation de l'anglo-américain *electronic mail*, que les Français abrègent encore en *mail*. Au Québec, on emploie couramment le néologisme* *courriel*, mot court, agréable à l'oreille, bien formé (par contraction de *courrier* et d'*électronique*). En France, *courriel* ne s'est pas imposé dans le langage courant, mais il gagne du terrain dans l'usage soutenu* et est de règle dans certains journaux, comme *Le Monde*. Par surcroît, *courriel* est officiellement recommandé par la Commission générale de terminologie et de néologie depuis 2003. Les mots qui portent les couleurs de la francophonie dans le vocabulaire informatique ne sont pas si nombreux, ne les négligeons pas...

> **À NOTER**
> Les Québécois ont également forgé le néologisme *pourriel* pour désigner les « courriels publicitaires non sollicités » qui envahissent nos messageries électroniques. *Pourriel*, formé par contraction de *poubelle* et de *courriel*, atteste une fois de plus la créativité lexicale des Québécois au sein de la francophonie.

Crash

En anglais, *crash* a le sens général d'« écrasement ». En français, le mot *crash* s'est spécialisé dans le sens d'« écrasement au sol d'un avion ». Pour éviter l'anglicisme*, les Québécois parlent d'ailleurs parfois d'un *écrasement d'avion*, mais en France *crash* semble s'être durablement installé dans l'usage.

Crash doit notamment son succès à sa valeur expressive et sa brièveté, les mots d'une ou deux syllabes étant très appréciés des Français d'aujourd'hui.

Quant au dérivé *se crasher*, outre qu'il présente une homonymie* pénible avec *cracher*, il double inutilement *s'écraser*. On entend aussi parfois « se scratcher », à la sonorité énergique mais dont le sens s'éloigne du verbe anglais *to scratch*, « griffer, égratigner ».

> **À NOTER**
> Au pluriel, *crash* s'écrit *crashs* (pluriel francisé) ou *crashes*.

D

De concert / de conserve

Une *conserve* était autrefois un navire qui en accompagnait un autre pour lui porter secours en cas de difficulté (sens attesté* au XVIe siècle). Deux bâtiments qui naviguaient *de conserve* faisaient route ensemble sans se perdre de vue. Au figuré, *de conserve* a tout naturellement pris le sens d'« ensemble » (registre littéraire* et vieilli*).

De conserve est souvent rapproché d'une locution* voisine : *de concert*. Mais le sens en est-il le même ? De l'italien *concerto*, *concert* a eu au XVIIe siècle le sens général d'« entente, accord ». *Agir de concert*, c'est agir « d'un commun accord, en harmonie ». Au-delà de la nuance sémantique, on notera que *de concert* se maintient dans l'usage littéraire alors que *de conserve*, dont l'origine n'est plus comprise, tend à en sortir.

De suite / tout de suite

De suite : « à la suite, d'affilée ».
Tout de suite : « immédiatement ».

> **À NOTER**
> Le bon usage s'efforce depuis longtemps de distinguer ces deux locutions* adverbiales. Dès le XVIIIe siècle, *de suite* (« d'affilée ») est également usité avec le sens d'« immédiatement », malgré les condamnations de Littré* et des grammairiens. Au XXe siècle, *de suite* au sens d'« immédiatement » est surtout rejeté en raison de son niveau de langue*, cet emploi étant de plus en plus ressenti comme populaire.

Débuter

Débuter est un verbe intransitif, c'est-à-dire qu'il n'accepte pas de construction avec un complément d'objet. « Débuter quelque chose » est donc jugé incorrect, quoique très répandu dans la langue courante. En français soutenu*, on préférera dans ce cas utiliser *commencer*.

> **À NOTER**
> On retiendra également que « démarrer quelque chose », au sens de « commencer », appartient au registre familier*.

Décade / décennie

Décade : « période de dix jours ».
Décennie : « période de dix ans ».
Exemple : *selon ce ténor de l'opposition, la « fracture sociale » s'est aggravée durant la dernière décennie.*
L'opposition entre *décade* et *décennie* semble aujourd'hui établie, mais il n'en a pas toujours été ainsi, les deux termes ayant été en concurrence pour désigner une période de dix années.

> **À NOTER**
> *Décade* vient du grec *dekas* qui désigne d'une manière générale toute série de dix éléments. À partir de la Révolution, *décade* a signifié en français « période de dix jours » dans le calendrier républicain. Au début du XXe siècle, le mot a pris le sens de « période de dix années », peut-être sous l'influence de l'anglais *decade*, entrant alors en concurrence avec *décennie* (apparu à la fin du XIXe siècle). *Décennie* semble l'avoir emporté dans l'usage, et les deux termes sont aujourd'hui utilement distingués.

Dédicacer

Dédicacer une œuvre, c'est écrire à l'intention de quelqu'un quelques mots sur la première page d'un livre, sur une photographie, etc. et y apposer sa signature. On entend régulièrement à la radio des auditeurs *dédicacer* des chansons aux membres de leur famille, à leurs amis, etc. *Dédicacer* est sans doute plus évocateur pour les usagers que le verbe approprié, *dédier*, au sens de « destiner, offrir (une pensée, une chanson, etc.) ». Exemple : *pour la Saint-Valentin, Kévin a dédié une chanson sur l'antenne à Élodie.*

Dédier

À l'origine, *dédier* a un sens religieux : « mettre un lieu sous l'invocation d'un dieu, sous le patronage d'un saint ». Par exemple, on dira de la basilique de Lisieux qu'elle est *dédiée* à sainte Thérèse. Au sens figuré*, une œuvre est *dédiée* à quelqu'un quand elle lui est tout particulièrement destinée. Exemples : *dédier à quelqu'un un poème, un roman,* etc.
Sous l'influence de l'anglais *dedicated, dédié* s'emploie surtout actuellement pour dire « consacré à, réservé à ». On ne compte plus ce qui est *dédié,* notamment dans le domaine commercial. Exemple d'emploi critiqué : « La célèbre marque à trois bandes a ouvert un nouveau magasin entièrement dédié à la basket. »
Cet anglicisme* sémantique, introduit en français par le vocabulaire de l'informatique, est à éviter dans une langue soignée.

> **À NOTER**
> Sur la confusion entre *dédier* et *dédicacer*, voir DÉDICACER.

Dénoter / détonner

Détonner se dit d'une chose ou d'une personne qui n'est pas dans le ton, qui est en rupture avec un ensemble. Exemple : *la position de la députée, favorable au mariage gay, détonne au sein de son parti.*
Dénoter signifie « indiquer, révéler ». Le préfixe* *dé-* a ici une valeur de renforcement qu'illustrent des verbes comme *démontrer, dénommer,* etc. Mais le même préfixe marque également une action contraire dans d'autres verbes, dont certains sont très courants dans l'usage actuel : *déstresser, dérembourser* (des médicaments), *délocaliser* (des usines)...
Par analogie, les usagers attribuent au *dé-* de *dénoter* une valeur négative. *Dénoter* en vient ainsi à signifier fautivement « sortir du ton, constituer une fausse note ». Cette impropriété*, contraire à l'étymologie* du mot et à sa définition, est à éviter soigneusement.

⚠ **Il convient de distinguer par l'orthographe les homonymes* *détonner* et *détoner* (« exploser avec bruit »).**

Dentition / denture

La *denture*, c'est l'ensemble des dents chez l'humain ou l'animal. Exemple : *Louis XIV avait une denture gâtée, émaillée de chicots noirâtres.*
La *dentition*, c'est la formation et l'éruption des dents chez l'enfant. Exemple : *la première dentition apparaît vers six mois, mais Louis XIV avait des dents à la naissance.*
À partir de la seconde moitié du XIXe siècle, *dentition* est devenu synonyme* de *denture* dans la langue courante. Cet emploi, que Littré* condamnait, est aujourd'hui admis, mais on évitera la confusion par souci de précision.

Deuxième / second

Contrairement à une idée reçue, *deuxième* et *second* peuvent s'employer l'un pour l'autre. Cependant, certains grammairiens recommandent l'usage de *second* quand il n'y a que deux éléments (exemples : *le Second Empire, la Seconde Guerre mondiale*) et celui de *deuxième* quand il y a plus de deux éléments (exemples : *le deuxième étage d'un immeuble, le deuxième chapitre d'un livre*).
On peut juger utile cette distinction entre *deuxième* et *second*, mais l'usage l'a longtemps ignorée, et elle ne saurait être érigée en règle absolue. En fait, l'opposition entre *deuxième* et *second* est surtout fonction aujourd'hui du niveau de langue*. *Deuxième* semble plus utilisé dans le registre courant*, *second* paraît privilégié dans la langue soutenue*.

Digression [et non « disgression »]

Du latin *digressio*, « action de s'éloigner », une *digression* consiste à s'écarter du sujet (dans un discours, une discussion, un ouvrage, etc.).

⚠ **« Disgression » est une déformation assez fréquente. En effet, *digression* subit l'influence des mots commençant par le préfixe* *dis-* qui marque notamment la séparation, le contraire (comme *discontinu*, *disproportion*, etc.).**

Discuter / discuter de

On *discute de* tout et *de* rien, c'est-à-dire que l'on échange des points de vue sur tel ou tel sujet. Mais *discuter quelque chose*, c'est s'y attarder, en faire l'objet d'un débat, peser le pour et le contre :

« On pouvait ergoter à l'infini pour savoir si les hommes étaient ou non plus heureux dans les siècles passés ; on pouvait commenter la disparition des cultes, la difficulté du sentiment amoureux, discuter leurs inconvénients, leurs avantages [...] »

(*La Possibilité d'une île*, Michel HOUELLEBECQ)

⚠ **Dans une phrase comme celle-ci : *Odile et Simon ont discuté politique durant une bonne partie du dîner*, c'est bien la construction *discuter de* qui est employée, la préposition *de* étant omise par ellipse.**

Dispatcher

De l'anglais *to dispatch*, « expédier, répartir, ventiler », *dispatcher* s'est introduit en français dans les années 1970, dans le sillage de *dispatching*, terme réservé jusque-là aux domaines techniques (régulation du trafic ferroviaire, distribution de l'électricité, etc.). Le succès de *dispatcher* dans la langue usuelle semble attester le goût actuel des Français pour les mots à coloration technique (voir, par exemple, notre article sur PERDURER). Exemple d'emploi discutable : « Des effectifs militaires ont été dispatchés dans tout le pays pour assurer la sécurité de la population. » (*Dispatchés* peut ici être aisément remplacé par *répartis*.)

Dispendieux

Du latin *dispendium*, « dépense », *dispendieux* signifie « qui entraîne une grande dépense ». On parle de *goûts dispendieux*, d'un *train de vie dispendieux*. Exemple : *le ministre de l'économie, fils de sabotier, a nié avoir des goûts dispendieux.*

Par extension de sens*, le mot est généralement employé comme synonyme* de *cher, coûteux* (usage très fréquent au Québec), mais il est impropre de l'utiliser à propos d'une personne comme synonyme de *dépensier*.

Draconien / drastique

Est *draconien* ce qui est très rigoureux, très sévère. On emploie notamment ce qualificatif quand on veut faire entendre qu'on est d'une rigueur sans faille. Exemple : « *Nous avons pris des mesures draconiennes pour éviter toute propagation de la tremblante du mouton* », *a indiqué le ministre à la presse*.

Drastique, qui signifie « très énergique, très rigoureux », se distingue mal sémantiquement de *draconien*, les deux adjectifs qualifiant souvent des noms identiques (des *règlements drastiques*, des *mesures drastiques*). Dans l'usage, *drastique* est aujourd'hui plus répandu, surtout dans le langage médiatique.

> **À NOTER**
> *Draconien* est dérivé du nom propre Dracon, législateur d'Athènes (VIIe s. av. J.-C.), réputé pour la sévérité du code pénal dont il fut l'auteur. *Drastique*, également dérivé du grec (*drastikos*, « énergique »), s'est d'abord employé en médecine pour désigner des purgatifs très efficaces… C'est sous l'influence de l'anglais *drastic* qu'il a pris au XIXe siècle son sens figuré*.

E

Effraction / infraction
Une *effraction*, c'est le bris d'une clôture, la fracture d'une serrure. Exemple : *le ministre s'est félicité de la baisse des vols avec effraction.*
Une *infraction* désigne toute violation d'un règlement, d'une loi. Exemple : *« Toute infraction au règlement sera sévèrement sanctionnée », a rappelé le proviseur aux élèves après une fausse alerte à la bombe.*

Éminent / imminent
Une personne *éminente* se distingue des autres par ses qualités supérieures. Exemple : *l'éminent chirurgien affirme avoir réussi la première greffe du visage au monde.* L'adjectif s'emploie aussi à propos de choses abstraites. Exemples : *un rôle éminent, d'éminentes qualités*, etc.
Est *imminent* ce qui est sur le point de se produire. Exemple : *l'arrivée du préfet sur les lieux du sinistre est imminente.*

> **À NOTER**
> Attesté* au XIVe siècle, *imminent* s'est d'abord dit uniquement de ce qui représente une menace (ex. : *un danger imminent, une guerre imminente*). À partir du XIXe siècle, *imminent* s'est également employé avec une valeur strictement temporelle, sans cette nuance de menace.

Émotionner

Émotionner est à *émouvoir* ce que *solutionner* est à *résoudre* : une monstruosité pour les uns, le moyen pour les autres d'éviter une conjugaison délicate, celle d'*émouvoir*, verbe du 3e groupe très irrégulier.

Une chose est sûre : *émotionner* (registre familier*) ne menace nullement l'existence d'*émouvoir*. Ceux qui se risquent à l'utiliser le font souvent par plaisanterie, comme pour souligner qu'ils n'ignorent pas sa mauvaise réputation. Mais *émotionner*, apparu vers 1820, a-t-il été mieux considéré par le passé ? « Ce verbe nouveau est d'un assez mauvais style » estimait Littré* dans son *Dictionnaire de la langue française* (1872). Ce qui n'était guère aimable pour son contemporain, Émile Zola, qui l'a employé à plusieurs reprises dans *Les Rougon-Macquart*. Littré a ajouté, il est vrai, sauvant *émotionner* des flammes de l'enfer : « cependant il est régulièrement fait, comme *affectionner* d'*affection*. »

Aujourd'hui, *émotionner* semble aussi rare dans l'usage littéraire que dans l'usage courant. On peut même parier que ses jours sont comptés. Mais qui s'en *émotionnera* ?

En définitive [et non « en définitif »]

La locution* adverbiale *en définitive* (« finalement, en fin de compte ») est parfois altérée dans la langue commune en « en définitif ». L'erreur est compréhensible, les autres locutions adverbiales du type *en* + adjectif se construisant presque toujours avec la forme masculine de l'adjectif : *en bref*, *en gros*, *en clair*, etc. Le féminin s'explique ici par une ellipse, *en définitive* s'employant pour *en sentence définitive*, ancienne locution juridique.

En ligne / on line

On line se dit d'un produit ou d'un service disponible ou en vente sur le réseau Internet.

Cet anglicisme* peut se remplacer aisément par *en ligne*, ou par *électronique* dans certains cas. Exemple : *Nicole, nouvelle internaute, a découvert avec enthousiasme le commerce en ligne* (ou le *commerce électronique*).

À NOTER
Dans la même famille de mots, on trouve *hot line* : « service d'assistance téléphonique qu'un fabricant de produits informatiques ou un fournisseur d'accès à Internet propose à ses clients ». Le meilleur équivalent français de *hot line* est *assistance téléphonique*.

En revanche / par contre

Par contre a longtemps été une locution* maudite, bête noire des puristes. Voltaire a été le premier à jeter l'anathème sur *par contre*, lui reprochant d'être issu du « langage des marchands » :

« La plupart des gens de lettres qui travaillent en Hollande, où se fait le plus grand commerce de livres, s'infectent d'une autre espèce de barbarie, qui vient du langage des marchands ; ils commencent à écrire *par contre* pour *au contraire* [...] »

(*Conseils à un journaliste*, VOLTAIRE.)

Ce petit-fils d'un marchand d'étoffes réglait-il ainsi ses comptes avec ses origines ? Quoi qu'il en soit, son jugement sur *par contre* a été docilement repris par Littré*, puis par des générations de professeurs. De nombreux écrivains ont pourtant employé cette locution*, et Gide en a assuré la défense : « Trouveriez-vous décent qu'une femme vous dise : "Oui, mon frère et mon mari sont revenus saufs de la guerre ; *en revanche* j'y ai perdu mes deux fils" ? » (*Attendu que...*, 1943). Gide souligne ainsi qu'*en revanche* introduit un avantage plutôt qu'un élément négatif.
Plus de deux siècles de condamnations arbitraires et répétées ont laissé des traces, *par contre* ne s'étant jamais tout à fait débarrassé de sa mauvaise réputation.

Enfant prodige / enfant prodigue

Quel parent n'a pas rêvé d'avoir un enfant extrêmement précoce et doué, un *enfant prodige* ? Exemple : *à six ans et demi, Akiko l'enfant prodige remporte son premier grand prix de piano international.*

D'après l'Évangile selon saint Luc (XV, 11-32), l'*enfant prodigue*, lui, fit d'abord le désespoir de son père en dilapidant sa part d'héritage et en menant une vie de débauche. Le jeune homme repentant finit par rentrer à la maison où son père lui accorda son pardon.
La langue courante a emprunté à la célèbre parabole cette expression d'*enfant prodigue* (ou *fils prodigue*). Celui-ci n'est plus un pécheur repenti, mais simplement l'enfant qui revient dans le giron familial après une longue absence. Exemple : *Karl, le fils prodigue, a retrouvé ses parents après avoir vécu cinq ans dans la jungle amazonienne.*

Enfantin / infantile
Enfantin a le sens général de « qui est relatif à l'enfance, ou qui en a le caractère ». Exemples : *le langage enfantin, une voix enfantine, « le vert paradis des amours enfantines »* (BAUDELAIRE).
Infantile a un sens plus restreint, s'appliquant à la première enfance, notamment dans le domaine médical. Exemple : *la rougeole est une maladie infantile.*
Infantile se dit aussi péjorativement d'un adolescent (ou d'un adulte) qui se comporte de manière puérile, immature : *« Kévin a un comportement infantile inacceptable, il doit se ressaisir », a conclu le proviseur sur son bulletin scolaire.*

Enjoindre
Voilà un verbe très prisé des journalistes... mais généralement employé de travers. Il est vrai qu'il pose à la fois des problèmes de sens et de construction.
Enjoindre signifie « ordonner » (de manière explicite). Exemple : *le proviseur a enjoint aux élèves d'écraser leurs cigarettes.* Ce verbe est souvent considéré à tort comme synonyme* d'*inciter*, d'*exhorter*. Or une incitation, si pressante soit-elle, n'est pas une *injonction*.

⚠ **Bien noter la construction correcte :** ***on enjoint à quelqu'un de faire quelque chose.*** **Ne pas écrire « enjoindre quelqu'un ».**
Le verbe est transitif indirect*, ce qui exclut la construction

passive qui tend pourtant à se répandre (à de rares exceptions près, seuls les verbes transitifs directs* peuvent se mettre à la voie passive). Exemple fautif : « Ils ont été enjoints de quitter les lieux. » On dira mieux : *ils ont été sommés de quitter les lieux.*

Ennuyant / ennuyeux

Dérivé du participe présent d'*ennuyer,* l'adjectif *ennuyant* est beaucoup moins usité en français contemporain que son concurrent *ennuyeux*. Les dictionnaires en relèvent des exemples anciens avec le sens de « contrariant, fâcheux » ou avec celui de « qui suscite l'ennui ». Littré* établissait une curieuse nuance entre *ennuyant* et *ennuyeux* : « L'homme ennuyant est celui qui ennuie par occasion ; cela est accidentel ; l'homme ennuyeux est celui qui ennuie toujours ; cela est inhérent. Un homme ennuyant peut n'être aucunement ennuyeux. » Littré, qui travaillait dix heures par jour à son *Dictionnaire de la langue française* (1872), redoutait sans doute les *ennuyants* et les *ennuyeux*. Mais cette distinction, si pertinente du point de vue de la typologie humaine, paraît linguistiquement bien artificielle...

> **À NOTER**
> *Ennuyant* reste très vivant au Québec et s'emploie également en Belgique.

Enquérir (s')

S'enquérir signifie « se renseigner sur, s'informer de » (registre soutenu*). Exemples : *s'enquérir de la santé de quelqu'un, s'enquérir de quelqu'un* (« demander de ses nouvelles »).

On trouve aussi la construction *s'enquérir* + proposition subordonnée interrogative indirecte. Exemple : *Nicole s'est enquise s'il restait des chambres disponibles à l'hôtel Bellevue* (noter l'accord du participe passé avec le sujet).

⚠ **« S'enquérir de savoir » est un pléonasme* fautif.**

Épidémie / épizootie / pandémie

La confusion règne dans les esprits autour de ces trois termes.

Une *épidémie* désigne la propagation de toute maladie infectieuse chez l'homme (dans une zone donnée : région, pays, etc.).

Si cette *épidémie* s'étend à un grand nombre de pays, voire à plusieurs continents, on parle alors de *pandémie*. Exemple : *une pandémie de peste noire vida l'Europe occidentale d'un tiers de sa population au* XIV*e siècle.*

Une *épizootie* est une épidémie qui ne frappe que les animaux. (Le mot se prononce en principe *épizo-o-tie*, comme *zoologie*.)

> **À NOTER**
>
> Une maladie *endémique* sévit constamment (ou périodiquement) dans un pays, sur un continent. Exemple : *le paludisme est l'une des grandes maladies endémiques de l'Afrique.*

Éponyme

Du grec *epi*, « sur », et *onoma*, « nom », *éponyme* signifie « qui donne son nom à » (en parlant d'un dieu, d'une figure historique, d'un personnage littéraire). Les dictionnaires rappellent tous à titre d'exemple qu'Athéna est la déesse *éponyme* d'Athènes.

L'adjectif n'est pas rare dans le vocabulaire littéraire. Eugénie Grandet, Madame Bovary, Thérèse Raquin sont des héroïnes *éponymes* parce qu'elles ont donné leur nom aux romans qui les ont rendues célèbres.

Depuis quelques années, ce mot savant est très à la mode sans que l'on soit bien assuré de ce qu'il signifie. Il est généralement employé au sens de « qui a le même nom ». Exemple fautif : « *La Guerre des mondes* d'H.G. Wells a inspiré deux films éponymes à cinquante années d'intervalle. » Dans un tel cas, l'adjectif *homonyme* (du grec *homos*, « même ») conviendrait mieux.

Éruption / irruption

Le mot *éruption* désigne d'une manière générale une poussée brusque d'une chose vers l'extérieur. Selon les contex-

tes, on parle ainsi d'*éruption volcanique*, d'*éruption dentaire*, d'*éruption cutanée*, etc.
Ce mot ne doit pas être confondu avec *irruption*, qui désigne tout au contraire un mouvement soudain vers l'intérieur (se dit des choses aussi bien que des animés). Exemple : *des inconnus masqués ayant fait irruption sur le plateau du célèbre talk-show, l'émission a été interrompue.*

Ès (ès lettres, ès sciences, etc.)
« En matière de..., dans les... »
Contraction de *en les*, *ès* ne peut précéder qu'un nom pluriel. Exemple : *Pierre vient d'être reçu docteur ès lettres.* (Noter l'absence de trait d'union.) L'étymologie* du mot n'étant plus connue, *ès* est parfois employé improprement devant un nom singulier. « Puisqu'il s'agit d'un archaïsme* un peu prétentieux, n'est-il pas logique de l'employer de préférence à bon escient ? » demande à juste titre Grevisse dans *Le Bon Usage*.

Évoquer / invoquer
Évoquer signifie « faire apparaître à la mémoire, à l'esprit » (*évoquer des souvenirs*), ou bien « mentionner, faire allusion à » (*évoquer la question des salaires*).
Invoquer a couramment le sens de « mettre en avant comme un recours ». Exemple : *le ministre a invoqué la lutte contre le chômage pour défendre un projet de loi très contesté.*

> **À NOTER**
> *Invoquer*, c'est au sens propre* « appeler à l'aide par la prière ». Exemples : *invoquer le secours de Dieu, invoquer la Très Sainte Vierge Marie.*

F

Faire long feu / ne pas faire long feu
Faire long feu : « manquer son but, échouer ».
Ne pas faire long feu : « ne pas durer longtemps ».
Au sens propre*, *faire long feu* s'est d'abord dit d'une arme à feu. Lorsque la combustion de la poudre durait trop longtemps, le coup ne partait pas, ou partait mal, et manquait son but. L'expression s'est maintenue dans l'usage littéraire par le sens métaphorique qui est celui de l'échec. Exemple : *les pourparlers entre Israéliens et Palestiniens ont une fois de plus fait long feu.*
Par opposition, on pourrait s'attendre à ce que *ne pas faire long feu* signifie « réussir ». Mais une autre métaphore l'a ici emporté, celle de la flamme qui s'éteint rapidement. *Ne pas faire long feu* exprime ainsi la brièveté d'une action, d'une situation. Contrairement à la première expression, *ne pas faire long feu* est d'un emploi très courant et plutôt familier. Exemple : *les résultats scolaires de Kévin se sont améliorés avant Noël, mais ses progrès n'ont pas fait long feu.*

Faute d'attention / faute d'inattention
Faute d'attention (c'est-à-dire par manque d'attention) on commet des *fautes d'inattention*. Dire que l'on a fait une « faute d'attention » est incorrect. Il faut entendre dans une *faute d'inattention* « une faute commise par inattention ». C'est la cause, et non le domaine, qui est ici envisagée (comme pour une *faute d'étourderie*). La confusion s'expli-

que facilement et mérite l'indulgence pour ceux qui ont « fauté » : *une faute de* est le plus souvent suivi d'un complément exprimant la nature de la faute. Exemples : *une faute de goût, une faute d'orthographe*, etc.

Forfait / forfaiture

Un *forfait* est un grand crime, un crime abominable. Le mot, d'un registre littéraire*, s'emploie surtout dans un contexte historique :

« On lit Thucydide, puis on lit Tacite, puis on lit Michelet sur le Moyen Âge, puis Retz, puis Saint-Simon, puis Taine sur la Révolution française et on trouve que cela est toujours la même chose : la même trame de forfaits coagulés dans le sang. »

(Henry de MONTHERLANT)

La *forfaiture* est un crime commis par un agent de l'État dans l'exercice de ses fonctions. Par extension*, le mot s'emploie dans un registre littéraire* pour désigner un acte déloyal, une trahison. Exemple : *le président du parti a dénoncé* « *la forfaiture des anciens militants entrés en dissidence* ».

> **À NOTER**
> Les deux mots sont dérivés de *forfaire*, « manquer gravement à ses devoirs ». À l'époque médiévale, la *forfaiture* désignait la « violation du serment de foi et hommage ». Par la cérémonie de l'hommage, le vassal jurait fidélité à son seigneur, devant le servir et le conseiller.

Fruste / rustre

Comme terme technique, *fruste*, de l'italien *frusto*, « usé », signifie « au relief usé par le temps, le frottement ». Exemples : *une sculpture fruste, des pièces de monnaie frustes*, etc.

Au figuré*, et sous l'influence de *rustre*, le mot a pris le sens de « mal dégrossi, sans finesse ». Exemple : « *Les esprits frustes ne peuvent rien comprendre à ma peinture* »,

a déclaré le jeune artiste dont l'exposition est jugée sévèrement par la critique.
Rustre se dit d'un individu grossier et brutal. Exemple : *ce rustre est encore passé devant tout le monde à la boulangerie.* Notons que si les *rustres* se portent bien par les temps qui courent, le mot, lui, tend à vieillir.

⚠ ***Fruste*** **est souvent altéré en « frustre ». Ce mot n'appartient pas au français correct.**

Funèbre / funéraire
Funéraire est d'un emploi restreint, s'appliquant strictement aux funérailles et aux objets commémorant les défunts. Exemples : *une urne funéraire* (ou *cinéraire*), *un monument funéraire.*
Funèbre désigne ce qui se rapporte aux funérailles, mais aussi à la mort elle-même :

« Me sera-t-il permis aujourd'hui d'ouvrir un tombeau devant la cour, et des yeux si délicats ne seront-ils point offensés par un objet si funèbre ? »
(*Sermon sur la mort*, Jacques Bénigne BOSSUET)

Seul *funèbre* s'emploie aujourd'hui au sens figuré* pour évoquer ce qui « inspire des idées de tristesse et de mort » (Littré*). Exemple : *des paysages désolés, funèbres.*

G

Genèse [et non « génèse »]
Genèse (avec une majuscule) est le titre du premier livre de la Bible consacré à la création du monde et aux origines de l'humanité (du grec *genesis*, « naissance, origine »). Comme nom commun, *genèse* désigne la façon dont une chose a été créée, élaborée. Exemple : *au Salon du livre, le célèbre philosophe exposait la genèse de son ouvrage à un journaliste lorsqu'il fut entarté par des inconnus.*

⚠ ***Genèse* ne se prononce pas « génèse » et s'écrit sans accent sur le premier *e*, contrairement aux adjectifs dérivés : *génésiaque* (« relatif à la Genèse »), génésique (« relatif à la reproduction sexuée »).**

H

Harde / horde
Une *horde* est une troupe de personnes violentes. On parle ainsi d'une *horde* de brigands, de hooligans, etc. Par extension*, et dans un sens affaibli*, une *horde* désigne n'importe quel groupe de personnes indisciplinées. Exemple : *des hordes de supporteurs ont bruyamment fêté la victoire de leur équipe toute la nuit.*
Le mot est parfois confondu avec son paronyme* *harde*, qui désigne une troupe d'animaux sauvages. Exemples : *des hardes de cerfs, de caribous*, etc.

Hiberner / hiverner
Ces deux verbes sont des doublets* du mot latin *hibernare*, « passer l'hiver ».
Hiberner se dit des mammifères qui passent l'hiver en *hibernation*, c'est-à-dire dans un état léthargique dû à une baisse de la température corporelle. Les marmottes, les chauves-souris sont des adeptes de l'*hibernation*. Bien qu'aucun cas humain d'*hibernation* naturelle n'ait été recensé à ce jour, rien n'interdit un emploi métaphorique du mot. Exemple : *tous les dimanches de janvier, Kévin hiberne sous la couette.*
Hiverner signifie « passer l'hiver à l'abri » ou, plus largement, « passer l'hiver dans tel ou tel endroit ». Exemple : *chaque année, de nombreux Québécois hivernent en Floride.*

⚠ **On distinguera de même les dérivés *hibernal* et *hivernal*. Exemples : *un froid hivernal*, mais *le sommeil hibernal de la marmotte*.**

I

Impassible / impavide
Issu du latin *pavor,* « peur », *impavide* signifie « qui n'éprouve ou ne manifeste aucune peur » (registre littéraire*). Par extension de sens*, le mot est parfois employé comme synonyme* d'*impassible,* « qui ne manifeste aucun sentiment, aucune émotion ». Il est pourtant utile de garder à *impavide* son sens premier*, puisque aucun autre mot ne peut lui être véritablement substitué.

Impéritie / incurie
Issu du latin *cura,* « soin », l'*incurie* est le manque de soin, la négligence (registre soutenu*). Voilà un terme dont on gratifie généralement un État, un gouvernement, l'administration, etc.
L'*incurie* ne se confond pas avec l'*impéritie,* mais elle la nourrit. *Impéritie* est un synonyme* littéraire d'*incompétence* (notamment dans l'exercice d'une profession). Exemple : « *Réagir à l'impéritie de la direction !* » (titre d'un bulletin syndical).

⚠ **Dans *impéritie*, la dernière syllabe *tie* se prononce *si*, comme dans *démocratie*.**

Inclinaison / inclination
Inclinaison : « état de ce qui est incliné ». Exemple : *malgré la brutale inclinaison de l'avion, les hôtesses n'ont perdu ni leur équilibre ni leur sang-froid.*

Le mot s'emploie notamment pour désigner la position inclinée du haut du corps. Exemple : *dans cet exercice de musculation, l'inclinaison du buste concentre l'effort sur les pectoraux.*
Inclination : « action de pencher le corps ou la tête comme signe d'acquiescement ou marque de respect ». Exemple : *selon le protocole, les personnes qui rencontrent la reine d'Angleterre peuvent faire une révérence ou une inclination de tête, ou en toute simplicité lui serrer la main.*
Au sens figuré*, l'*inclination* marque une tendance, un goût pour quelque chose (ex. : *Arthur a une inclination à la paresse*), mais aussi un sentiment d'affection, d'amour pour quelqu'un (sens courant dans la langue classique, mais aujourd'hui sorti d'usage) :

> (L'infante :)
> « Mon inclination a bien changé d'objet.
> Je n'aime plus Rodrigue, un simple gentilhomme ;
> Non, ce n'est plus ainsi que mon amour le nomme :
> Si j'aime, c'est l'auteur de tant de beaux exploits,
> C'est le valeureux Cid, le maître de deux rois. »
> (*Le Cid*, acte V, scène III, Pierre CORNEILLE)

Infecter / infester
Infecter : « provoquer une infection par la transmission de germes pathogènes ». Exemple : *une plaie infectée.*
Infester : « ravager, dévaster (un pays, une région) ». Exemple : *les pirates qui infestent les côtes somaliennes sont devenus le cauchemar des armateurs.*
Infester s'emploie également pour désigner une invasion d'animaux nuisibles. Exemples : *des marécages infestés de moustiques*, *des mers infestées de requins*, etc.

Ingambe
On est *ingambe* quand on a le plein usage de ses jambes, et non lorsqu'on s'en sert avec difficulté. Le contresens vient de ce que l'on croit reconnaître le préfixe* négatif *in-* (comme dans *incorrect*, *invraisemblable*, etc.). *Ingambe* vient en fait de l'italien *(essere) in gamba*, littéralement « (être) en jambe », d'où « en bonne forme, leste ». Le mot n'est pas rare dans la littérature :

« Enfin M. de Coëtquidan monta l'escalier, et, peu ingambe, il s'accrochait tellement à la rampe qu'on eût dit qu'il allait la déraciner : elle en tremblait du bas en haut de la maison. »

(*Les Célibataires*, Henry de MONTHERLANT)

Initier

Depuis le XVIIe siècle, *initier* s'est imposé en français avec le sens d'« enseigner les bases d'une technique, d'un art, d'une discipline, etc. ». Exemples : *être initié à la sculpture, à la philosophie*, etc. Cette valeur fondamentale d'enseignement, de transmission liée à *initier* est comme balayée par le triomphe actuel du sens anglais, « commencer ». « Le verbe se rattache de cette façon à *initiative*, mais dans un emploi sans rapport avec son sémantisme propre, ce qui rend cet emploi très critiquable », estime le lexicographe Alain Rey (*Dictionnaire historique de la langue française*). Par surcroît, les verbes (ou locutions* verbales) de sens voisin comme *commencer, amorcer, lancer, inaugurer, mettre en place, mettre en route,* etc. sont suffisamment nombreux pour rendre plus discutable encore cet anglicisme* très à la mode.

J

Judiciaire / juridique
Judiciaire : « qui se rapporte à la justice ». Exemples : *l'institution judiciaire, des poursuites judiciaires, la police judiciaire*, etc.
Juridique : « qui se rapporte au droit ». Exemples : *une formation juridique, un conseiller juridique, une aide juridique*, etc.

Juré / jury
Jury : « ensemble des jurés ».
Juré : « chacun des membres d'un jury ».
Un *juré* est un citoyen appelé par tirage au sort à faire partie du *jury* d'une cour d'assises (en France). Par analogie, le mot désigne tout ensemble de personnes qui évalue des candidats (dans les domaines de l'enseignement, de la création artistique, etc.). Dans ce sens, on parle des *membres du jury* et non des *jurés*.

⚠ **Éviter l'erreur assez commune qui consiste à désigner un seul *juré* ou *membre du jury* en disant « un jury ».**

L

Low cost

Les compagnies aériennes *low cost* réduisent au minimum leurs frais de fonctionnement afin d'offrir aux voyageurs les billets les moins chers possible. Depuis quelques années, *low cost* s'emploie également à propos d'autres produits : hôtellerie, voitures, etc.

L'anglicisme* *low cost* peut être aisément remplacé par *à bas coût* ou *à bas prix*. Exemple : *cette compagnie à bas prix exige des pilotes qu'ils préparent eux-mêmes les sandwichs vendus à bord.*

Luxuriant / luxurieux

La *luxure* est l'un des sept péchés capitaux, et non des moindres. Le mot a donné l'adjectif *luxurieux,* « qui s'adonne aux plaisirs sensuels, débauché ».

Pour éviter toute équivoque, on ne confondra pas *luxurieux* et *luxuriant,* « qui pousse avec abondance ». Exemples : *une végétation luxuriante, des jardins luxuriants,* etc.

Les « jardins luxurieux » que vantent certains dépliants touristiques sont une promesse à examiner avec précaution.

M

Macabre / morbide

Macabre : « qui a trait aux morts ou qui évoque la mort ». *Morbide* : « qui est relatif à la maladie ». (Vocabulaire médical.)

Morbide, du latin *morbidus*, « malade », ne se dit que de ce qui est propre à la maladie, et non de ce qui évoque la mort. L'*obésité morbide* est appelée ainsi parce qu'elle entraîne un risque élevé de complications et non parce qu'elle est directement mortifère...

Dans la langue courante, *morbide* désigne une attirance jugée anormale, malsaine. Exemple : *la psychologue a paru très intéressée par les goûts morbides de Kévin pour les films d'horreur*.

Magnificence / munificence

Appliqué à une chose, le mot *magnificence* désigne l'éclat de ce qui est magnifique. La *magnificence* laisse généralement émerveillé et comme frappé de stupeur :

> « [...] je n'avais pour la magnificence qui frappait mes yeux qu'une admiration stupide et sans convoitise. La seule chose qui m'intéressât dans tout l'éclat de la cour était de voir s'il n'y aurait point là quelque jeune princesse qui méritât mon hommage, et avec laquelle je pusse faire un roman. »

(*Les Confessions*, Jean-Jacques ROUSSEAU)

Du latin *munificus*, « généreux », la *munificence*, c'est la grandeur dans la générosité. Voilà un mot qui nous fait atteindre des hauteurs hors du commun... où séjournent les dieux et les rois :

« C'est vous, sans doute, qui inspirâtes à Charles V votre sagesse, à Louis XIII cet amour de son peuple ; c'est par vous que François Ier fut le père des lettres ; c'est vous qui rendîtes Henri IV à l'Église, c'est à votre exemple qu'il sut vaincre et pardonner ; vous avez donné votre force et votre munificence à Louis XIV [...] »

(*Panégyrique de saint Louis*, VOLTAIRE)

Maligne [et non « maline »]
Maligne est la forme correcte du féminin de *malin*.

> **À NOTER**
> En français, la plupart des adjectifs font leur féminin par la simple addition d'un *e* final (*blond* → *blonde*). Mais cet ajout s'accompagne parfois d'autres modifications : addition d'une consonne (*rigolo* → *rigolote*), redoublement de la consonne finale (*coquet* → *coquette*), changement de la consonne finale (*bénin* → *bénigne*). Le féminin *maligne* participe de cette dernière catégorie.

⚠ ***Maligne* est concurrencé à l'oral par « maline », d'origine ancienne et populaire, toujours très vivant dans la langue familière mais jugé peu correct.**

Mandat / mandature
Le mot *mandat* désigne toute charge publique élective aussi bien que la durée de ce mandat (*mandat présidentiel*, *mandat législatif*, etc.). Exemple : *le sénateur, âgé de quatre-vingts ans, est décédé la huitième année de son mandat*.
Le néologisme* *mandature*, qui désigne exclusivement la durée d'un *mandat* électif, est apparu dans les années 1980, par analogie avec *législature* (« durée du mandat d'une assemblée législative »).

Mettre à jour / mettre au jour

Mettre à jour, c'est mettre en conformité, en ordre avec le moment présent. Exemples : *mettre à jour sa correspondance, sa comptabilité.*

Mettre au jour signifie « mettre à découvert », et au figuré « faire apparaître, révéler ». Exemple : *les enquêteurs ont mis au jour d'importantes contradictions dans les aveux du tueur en série.*

Mitiger

Le verbe *mitiger* vient du latin *mitigare,* « adoucir ». Il signifie « rendre plus doux, moins strict », et est d'un emploi littéraire :

« Sa façon précise et mordante de parler faisait de sa conversation un plaisir non dépourvu d'inquiétude, car le sarcasme fleurissait sur ses lèvres minces, mais un sarcasme mitigé par la politesse et par une charité naturelle qu'elle prenait sans doute pour une faiblesse et qu'elle gouvernait assez mal. »

(*Jeunes Années*, Julien GREEN)

Dans la langue courante, on rencontre surtout l'adjectif dérivé *mitigé*, employé comme synonyme* de *mêlé*, *partagé*, sous l'influence de *mi-*, « à moitié ». Les « présentateurs météo » en sont très friands. Exemple : *demain, le temps sera mitigé sur la moitié nord du pays, les averses alternant avec de brèves éclaircies.*

Mythifier, démythifier / mystifier, démystifier

Mythifier, c'est transformer en mythe quelqu'un ou quelque chose. Son antonyme* est *démythifier*, qui est plus courant. *Démythifier* un personnage historique, une figure littéraire, etc., c'est lui ôter sa valeur de mythe. Exemple : *cette biographie démythifie Napoléon le grand stratège pour dévoiler l'homme et ses faiblesses.*

Mystifier quelqu'un, c'est le tromper en abusant de sa crédulité. Exemple : *des centaines de personnes ont été mystifiées par le faux vendeur de maisons en kit.* On est donc *démystifié* quand on est détrompé.

⚠ ***Démystifier* est souvent employé à tort à la place de *démythifier*.**

N

N'être pas sans savoir [et non « sans ignorer »]
Vous n'êtes pas sans savoir : « vous savez très bien » (littéralement : vous n'êtes pas celui qui ne sait pas, donc vous savez).
Par contresens, certains locuteurs disent « vous n'êtes pas sans ignorer ». Il faut reconnaître que la tournure alambiquée *n'être pas sans* + infinitif encourage les confusions. Il existe d'autres manières plus simples de renforcer une affirmation : *vous n'ignorez pas que... Vous savez pertinemment que...*, etc.

Nominer / nommer
De l'anglais *to nominate, nominer* est devenu courant en français au sens de « sélectionner une œuvre, une personne pour un prix, une distinction ». *Sélectionner* est le terme français officiellement recommandé, mais le sens de *nominer* est plus précis, car il implique qu'on sélectionne avant un choix final. Pour éviter l'anglicisme*, on préfère généralement employer le verbe *nommer*, qui a d'ailleurs la même racine latine que *nominate* : *nominare*.

> **À NOTER**
> *Nominer* est un anglicisme particulièrement critiqué, mais est-il vraiment le monstre que l'on voit en lui ? La linguiste Henriette Walter vole à son secours, estimant *nominer* bien formé, sur le modèle des verbes du 1er groupe *dominer*, *éliminer*, etc. Elle ajoute que *nominer* n'est pas synonyme* de *nommer* et qu'il

a donc sa raison d'être... (entretien accordé au journal québécois *Quartier libre*, 1997).

Notable / notoire

Est *notable* ce qui mérite d'être noté, d'être remarqué. Exemple : *ce trimestre, Kévin a fait des progrès notables en éducation physique.*

Comme substantif, *notable* désigne une personne qui a une position sociale importante. Exemple : *d'après la presse locale, des notables de la ville sont impliqués dans cette nouvelle affaire de pédophilie.*

Est *notoire* ce qui est bien connu, connu de tous. Exemple : *selon les responsables syndicaux de l'entreprise, le nouveau P-DG est d'une incompétence notoire.*

En tournure impersonnelle : *il est notoire que son incompétence bat des records.*

En parlant de quelqu'un : « bien connu comme tel ». Dans cet emploi, l'adjectif souligne un défaut plutôt qu'une qualité. Exemple : *c'est un imbécile notoire.*

O

Obnubiler [et non « omnubiler »]
Obnubiler nous vient du latin *obnubilare,* « couvrir de nuages ». L'étymologie* éclaire le sens abstrait du verbe en français : « obscurcir l'esprit, troubler la raison ». Exemple : *Dès que Kévin aperçoit Élodie, son esprit s'obnubile.* (Noter ici l'emploi pronominal.)
Obnubiler est surtout courant aujourd'hui au sens étendu d'« obséder, hanter », généralement sous la forme de son participe passé. Exemple : *Pauline, vingt et un ans, est obnubilée par ses ridules*.

⚠ ***Obnubilé* est souvent déformé en « omnubilé ». Sans doute faut-il y voir l'influence des mots préfixés en *omni-* (*omnivore*, *omnisports*, etc.).**

Odorant / odoriférant
Les « parfums frais comme des chairs d'enfants » chers à Baudelaire sont-ils *odorants* ou *odoriférants* ?
Entre *odorant* et *odoriférant*, il y a une nuance méconnue, et qui n'a pas toujours existé. Au XVIIe siècle, le *Dictionnaire de l'Académie française* donne aux deux mots la même signification : « qui jette une odeur agréable ». C'est à partir du XVIIIe siècle qu'*odorant* s'emploie de façon neutre tandis qu'*odoriférant* garde le privilège d'évoquer les odeurs agréables. Exemples : *des parfums odoriférants, des herbes odoriférantes*, etc.

Opportunité

L'*opportunité*, c'est le caractère de ce qui est *opportun*, c'est-à-dire de ce qui vient à propos, de ce qui se produit au bon moment. Exemple : *l'opportunité d'annoncer une nouvelle taxe avant les élections présidentielles est contestée au sein même de la majorité.*

Sous l'influence de l'anglais *opportunity*, le mot s'emploie surtout aujourd'hui au sens d'« occasion favorable ». *Opportunité* est omniprésent dans la langue commerciale et le vocabulaire de l'entreprise (les fameuses « opportunités à saisir »), mais aussi dans la langue courante où le mot désigne une belle occasion, une chance qu'il ne faut pas laisser passer. Exemple : *Nicole et Jacques ont eu l'opportunité d'acheter leur fermette du Perche à un bon prix.*

Comment expliquer un tel succès ? Dans l'esprit des usagers, la valeur positive d'*opportunité* est sans doute plus marquée que pour *occasion*, qui paraît plus neutre. Si l'on souhaite éviter cet anglicisme* sémantique, c'est pourtant le mot *occasion* qu'il faut employer (ou parfois *chance*). Il peut se renforcer en *belle* ou *heureuse occasion*, selon la bonne fortune de chacun...

Oppresser / opprimer

Opprimer et *oppresser* se rapportent tous deux au même substantif *oppression*, mais leur signification est bien différente.

Être *opprimé*, c'est être victime d'une autorité tyrannique, subir la violence qu'elle exerce. Exemple : *après le coup d'État de Pinochet, le peuple chilien fut opprimé par la dictature militaire.*

On est *oppressé* lorsqu'on ressent un poids sur la poitrine qui gêne la respiration. Exemple : *Kévin se sent oppressé à chaque fois qu'il est interrogé en classe.*

À NOTER

Oppresser a d'abord eu le même sens qu'*opprimer*. Le *Dictionnaire de l'Académie française* (1694) souligne que *« les bons princes n'oppressent point leurs sujets »*. Mais à partir du XVIIe siècle, une autre signification du mot apparaît, « gêner la respiration », et élimine peu à peu le sens originel.

P

Pallier
Autrefois, en médecine, *pallier un mal,* c'était le soulager sans le guérir (on parle aujourd'hui de *soins palliatifs*). De là vient le sens figuré* et moderne de *pallier* : « atténuer faute de mieux, remédier provisoirement ». Exemple : *la mairie a mis en place des cars de substitution pour pallier la grève des bus.*

> **À NOTER**
> *Pallier* est issu du latin *palliare*, « couvrir d'un manteau ». Au sens premier* du terme, *pallier*, c'est « dissimuler une chose condamnable sous une belle apparence ». Dans *Les Confessions*, après avoir conté un menu larcin chez Mme de Vercellis, Rousseau prend le lecteur à témoin : « [...] et l'on ne trouvera sûrement pas que j'aie ici pallié la noirceur de mon forfait. »

⚠ ***Pallier* est un verbe transitif direct*, c'est-à-dire qu'il se construit avec un complément d'objet direct. On dit *pallier les problèmes* et non « pallier aux problèmes ». La construction fautive « pallier à » s'est répandue par analogie avec *parer à, remédier à*.**

Panacée [et non « panacée universelle »]
Dans la mythologie grecque, la déesse Panacée guérit les malades grâce aux plantes.
Devenu nom commun, *panacée* signifie « remède universel à toutes les maladies ». Au sens figuré*, le mot désigne un prétendu remède contre tous les maux. Il s'emploie notam-

ment dans un contexte social. Exemple : *« Nous n'avons pas trouvé la panacée contre le chômage, mais nous continuons de chercher », a déclaré le président lors de ses vœux aux Français.*

> **À NOTER**
> Le mot *panacée* est formé du grec *pan*, « tout », et de *akos*, « remède ».

⚠ **Bien que d'un usage courant, « panacée universelle » est un pléonasme* généralement condamné.**

Paraphrase / périphrase
La *paraphrase* est un défaut bien connu des enseignants. Certains élèves se révèlent en effet de redoutables *paraphraseurs*, reformulant dans leurs commentaires de texte ce qui est écrit par l'auteur. La *paraphrase* est donc une redite, un développement verbeux.
On fait une *périphrase* quand on formule en plusieurs mots ce qui peut l'être en un seul. Ce terme n'a pas de valeur péjorative, contrairement à *paraphrase*. Exemple : *l'« astre de la nuit » est une périphrase poétique pour la « lune ».*

Participer à / participer de
On *participe à* quelque chose lorsqu'on y prend part. Exemples : *participer à un match, à une réunion, à un débat*, etc.
Participer de signifie « tenir de la nature de, relever de » (registre soutenu*). Exemple : *« Notre merveilleux patrimoine participe du rayonnement de la France dans le monde », a rappelé le ministre de la Culture.*

Pécuniaire [et non « pécunier »]
Issu du latin *pecunia*, « richesse ; argent », *pécuniaire* signifie « qui est relatif à l'argent ou qui consiste en argent » (registre soutenu*). Exemples : *avoir des soucis pécuniaires, bénéficier d'une aide pécuniaire.*

> **À NOTER**
> Les autres adjectifs dérivés de *pecunia* sont vieillis* : *pécunieux*, « qui a beaucoup d'argent » ; *impécunieux*, « qui manque d'argent ». *Pécuniaire* est donc le seul mot de sa famille à s'être maintenu dans l'usage.

⚠ **« Pécunier » est un barbarisme* né probablement de l'analogie avec des formes comme *rancunier, rancunière.* Le suffixe* *-aire* de *pécuniaire* (« relatif à ») a servi à former des mots comme *budgétaire, légendaire, planétaire,* etc.**

Perdurer

Apparu au Moyen Âge, *perdurer* a d'abord signifié « durer éternellement », « durer longtemps ». Le mot a ensuite connu une longue éclipse avant de refaire surface au XIXe siècle dans l'usage littéraire. Mais c'est seulement depuis quelques années que *perdurer* jouit d'une popularité sans précédent, notamment dans le langage médiatique, avec le sens affaibli* de « durer encore, persister ». Exemple : *malgré l'intervention d'un médiateur nommé par le préfet, la grève perdure.*

Existe-t-il aujourd'hui une différence notable entre *durer* et *perdurer* ? Par sa coloration technique, savante, *perdurer* a plus d'éclat que son rival. *Durer* est un mot banal, neutre ; *perdurer* sent son technicien, le fin analyste, il donne de l'importance aux propos les plus creux : « *Les tensions politiques au Moyen-Orient risquent de perdurer* », *a déclaré le chef de la diplomatie française.*

Péremption (date de) **/ préemption**

Une *date de péremption,* c'est une date au-delà de laquelle un médicament ne doit plus être utilisé, un produit alimentaire consommé, etc. Ce terme technique a des équivalents plus simples : *date limite d'utilisation, date limite de consommation.* Exemple : *d'après les services sanitaires, la date de péremption du pâté de foie servi aux élèves était dépassée de onze jours.*

Par confusion, certains locuteurs parlent de la « date de préemption » d'un produit. *Préemption* est un terme juridique. Le *droit de préemption,* c'est la priorité dont jouit un acheteur. Exemple : *la Bibliothèque nationale de France peut exercer un droit de préemption en vente publique.*

Péril en la demeure (il y a, il n'y a pas)
Il y a péril en la demeure lorsqu'il est risqué d'attendre et qu'il faut agir rapidement. Inversement, *il n'y a pas péril en la demeure* quand rien ne presse et qu'il n'y a aucun risque à attendre.
Le mot *demeure* est ici employé dans son sens ancien : « fait de demeurer, de s'attarder », mais comme il n'est plus compris, l'usage courant tend à lui donner le sens moderne d'« habitation ». Par confusion, *il y a péril en la demeure* en vient à signifier « il est dangereux de se trouver dans ce lieu ».

Perpétrer / perpétuer
Perpétrer : « commettre une action criminelle ». Exemples : *perpétrer un attentat, un crime*, etc.
Perpétuer : « faire durer toujours ou très longtemps ». Exemple : *« Nous sommes fiers de perpétuer les traditions de Noël en Provence », a déclaré le président du conseil régional au journal télévisé.*
Ces deux verbes – de sens si différent – sont d'autant plus facilement confondus qu'ils sont très proches phonétiquement. Il faut tâcher de se rappeler que *perpétuer*, du latin *perpetuare*, « faire durer », est en relation avec des mots comme *perpétuel, perpétuité* qui évoquent tous l'idée de durée.

Personnaliser / personnifier
Personnaliser, c'est donner un caractère personnel à quelque chose, notamment à un bien de consommation. Ainsi personnalise-t-on ses tee-shirts, les sonneries de son téléphone portable, son PC, etc. Échapper au cauchemar de l'anonymat a bien sûr un prix, mais le crédit consenti par sa banque pour financer toutes ces *personnalisations* est lui aussi... *personnalisé.*
Le succès de *personnaliser* est tel qu'il nous ferait presque oublier le sens d'un autre verbe qui lui ressemble à s'y méprendre : *personnifier*.
Personnifier, c'est représenter sous des traits humains quelque chose d'abstrait. Le terme n'est pas rare dans le voca-

bulaire littéraire. On dira, par exemple, qu'Harpagon (*L'Avare*, Molière) ou que le père Grandet (*Eugénie Grandet*, Balzac) *personnifient* l'avarice. Mais *personnifier* a aussi une autre signification, plus courante : « posséder une qualité ou un défaut au plus haut degré ». Le verbe se rencontre alors généralement au participe passé, sous une forme adjectivée. Exemple : *mis en cause par le juge d'instruction, le président du club de football a protesté qu'il était l'honnêteté personnifiée.*

Pire / pis

Aller *de mal en pis*, c'est aller de plus en plus mal. Voilà qui éclaire le sens de *pis*, comparatif de supériorité de *mal*. Le mot est vieilli* et généralement supplanté aujourd'hui par *plus mal* ou par *pire*, comparatif de supériorité de *mauvais*. Il subsiste néanmoins dans certaines locutions* comme *de mal en pis* (et non pas « de mal en pire »), *tant pis*, *pis que pendre*...

> **À NOTER**
> On n'imitera pas « la grosse Sylvie », cuisinière à la pension Vauquer, qui déforme *tant pis* en « tant pire » :
>
> « – Par exemple, dit la grosse Sylvie, tout est malheur aujourd'hui, mon haricot de mouton s'est attaché. Bah ! vous le mangerez brûlé, tant pire ! »
> (*Le Père Goriot*, Honoré de BALZAC)

Policé (pays) / **policier** (État)

Policé ne doit pas s'employer à la place de l'adjectif *policier* dans les expressions *État policier*, *régime policier*.
Un pays *policé* est un pays civilisé, où la civilisation a fait son œuvre. C'est exactement le contraire d'un état où règnent la corruption, le désordre, la violence...
Un État est dit *policier* lorsque le rôle de la police y est très important, au détriment des libertés individuelles et collectives, et que les citoyens subissent sa violence.

« Une nation policée (l'Angleterre) n'a presque pas de police visible. Un État policier n'est pas un État policé. »
(*Le Voyage*, Paul MORAND, 1964)

Potron-minet (dès) [et non « poltron-minet »]
Dès potron-minet (« dès l'aube ») est une de ces locutions* qui ont un parfum d'autrefois, quelque chose de pittoresque et de désuet qui fait tout leur charme, mais dont l'origine est oubliée.
Potron, dérivé du latin *posterio*, signifie, nous en avons bien peur : « derrière, cul ». Quant au *minet*, on lui prête des habitudes très matinales. « Dès que le chat est levé et montre son derrière » est donc le sens littéral de cette étrange locution.
Aujourd'hui, le mot *potron* n'étant plus compris, il est parfois altéré en « poltron(-minet) ». Au XIXe siècle, le *potron* (le postérieur, donc) était plutôt déformé (malicieusement ?) en « patron ». Dans *Le Père Goriot*, de Balzac, madame Vauquer joue les femmes savantes auprès de « la grosse Sylvie », sa cuisinière, en s'embrouillant un peu :

(Sylvie :)
« – Bah ! vos pensionnaires avaient bien le diable au corps ; ils ont tous décanillé dès le patron-jacquette.
– Parle donc bien, Sylvie, reprit madame Vauquer : on dit le patron-minette.
– Ah ! madame, je dirai comme vous voudrez. »

> **À NOTER**
> On a d'abord dit *potron-jacquet* (*jacquet* est le mot normand pour *écureuil*), qui est attesté* au XVIIe siècle puis cède peu à peu la place à *potron-minet* au XIXe siècle.

Prolifique / prolixe
La confusion entre *prolixe* et *prolifique* est fréquente dans la presse, notamment dans les portraits d'artistes, d'écrivains, qualifiés à tort de *prolixes* quand est mise en avant l'abondance de leur œuvre.
Être *prolixe* n'est pas une qualité. Un orateur *prolixe* s'exprime trop longuement, un écrivain *prolixe* délaye ses écrits, il est verbeux, redondant.
Le mot *prolifique*, lui, est neutre, il ne fait que souligner l'abondance d'une production. Un écrivain *prolifique* est particulièrement fécond, il crée à profusion.
Prenons l'exemple de Georges Simenon, l'un des rares

auteurs de langue française à avoir écrit plusieurs centaines de romans. « J'admire, chez un écrivain, cette grande et régulière fécondité », disait à son propos Marcel Aymé. Simenon fut assurément *prolifique*. Son style concis, ramassé, ne fait pas de lui un écrivain *prolixe*.
Distinguer soigneusement un auteur *prolifique* d'un auteur *prolixe*, c'est l'évoquer plus justement, plus respectueusement aussi.

Prolongation / prolongement
Prolongation : « action de prolonger dans le temps ». Exemples : *la prolongation d'un délai, d'un contrat, d'un congé* ; *les prolongations d'un match.*
Prolongement : « action de prolonger dans l'espace ». Exemples : *le prolongement d'une autoroute, d'une ligne de tramway*, etc.
Au pluriel, avec une valeur temporelle : « suites, conséquences d'un événement ». Exemple : *« Toute violation de ma vie privée aura des prolongements devant les tribunaux », a prévenu le ministre.*

> **À NOTER**
> L'emploi de *prolongation* au sens spatial n'est pas fautif, mais il est vieilli* et peu courant.

Q

Question (poser une) [et non « demander une »]
On *pose* une question, on ne la « demande » pas, le mot *question* renfermant déjà l'idée de demande.
On voit généralement un calque de l'anglais *to ask a question* dans cette incorrection qui semble de plus en plus courante (elle est particulièrement répandue au Québec). Mais l'anglais est-il le seul coupable ? Cette fois, pas si sûr... Des constructions pléonastiques* analogues, qu'elles soient admises ou condamnées, ne sont pas rares en français : « offrir un cadeau », « prévoir à l'avance », etc.

R

Ranimer / réanimer

Réanimer s'emploie dans le domaine médical (en lien avec le substantif *réanimation*). *Réanimer* un blessé, un noyé, c'est rétablir ses fonctions vitales. Cependant, la variante *ranimer* n'est pas rare et c'est ce terme qui est d'usage hors contexte médical, au sens de « ramener à la vie, ressusciter ». Exemple : *dans la mythologie égyptienne, Isis, sous la forme d'un oiseau, ranime Osiris.*

Seul *ranimer* a le sens figuré* de « redonner de la force, de l'énergie ». Exemple : *dès sa prise de fonctions, le ministre des Finances a déclaré qu'il souhaitait ranimer l'économie.* (*Réanimer l'économie* serait néanmoins une métaphore acceptable si le ministre jugeait la situation économique désespérée...)

> ⚠ **Seul *ranimer* s'emploie pour « raviver le feu, les flammes » :**
>
> **« Et plus tard un Ange, entr'ouvrant les portes,**
> **Viendra ranimer, fidèle et joyeux,**
> **Les miroirs ternis et les flammes mortes. »**
>
> **(« La Mort des amants », dans *Les Fleurs du mal*,**
> **Charles BAUDELAIRE)**

Rappeler (se) / souvenir (se)

Rappeler étant un verbe transitif direct*, *se rappeler* se construit avec un complément d'objet direct. On *se rappelle quelqu'un, quelque chose*. Cependant, par analogie avec *se* *souvenir de*, la construction *se rappeler de* s'est introduite dans la langue dès le XVIIIe siècle. Cette tournure, très courante à l'oral, est considérée comme incorrecte. On l'évitera au moins à l'écrit, dans le registre soutenu*.

Rasé de frais / rasé de près

Être *rasé de frais*, c'est être fraîchement rasé, c'est-à-dire depuis très peu de temps.
Être *rasé de près*, c'est être soigneusement rasé. On le voit, les deux locutions* ont un sens très proche... à un poil près.

Réaliser

Réaliser, au sens anglais de « prendre conscience de », s'est répandu en français dès la fin du XIXe siècle. Très critiqué tout au long du XXe siècle, l'anglicisme* a aussi eu ses défenseurs. « Il me paraît également vain de chercher à déposséder *réaliser* de la signification du *realize* anglais : nous en avons besoin. » (*Incidences*, André GIDE)
Gide n'en dit pas plus, il n'exprime pas une opinion linguistique, mais porte plutôt un témoignage d'écrivain. La phrase qui suit, extraite d'un roman de Simenon, pourrait servir d'illustration au point de vue gidien :

> « Il se rendait compte qu'on l'appelait ; il ne savait pas où il était, il ne réalisait pas qu'il devait se lever ; au contraire, il s'enfonçait davantage dans un sommeil lumineux du matin. »
>
> (*La Veuve Couderc*, Georges SIMENON)

On voit bien ici comment *réaliser* permet d'éviter la répétition de *se rendre compte que*, ou l'emploi d'une autre périphrase, *prendre conscience que*, qui allongerait, alourdirait la phrase.
De nombreux autres exemples pourraient attester l'utilité du sens anglais de *réaliser*. Il s'est de toute manière imposé dans la langue littéraire comme dans la langue commune, à côté du sens fondamental de « rendre réel, effectif ».

Rebattre les oreilles [et non « rabattre »]
On *rebat les oreilles* à quelqu'un lorsqu'on lui répète sans cesse les mêmes choses. Cette expression est fréquemment déformée en « rabattre les oreilles » (ce qui ne permet plus d'entendre grand-chose), et plus rarement en « rabâcher les oreilles ».
Au sens propre*, *rebattre* signifie « battre de nouveau, battre à plusieurs reprises » (ex. : *rebattre les cartes*). Au sens figuré*, le verbe a pris une valeur péjorative dans l'expression *rebattre les oreilles*, ainsi que dans son dérivé adjectival *rebattu*. Exemple : *le nouvel essai de Marc-Antoine ne fait que brasser des idées rebattues* (c'est-à-dire sans cesse répétées, banales).

Réchapper
« Échapper à un grave danger. » Exemple : *bien que l'avion de Smile Airlines ait perdu ses deux ailes en vol, tous les passagers ont réchappé de ce terrible accident.*
On *réchappe de* quelque chose, on *en réchappe* :

« Il [l'élève Lebrac] emmêla si bien l'hectolitre et le double et le boisseau et la chopine, ses connaissances livresques avec son expérience personnelle, qu'il se vit fermement, et sans espoir d'en réchapper, fourrer en retenue de quatre à cinq d'abord, plus longtemps si c'était nécessaire, et s'il ne satisfaisait pas à toutes les exigences récitatoires du maître. »

(*La Guerre des boutons*, Louis PERGAUD)

Le tour « réchapper à », par analogie avec *échapper à*, est à éviter.

Recouvrer / recouvrir
Recouvrer : « récupérer, retrouver ce qu'on avait perdu » (registre littéraire*). *Recouvrer* est issu du latin *recuperare*, qui a également donné *récupérer*. On *recouvre* la vue, la santé, la sérénité, mais aussi son bien, son argent, etc. « *L'occasion perdue ne se recouvre point* », affirme mélancoliquement le *Dictionnaire de l'Académie française* en

1694. Autre signification, plutôt douloureuse : le Trésor public *recouvre* l'impôt, c'est-à-dire qu'il le perçoit.
Recouvrer ne doit pas être confondu avec un verbe beaucoup plus courant, *recouvrir* : « couvrir de nouveau » (*recouvrir un canapé*) ou « couvrir entièrement » (*recouvrir les murs de peinture*).

⚠ **Recouvrer (verbe du 1er groupe) et recouvrir (3e groupe) ont certaines formes de conjugaison identiques, notamment au présent et à l'imparfait de l'indicatif.**
Bien noter les participes passés : il a *recouvré* (de *recouvrer*), mais il a *recouvert* (de *recouvrir*).

Réfléchir à / réfléchir sur
La construction *réfléchir sur* est attestée* en français avant le tour *réfléchir à*. C'est elle que l'on trouve en exemple dans la première édition du *Dictionnaire de l'Académie française*, en 1694 : « Je vous prie de réfléchir sur cette affaire. » On dirait plutôt aujourd'hui *réfléchir à cette affaire*, *réfléchir sur* ayant pris une valeur intellectuelle plus marquée et en venant à signifier « soumettre à un examen approfondi ». Exemple : *les évêques de France ont annoncé qu'ils allaient réfléchir sur les différences entre l'homme et la femme.*

Rémunérer [et non « rénumérer »]
Du latin *remunerare*, *rémunérer* subit l'attraction de mots comme *numéraire*, *numérique*, etc., d'où la prononciation fautive « rénumérer ». Exemple : *le Premier ministre s'est déclaré décidé à mettre un terme aux stages non rémunérés.*

Renseigner (quelqu'un) [et non quelque chose]
« Les rubriques suivies d'un astérisque doivent être obligatoirement renseignées. » Ce type de formulation est habituel dans le jargon administratif et commercial mais il n'appartient pas au français régulier. On ne *renseigne* pas une demande d'inscription, d'adhésion, etc., on la *remplit*.

Rentrer

Rentrer, c'est « entrer de nouveau ». Rien ne semble plus clair : le préfixe* *-r,* qui marque notamment la répétition, sert à composer de nombreux verbes : *ravoir, rouvrir,* etc. À strictement parler, une phrase comme « Les cambrioleurs sont rentrés dans la villa par le toit » signifierait donc que nos voleurs, ayant oublié quelque chose après une première intrusion, sont revenus sur place. De même, « Cette année, Jason rentre en sixième » laisserait entendre que Jason était déjà en sixième l'année précédente (ce qui est d'ailleurs bien possible). Pourtant, dans ces phrases comme dans beaucoup d'autres, *rentrer* est utilisé à l'évidence comme synonyme* d'*entrer.* Tout se passe comme si la valeur « itérative » (c'est-à-dire de répétition) du préfixe *r-* se faisait de plus en plus oublier dans *rentrer.* La même aventure est advenue au verbe *remplir,* qui s'emploie aujourd'hui au sens d'*emplir,* devenu plus rare. *Rentrer* finira-t-il par l'emporter sur *entrer* ? L'usage, qui a toujours le dernier mot, nous le dira un jour. En attendant, il vaut mieux éviter cet emploi « abusif mais courant », selon le *Petit Robert,* qui ne se laisse pas troubler pour si peu.

Ressortir à (quelque chose)

Dans le vocabulaire juridique, on dit d'une affaire qu'elle *ressortit à* une juridiction, c'est-à-dire qu'elle relève de sa compétence. Exemple : *le viol est un crime qui ressortit à la cour d'assises.* Le verbe est passé dans la langue littéraire au sens de « relever de, être relatif à ». Exemple : *le juge d'instruction, soupçonné d'être proche du pouvoir, a déclaré que ses opinions politiques ressortissent à la « sphère privée ».*

⚠ ***Ressortir*** **(d'après le sens juridique) doit être distingué de son homonyme*** ***ressortir*** **(« sortir de nouveau »). Il se conjugue comme** ***finir*** **et non comme** ***sortir*** **: il** ***ressortit*** **et non il « ressort ». Bien noter également la construction** ***ressortir à*** **et non « ressortir de ».**

Rien de moins que / rien moins que

Rien moins que signifie « nullement, aucunement ». Le sens en est négatif. Exemple : *René n'est rien moins que stupide* signifie littéralement : *il n'est pas une chose que René soit moins que stupide* (autrement dit, René n'est pas du tout stupide). Cette locution* est souvent confondue avec *rien de moins que* (« tout à fait, bel et bien ») qui a un sens positif. Exemple : *René est rien de moins qu'un fieffé imbécile* (cette fois, pas de doute : René est bel et bien un imbécile).

> **À NOTER**
> La distinction entre *rien moins que* et *rien de moins que* est relativement récente, puisque l'usage écrit a longtemps employé *rien moins que* dans un sens tantôt positif tantôt négatif. On emploiera avec précaution ces locutions* qui restent généralement mal comprises.

Rigoureux / vigoureux

Vigoureux est dérivé du latin *vigere*, « être plein de force ». Le mot a conservé son sens étymologique*, et s'applique aux animaux comme aux hommes. Exemple : *un bon scout doit avoir l'esprit vif et le corps vigoureux.*

Quand on parle du climat, on emploie parfois par erreur *vigoureux* à la place d'un mot très proche phonétiquement : *rigoureux*. Les « présentateurs météo » nous le rappellent chaque année dans leur style inimitable : « *Cette brutale offensive du froid nous fait craindre un hiver rigoureux* » (c'est-à-dire « dur à supporter »). De même : un *froid rigoureux*, un *climat rigoureux*.

Rouvrir [et non « réouvrir »]

Bien que « réouvrir » soit d'un usage courant, il est ignoré de la plupart des dictionnaires. *Rouvrir* est la forme traditionnelle et correcte de ce verbe qui est pourtant en lien avec *réouverture*.

À NOTER
Le préfixe* *re-* sert notamment à exprimer la répétition. Devant un mot qui commence par une voyelle (ou un *h* muet) *re-* devient *r-* (comme dans *rallumer*, *ravoir*, etc.) ou bien *ré-* (*réhabituer*, *réorganiser*, etc.). Certains mots alternent les deux formes en *r-* et *ré-*, comme *récrire* / *réécrire*, sans qu'il y ait changement de sens. D'autres mots sont à distinguer en fonction de la forme du préfixe (voir par exemple RANIMER / RÉANIMER).

S

Sabler le champagne / sabrer le champagne
Pour comprendre l'expression *sabler le champagne,* il faut partir du sens propre* de *sabler* au XVIIe siècle : « couler un métal en fusion dans un moule fait de sable ». De là vient le sens figuré* de « boire d'un trait » que l'on trouve au XVIIIe siècle dans *sabler un verre de vin* et *sabler le champagne* : « boire du champagne pour fêter un événement heureux ».
Bien entendu, rien n'empêche les plus audacieux de *sabrer le champagne,* c'est-à-dire de trancher le goulot d'un coup de sabre. Cette opération délicate compta quelques adeptes, paraît-il, parmi nos glorieux officiers de cavalerie du temps jadis.

Satisfaire / satisfaire à
On *satisfait* un désir, un besoin. Un bon commerçant *satisfait* la clientèle, etc. Le verbe a ici le sens de « contenter ». *Satisfaire à* signifie « répondre à une exigence, remplir une condition ». Exemple : *les contrôleurs ont immobilisé l'avion dont les deux ailes sont endommagées. « Cet appareil ne satisfait pas aux règles draconiennes de la sécurité européenne », ont-ils déclaré.*

Savoir gré [et non « être gré »]
Savoir gré est une locution* que l'on rencontre notamment dans les courriers administratifs. Exemple : *pour la bonne*

règle, je vous saurais gré de nous retourner la présente revêtue de votre signature.
Je vous saurais gré est souvent altéré en « je vous serais gré », par analogie avec *je vous serais reconnaissant* qui a la même signification. Mais *gré* n'a jamais été un adjectif en français, ce qui rend cet emploi fautif.
Gré vient du latin *gratum*, dérivé de *gratus*, « bien accueilli, bienvenu », d'où le sens ancien en français de « reconnaissant ». Cette idée de gratitude ne s'exprime plus aujourd'hui que dans la locution *savoir gré*. Dans ses autres emplois, *gré* a le sens de « consentement » ou de « volonté » : *bon gré mal gré* « que cela plaise ou non » ; *de gré ou de force* « volontairement ou sous la contrainte » ; *contre son gré* « contre sa volonté », *de gré à gré* « par consentement mutuel », etc.

Solutionner
Solutionner est un verbe qui s'est répandu vers la fin du XIXe siècle pour se substituer à *résoudre*, dont la conjugaison est fort délicate. Il inspire généralement aux amoureux de la langue française une sainte horreur, proche du dégoût. Dans *Esthétique de la langue française* (1899), Remy de Gourmont a imaginé un personnage, M. Croquant, sorte d'ambassadeur du mauvais goût linguistique, qui collectionne les verbes sur le modèle de *solutionner* : « émotionner », « confusionner », « stupéfactionner », etc.
Ce malheureux *solutionner* est pourtant moins barbare qu'il n'en a l'air, puisqu'il est formé sur le modèle des verbes du 1er groupe, du type *caution* → *cautionner*. Il est néanmoins d'usage de l'éviter dans une langue soignée.

> **À NOTER**
> Un *solutionniste* (mot rare et méconnu) est une personne de bonne volonté (mettons, par exemple, un homme politique) qui cherche sans relâche à « solutionner les problèmes ».

Somptuaire / somptueux
Somptueux a d'abord signifié « qui a entraîné de grandes dépenses », avant de prendre son sens moderne de « magnifique, splendide » (notamment à propos de choses suppo-

sées coûteuses). Exemple : *l'appartement de fonction du ministre est décoré avec un somptueux mobilier Louis XVI.* Plus rare, le mot *somptuaire* signifie « relatif aux dépenses ». Dans l'Antiquité romaine, les *lois somptuaires* étaient destinées à contrôler les dépenses, notamment en réduisant les dépenses de luxe. *Somptuaire* se dit d'ailleurs aujourd'hui de ce qui dénote un luxe jugé excessif. Cet emploi extensif est critiqué par les puristes, mais il est le seul qui maintienne le mot dans l'usage. Exemple : *niant fermement avoir un train de vie somptuaire, le ministre a affirmé avoir des goûts simples.*

> **À NOTER**
> À cause du sens premier* de « lié aux dépenses », *dépenses somptuaires* est critiqué comme pléonasme*.

Stupéfait / stupéfié

Stupéfait est un adjectif qui s'emploie seul ou suivi de la préposition *de* et d'un complément. Exemple : *en rentrant des courses, Monique a été stupéfaite de trouver Brian en train de repasser ses leçons.*
Stupéfié est le participe passé du verbe *stupéfier*. Il permet une construction avec un complément d'agent. Exemple : *j'ai été stupéfié par les nouvelles du jour.*
« Être stupéfait par » est un solécisme* à éviter dans la langue soutenue*.

Suite à

La locution* *suite à* est traditionnellement considérée comme relevant du langage administratif ou commercial (le fameux « suite à un problème technique... » que connaissent bien les usagers du métro parisien). Depuis quelques années, *suite à* gagne du terrain et tend à s'imposer dans la langue courante. On peut s'en agacer, mais *suite à* n'est que la réduction de *comme suite à*, les procédés abréviatifs étant fréquents dans le français contemporain. Néanmoins, Grevisse fait remarquer dans *Le Bon Usage* que *suite à* reste rare dans l'usage littéraire.
Dans une lettre, si l'on souhaite adopter un registre soutenu*, on aura recours à des locutions du type : « Comme

suite à ma lettre du... », « En réponse à votre courrier du... », etc.

Sur ces entrefaites [et non « sur ces entrefaits »]
« À ce moment-là. »

> **À NOTER**
> *Entrefaite* est le participe passé substantivé du verbe de l'ancien français *entrefaire* (« faire dans l'intervalle »). Depuis le XVIe siècle, il ne s'emploie plus qu'au pluriel dans la locution* *sur ces entrefaites*.

⚠ **La locution adverbiale *sur ces entrefaites* est parfois déformée en « sur ces entrefaits » ou en « sur cet entrefait ».**

T

Tétralogie [et non « quadrilogie »]
Une *tétralogie* désigne tout ensemble de quatre œuvres (musicales, littéraires, cinématographiques, etc.). Le mot est formé sur l'élément grec *tétra*, « quatre », qui a également donné *tétraplégie*, *tétrapode*, etc. Exemple : *Kévin a reçu à Noël la tétralogie d'*Alien *avec ses sept bonus.*
Tétralogie étant un mot méconnu, il est concurrencé dans l'usage courant par le néologisme* « quadrilogie ». Emprunté au latin, *quadri* signifie lui aussi « quatre », élément qui a servi à former des mots comme *quadrilatère*, *quadriphonie*, etc. Malgré son allure fort respectable, « quadrilogie » reste à ce jour ignoré des dictionnaires et ne s'emploie pas dans la « langue cultivée ».

> **À NOTER**
> Dans la Grèce antique, une *tétralogie* était un ensemble de quatre pièces que les poètes présentaient à des concours dramatiques. C'est dans le courant du XIXe siècle que le mot s'est mis à désigner tout ensemble de quatre œuvres formant unité.

Tirer les marrons du feu
Cette expression est souvent comprise des usagers comme si elle signifiait « tirer profit d'une situation délicate ». Or, *tirer les marrons du feu*, c'est « se donner du mal, courir des risques pour le seul profit d'autrui ».
L'expression s'emploie par référence à la fable de La Fontaine, *Le Singe et le Chat*. Un singe rusé (Bertrand) obtient

d'un chat crédule (Raton) qu'il prenne tous les risques pour son seul intérêt :

« Aussitôt fait que dit : Raton avec sa patte,
D'une manière délicate,
Écarte un peu la cendre, et retire les doigts,
Puis les reporte à plusieurs fois ;
Tire un marron, puis deux, et puis trois en escroque.
Et cependant Bertrand les croque. »

Tour-opérateur / voyagiste

« Entreprise qui organise et vend des voyages à forfait. » *Tour-opérateur* est un calque paresseux de l'anglais *tour operator*. On lui préférera sans mal le néologisme* *voyagiste*, clair et parfaitement bien formé par dérivation* avec le suffixe* *-iste*, sur le modèle de nombreux mots : *cave* → *caviste*, *garage* → *garagiste*, etc.

> **À NOTER**
> Le pluriel de *tour-opérateur* est *tour-opérateurs*.

Trouver une seconde jeunesse [et non « retrouver »]

Trouver une seconde (deuxième) jeunesse est l'une des « promesses marketing » ressassées par les industries de l'agroalimentaire et du cosmétique à l'intention de ce qu'elles nomment les « seniors ». Mais nul n'a encore trouvé la formule qui permettrait de « retrouver une seconde jeunesse », ce qui impliquerait de *n'être plus de la première jeunesse*, ni même de la seconde...

U

Ubuesque

Ubu roi, pièce célèbre d'Alfred Jarry (1896), met en scène un personnage grotesque, le Père Ubu, qui, sous la pression de sa femme, décide de renverser le roi de Pologne (une Pologne d'opérette) et de jouir d'un pouvoir absolu. Le Père Ubu personnifie la bêtise, la méchanceté et la lâcheté ; la Mère Ubu lui faisant une sérieuse concurrence. Tous ceux qui ont lu ou vu *Ubu roi* en ont retenu l'énergie sauvage et la force corrosive. Aussi est-on étonné, presque déçu, de découvrir le sens très affaibli* qu'a pris l'adjectif *ubuesque* dans l'usage, notamment dans le langage journalistique. Est devenue *ubuesque* toute situation absurde, voire simplement saugrenue. Certes, de très nombreux mots en français s'éloignent de leur valeur étymologique*, de leur sens premier*, pour prendre une nouvelle signification. Il en va ainsi de la vie, de la vitalité de la langue. Mais si l'on souhaite redonner à cet adjectif un peu de son esprit d'origine, alors *ubuesque* doit s'appliquer à un univers ou une situation où se mêlent le grotesque, la bêtise et la méchanceté... C'est dire si *ubuesque* bénéficie d'un vaste champ d'application.

Unanimes [et non « tous unanimes »]

Des personnes *unanimes* sont toutes du même avis, ont toutes la même opinion. Une belle *unanimité* ne semble émaner que d'un seul esprit, d'une seule âme. C'est d'ail-

leurs l'étymologie* d'*unanime*, emprunté au latin *unanimus*, de *unus*, « un seul », et *animus*, « esprit, âme ».
La forme renforcée « tous unanimes » est donc pléonastique* et jugée incorrecte. De même, l'adjectif *unanimes* ne saurait varier en degré d'intensité. Les critiques d'un film ou d'un livre ne sont pas « assez unanimes » ou « plutôt unanimes ». Elles sont *unanimes* ou elles sont *partagées*, *divisées*.

À NOTER
L'adjectif s'emploie également au singulier pour exprimer un avis commun à tous. Exemple : *du* Monde *au* Figaro, *la presse est unanime à saluer cette comédie pétillante, jamais vulgaire.*

V

Vacuité / viduité
La *vacuité*, c'est l'état de ce qui est vide. Le mot est surtout vivant aujourd'hui au sens figuré* de « vide intellectuel ». Exemple : *l'opposition a estimé que le discours du Premier ministre était d'une vacuité totale.*
Dans le vocabulaire juridique, la *viduité* est l'état de veuvage. Au sens figuré*, et dans un registre très littéraire*, *viduité* désigne un état d'abandon, de solitude.

⚠ **Par attraction du mot *vide*, *viduité* est parfois employé à tort au sens de *vacuité*.**

Vaut mieux (il) [et non « il faut mieux »]
Il faut... ou *il ne faut pas*. Le verbe *falloir* exprime une obligation, il ne peut être nuancé en « il faut mieux, il faudrait mieux ». *Falloir* ne doit pas se substituer à *valoir*, qui s'emploie en tournure impersonnelle dans *il vaut mieux* (ou *mieux vaut*) : « il est préférable de ». Exemple : *« Il vaut mieux prévenir que guérir », a rappelé le ministre de la Santé, au nom du principe de précaution.*

Voire / voire même
L'adverbe *voire* signifiant « et même », *voire même* est généralement condamné comme pléonasme*, bien qu'admis par l'Académie française et Littré*. Exemple : *la grève ayant été reconduite, le trafic sera perturbé, voire très perturbé sur l'ensemble du réseau.*

On se gardera surtout d'écrire *voir* à la place de *voire*, ce qui est très fréquent et bien plus fautif, puisque l'on confond alors deux mots de nature et de sens différents.

À NOTER
Voire est dérivé du latin *verus*, « vrai ». À partir du XVIIe siècle, *voire* est d'ailleurs employé au sens de « vraiment » pour marquer un doute ironique (registre littéraire*). Exemple : *Marc-Antoine, un grand écrivain ? Voire !*

Troisième partie

Figures de style

par Axelle Beth et Elsa Marpeau

Introduction

Qu'est-ce qu'une figure de style ? Cette question soulève bien des débats depuis Aristote, et aujourd'hui encore dans le milieu de la recherche. Notre propos n'est pas d'entrer dans des discussions de spécialistes, mais d'aborder les figures de style de manière pragmatique, ce qui suppose la simplification de certains concepts, et une certaine économie de nuances. La figure de style est un procédé par lequel on agit sur la langue, en mettant en avant ses particularités, afin d'accentuer son efficacité ou de créer un morceau de bravoure, ou en bouleversant, avec plus ou moins de force, son usage courant : agencement des phrases, choix d'un terme plutôt qu'un autre attendu habituellement, combinaisons particulières de mots...

Une des caractéristiques du langage humain est sa capacité à s'auto-inventer, à l'infini. Les figures de style représentent un ensemble d'outils permettant précisément cette réinvention permanente. On les utilise d'ailleurs quotidiennement, lorsqu'on dit par exemple « j'ai dix mille choses à faire », ou « il nous a quittés »... Dans *Exercices de style*, Raymond Queneau part de la simple description d'une situation et la décline de cent manières différentes. Il démontre à la fois les infinies possibilités de la langue, et combien la forme choisie peut avoir un impact sur la perception et l'interprétation qu'en fera le lecteur. Chaque variante – c'est-à-dire chaque poème de ce recueil – met en œuvre, plus ou moins directement, différentes figures de style. On peut considérer la figure de style comme un indice placé pour provoquer une réaction du lecteur. Chercher les figures de style, ces indices glissés volontairement, n'est pas un objectif en soi, mais permet d'opérer une lecture approfondie du texte – que l'on peut appeler lecture stylistique* –, c'est-à-dire d'en découvrir le sens profond et d'en expliciter l'esthétique.

Quelques présupposés sont indispensables à la fois pour comprendre le mécanisme qui régit une figure de style et pour déterminer l'effet produit sur le lecteur. Il faut d'abord comprendre la différence entre signifié* et signifiant* ; ce sont des termes très souvent nécessaires pour expliquer le fonctionnement d'une figure. Le signifiant est en quelque sorte le contenant, c'est-à-dire le mot pris sur un plan purement phonétique et visuel. Le signifié (ou référent*) correspond au contenu, c'est-à-dire à l'objet, ou à l'idée, véhiculé par un mot donné. Pour appréhender dans sa totalité la signification* d'un mot, il faut à nouveau faire appel à deux notions, elles aussi essentielles : la connotation* et la dénotation*. La dénotation concerne le signifié, autrement dit ce à quoi, très concrètement, fait référence le mot. La connotation en est, quant à elle, la partie « subjective » : c'est l'imagerie que véhicule ce mot. « Papa », « mon père » ou « le paternel » ont la même dénotation, ils désignent tous les trois la même entité. Mais n'ont pas la même connotation, ils ne disent pas la même relation : affection, respect, distance..., et ne témoignent pas du même niveau de langage : enfantin, adulte, familier... C'est de l'association de ces deux notions, dénotation et connotation, que l'on déduit la signification d'un mot. Les figures de style sont bien souvent un jeu sur la connotation des mots et elles ont pour vocation de rechercher l'alchimie, esthétique et rhétorique, entre signifiés et signifiants. Elles jouent également – en les détournant la plupart du temps, en les renforçant parfois – sur les règles qui président à la construction des phrases : la syntaxe*. La syntaxe détermine à la fois l'ordre des mots et la manière dont on les relie entre eux. À nouveau, certaines figures de style ont pour objet le détournement de cet ordre et de ces liens établis pour un usage courant.

Il est pourtant délicat d'affirmer que telle figure produira tel effet : la signification d'une figure de style varie selon chaque texte. Il convient donc au préalable de s'interroger sur la nature du texte que l'on étudie : s'agit-il d'un poème, d'une narration, d'un discours politique, d'un slogan publicitaire... ? De là découlent les « intentions » de ce texte : cherche-t-il à toucher, à convaincre, à décrire... ? Les figures de style servent cette intention et la révèlent tout à la fois. C'est la raison pour laquelle nous avons cherché à illustrer systématiquement les définitions des figures que nous inventorions. Ces exemples vous permettront de comprendre, en situation, les différents procédés que nous aborderons, mais également de voir quels effets ils peuvent produire et comment on peut les interpréter, même si cette interprétation, comme son nom l'indique, ne délivre pas une vérité universelle sur le texte.

Il nous a semblé difficile de proposer une approche purement alphabétique (les termes pour la plupart ne parlent pas d'eux-mêmes). Comment, en effet, trouver à quelle figure de style on a affaire dans un texte ? Pour peu qu'il s'agisse du zeugma, vous auriez à parcourir l'ensemble du livre pour trouver le nom de la figure recherchée...

Nous avons donc choisi de les classer sous des catégories souvent utilisées dans les dictionnaires de ce type[1]. Nous présenterons les figures de mots, qui ont pour objet le signifiant des mots ; les figures de sens, qui ont au contraire pour objet leur signifié ; les figures de construction, qui s'attachent à la combinaison des mots et à leur agencement dans la phrase, voire dans le discours ; les figures de pensée, qui regroupent les conditions d'énonciation* et la dialectique* mise en place dans le discours.

Au sein de ces quatre parties, vous trouverez des entrées secondaires, qui explicitent la manière dont les figures de

1. Selon la typologie définie par Olivier Reboul, *Le Rhétorique*, PUF, collection « Que sais-je ? », 5e édition, 1996.

style agissent sur la langue. Vous pourrez cependant vous référer à l'index situé en fin d'ouvrage pour trouver facilement une figure de style dont vous connaîtriez déjà le nom.

Les termes suivis d'un astérisque sont définis dans le lexique.

1

Figures de mots

Les figures dites « de mots » sont celles qui utilisent le matériel sonore et visuel que représentent les mots, autrement dit celles qui jouent sur le signifiant* – le mot comme contenant.

Plus prosaïquement, ces figures ont pour effet d'attirer l'œil ou l'oreille sur un mot, une phrase... Elles provoquent une attention particulière, qui conduit à une certaine expérience esthétique et incite à déduire un sens singulier. Souvent, elles favorisent également le souvenir : on verra notamment des exemples de slogans, publicitaires ou politiques, fondés sur l'emploi d'une figure de mots qui facilite grandement la mémorisation de la formule.

Nous aborderons ces figures à travers trois types d'intervention qu'elles peuvent opérer sur le matériel sonore et lexical des mots :

- ➢ les figures qui ont pour objet les *sonorités* : mise en relief de sons, notamment par leur répétition ; rapprochements sonores ;
- ➢ les figures qui opèrent un *jeu de mots* sur la base de ce matériel, se confrontant à l'arbitraire du signe* dont est fait le mot, pour en tirer du sens, ou le mettre en question ;
- ➢ les procédés qui consistent en une *création* ou *modi-*

fication du mot, répondant à une certaine insuffisance du langage dans la recherche d'un effet particulier, voire d'une esthétique nouvelle.

A) Sonorités

Allitération

L'allitération est fondée sur la répétition de consonnes **produisant** des sons identiques ou proches. On distingue cinq « familles de consonnes » selon l'endroit où le son est produit :

➢ les labiales : b, p, f, m ;
➢ les dentales : d, t, v, l ;
➢ les palatales : ch, j, gn ;
➢ les vélaires : k, g, w ;
➢ et les uvulaires : r

Bien sûr, une allitération basée sur un type de consonances n'aura pas le même impact qu'une autre suite de sons proches.

Lorsque tous les mots d'une phrase ou d'un vers commencent par la même consonne, on parle de vers ou de phrase **tautogramme**. C'est un cas particulier de l'allitération.

« Il promène sur le globe oculaire la curiosité de ses pattes qui semblent trifurquées, quoiqu'elles ne le soient pas. »
[...] « Dans ce profond silence seul compatible avec son délicieux bruissement, vit la santé. »
[...] « Innocent et bientôt oublieux... jusqu'à la prochaine fois. »

Henri Michaux, « Animaux fantastiques », in *Lointain intérieur*.

Dans ce poème, Michaux exprime la douleur et l'impuissance que provoque la maladie, et décrit ses délires terrifiants. La première phrase s'inscrit au cœur des terribles tortures qu'elle inflige au malade, symbolisées par l'émergence et l'attaque d'animaux aussi fantastiques que monstrueux. Les sonorités tout en nasales et gutturales, sont très dures. Elles soulignent la violence de l'état que Michaux décrit. La deuxième phrase exprime, juste avant la fin du poème, l'intense soulagement de la guérison. Cette douceur, en contrepoint avec les atroces souffrances qu'il vient de décrire, est vivement renforcée par la double allitération de sifflantes et de labiales, devenant ici symboles sonores de vie et de sérénité. La troisième phrase, la dernière du poème, continue dans un premier temps ce dernier agencement sonore. Les points de suspension induisent une rupture dans l'allitération qui devient à nouveau gutturale et nasale, sonorités laissant présager une suite plutôt sombre.

Assonance

L'assonance est formée par la répétition de sons vocaliques. Les voyelles, diphtongues (au, ou, ai...) ou syllabes vocaliques (on, an, un...), parce qu'elles sont répétées, forment un effet sonore particulier.

« Les sanglots longs
Des violons
De l'automne
Blessent mon cœur
D'une langueur monotone. »

Paul Verlaine, « Chanson d'automne », in *Poèmes Saturniens*

Dans ces premiers vers de la « Chanson d'automne », la répétition de sons vocaliques identiques (« o », « au », et, très proches phonétiquement, « an », « on ») reproduit cette « langueur monotone », symptôme d'une nostalgie que décrit Verlaine. Cette assonance souligne, de façon sonore, la mélancolie qui se dégage du poème.

Écho sonore

L'écho sonore est une répétition de sons qui relie musicalement deux groupes de mots, deux vers, deux hémistiches, deux membres de phrase...

« Tu rappelles ces jours blancs, tièdes et voilés,
Qui font se fondre en pleurs les cœurs ensorcelés »

Charles Baudelaire, « Ciel brouillé », in *Les Fleurs du mal*

Dans ces vers, Baudelaire conçoit un double écho entre les mots font et fondre, et pleurs et cœurs, reproduisant de façon sonore ce qu'il exprime (les pleurs). Cet écho produit un second effet : il induit une pause dans la diction après « les cœurs », mettant en exergue, musicalement aussi, l'adjectif « ensorcelés ».

Harmonie imitative

L'harmonie imitative consiste à utiliser des mots qui, par leur son, tendent à reproduire un bruit. Elle peut faire appel à des procédés tels l'**allitération**, l'**onomatopée** (un mot créé et utilisé uniquement pour sa sonorité, qui cherche à reproduire un bruit) ou la **cacophonie** (un assemblage disharmonieux de mots qui provoque un effet désagréable à l'oreille).

« Un feu de ferme flambe au fond de ce désert
Aux herbes des fossés s'accroupit le silence
Un aéro dit son rosaire et te balance
Une fusée au-dessus d'Ablain Saint-Nazaire »

Louis Aragon, « La nuit de mai », in *Les Yeux d'Elsa*

En multipliant l'utilisation de sonorités sifflantes (voir **allitération**), Aragon reproduit le son de la scène qu'il décrit, un paysage de guerre envahi par le bruit des armes à feu. Dans cette harmonie imitative, les sonorités renforcent ce qui est dit et le rendent plus sensible.

Hiatus

On parle de hiatus lorsque la voyelle qui termine un mot rencontre la voyelle qui commence le suivant, créant un heurt dans la prononciation.

« J'ai suivi, des mois pleins, pareille aux vacheries
Hystériques, la houle à l'assaut des récifs,
Sans songer que les pieds lumineux des Maries
Pussent forcer le mufle aux océans poussifs ! »

Arthur Rimbaud, « Le bateau ivre », in *Poésies*

Dans ce passage du « Bateau ivre », Rimbaud marque délibérément la diction, qui se heurte à la prononciation de deux « i » successifs. En marquant ainsi la prononciation d'une hachure dans les sonorités, il induit une dureté et une violence qui ne font que renforcer la description de ce tumulte.

Homéotéleute

L'homéotéleute est une forme de rime à l'intérieur d'une même phrase. Au sein de cette phrase, des mots ayant la même terminaison sonore se succèdent et se relient ainsi phonétiquement entre eux.

L'homéotéleute, en ce qu'elle rapproche des termes de manière sensible, peut s'avérer fort utile dans la création de slogans. Elle leur donne en outre une certaine puissance en les rendant très facilement mémorisables par la force de la rime. Qui a oublié par exemple le slogan publicitaire :

« Du pain, du vin, du boursin »

Cette figure peut également, dans un cadre purement littéraire, conférer une force d'évocation supplémentaire à un texte, comme dans ce passage :

« C'est les ricochets du massacre !... Les tôles tambourinent !... Les suppliants pâment et s'écroulent ! La cohue chavire !... Le convoi s'affaisse... le parapet crève ! La ribambelle des camions chahute... bahute... culbute aux flots !... »

Louis-Ferdinand Céline, in *Guignol's Band*

Répondant par l'effet implicite des sonorités aux « ricochets du massacre », la rime en « ute » imite pour ainsi dire l'affolement de cette scène de guerre.

Paronomase

La paronomase rapproche des paronymes, c'est-à-dire des mots qui se ressemblent beaucoup sur le plan des sonorités mais qui n'ont pas le même signifié*. Cette proximité sonore sert à renforcer l'association sémantique* entre ces deux mots.

« Veni, vidi, vici » (« *Je suis venu, j'ai vu, j'ai vaincu* »)

Dans cette phrase célèbre, César utilise la paronomase pour donner un caractère d'évidence à sa victoire. Cet effet est redoublé par la présence d'une autre figure de style, l'**asyndète**, qui, en annihilant tout lien de causalité ou de temporalité dans la phrase, confère à l'évidence une qualité quasi divine.

B) Jeux de mots

Anagramme

Faire une anagramme consiste à composer un mot à partir des lettres d'un autre. Le rapprochement visuel ainsi créé entre deux signifiants tend à rapprocher les deux signifiés.

« Marie, qui voudroit vostre beau nom tourner,
Il trouveroit Aimer : aimez-moi donq Marie,

Faites cela vers moi dont vostre nom vous prie,
Vostre amour ne se peut en meilleur lieu donner »

Pierre de Ronsard, « Sonnet à Marie », in *Les Amours*

Dans ce sonnet, Ronsard fonde sa déclaration d'amour sur l'anagramme entre Marie et aimer. Grâce à ce procédé, sa demande d'amour n'est plus la sienne, mais celle de l'évidence qu'imposent les mots : « cela dont vostre nom vous prie ».

Contrepèterie

La contrepèterie est un jeu de mots qui consiste à intervertir des lettres ou des syllabes de deux mots pour créer un sens tout à fait différent du premier.

« À peur de flots »

Robert Desnos, in *Prospectus*

En préambule à son recueil, *Prospectus*, Robert Desnos inscrit ces mots. Il s'agit d'une contrepèterie fondée sur l'expression « À fleur de peau » : Desnos a permuté la première consonne des deux mots principaux. S'inscrivant dans le mouvement surréaliste, ce type de jeu sur le langage interroge l'arbitraire de la langue, le détourne, voire cherche à le détruire. Il introduit aussi une manière autre, poétique, de voir les choses en les renversant.

Isolexisme

On parle d'isolexisme lorsque l'on utilise dans une phrase plusieurs mots ayant le même radical. On parle aussi de **dérivation** ou de **polyptote**.

« Dans les coulisses du progrès
des hommes intègres poursuivaient intégralement la désintégration progressive de la matière vivante désemparée. »

Jacques Prévert, « Tout s'en allait », in *La Pluie et le Beau Temps*

Cette phrase, qui clôt le poème, utilise le procédé de l'isolexisme qui relie les termes « intégralement » et « désintégration » à l'adjectif « intègres ». Ces trois termes ont, en effet, le même radical. Après avoir dépeint la débâcle d'un monde en ruine et d'une humanité en perdition, autant d'effets de la guerre, il dénonce ces hommes qui, sous couvert d'intégrité, n'ont aucune limite (« intégralement ») à la destruction si ce n'est le chaos (« désintégration »). Par l'intermédiaire de cette figure, Prévert démasque, grâce à la métamorphose d'une même racine, ceux qu'il condamne.

Lipogramme

Le lipogramme est une contrainte que l'auteur décide pour son texte : une certaine lettre, déterminée à l'avance, ne doit pas y figurer.

Dans son roman *La Disparition*, Georges Perec a décidé que le « e », voyelle la plus utilisée de la langue française, n'apparaîtrait à aucun moment. Il a étendu ce procédé aux mots et proposé de parler de « liponomie » lorsque l'on choisit d'écrire un texte en évitant d'employer certains mots. Sur ce modèle, *Les Contes sans qui ni que* (de Henry de Chenevières) ne comprennent, conformément au défi lancé par le titre, aucun « qui » ou « que ».

C) Modification et création de mots

Archaïsme

Un archaïsme est un mot ancien qui n'a plus cours dans le langage courant et qui est employé volontairement pour sa connotation* vieillie (éventuellement érudite ou anachronique).

Dans le langage courant, l'emploi de l'archaïsme peut avoir pour objectif de donner de la noblesse à la langue –

lorsqu'on dit « j'ai ouï dire », au lieu de « j'ai entendu dire », par exemple.

Dans une optique plus poétique*, c'est ce même verbe, déjà archaïque à son époque, qu'Apollinaire emploie au futur – forme d'autant plus ancienne – dans cette strophe du « Brasier » :

« Et le troupeau de sphinx regagne la sphingerie
À petits pas Il orra le chant du pâtre toute la vie
Là-haut le théâtre est bâti avec le feu solide
Comme les astres dont se nourrit le vide »

Guillaume Apollinaire, « Le Brasier », in *Alcools*

Cet archaïsme se situe dans un poème où Apollinaire met littéralement le feu au passé. On notera qu'il est placé à proximité d'un néologisme « sphingerie », comme si ce terme était la marque formelle de la métamorphose du passé au futur, ou à un présent éternel.

Lexicalisation

La lexicalisation est une opération qui consiste à créer un substantif à partir d'un mot ou d'un groupe de mots qui ne l'est pas encore.

« Nous ne possédons rien au monde – car le hasard peut tout nous ôter – sinon le pouvoir de dire je. C'est cela qu'il faut donner à Dieu, c'est-à-dire détruire. Il n'y a absolument aucun autre acte libre qui nous soit permis, sinon la destruction du je. »

Simone Weil, in *La Pesanteur et la Grâce* (« Idolâtrie »)

Dans ce passage, Simone Weil opère une lexicalisation du pronom personnel « je », en le substantivant : « la destruction du je ». Elle appuie ainsi le sens de son propos, induisant le pouvoir que l'on peut précisément avoir sur cette entité. L'emploi de cette figure indique, en effet, que l'on peut nommer comme extérieure à soi, comme un objet sur lequel réside notre seule puissance parce que c'est le seul que l'on possède vraiment.

Rimbaud avait plus tôt créé la même lexicalisation, lorsqu'il écrivait à Paul Demeny : « Je est un autre » (*Correspondances*, 15 mai 1871). Par ce procédé, il énonçait déjà de façon poétique ce que la psychanalyse allait théoriser quelque temps plus tard : notre personnalité est régie par des forces qui nous sont étrangères, du moins étrangères à notre conscience. Quand Sigmund Freud expose sa vision de l'appareil psychique, c'est à nouveau à la lexicalisation qu'il fait appel. Lorsqu'il parle d'« inconscient » ou, dans un second temps, de « ça », c'est cette figure qui lui permet de renouveler un langage qui ne suffit plus compte tenu de ses découvertes. D'adjectif, inconscient devient nom – l'inconscient –, de la même façon que le pronom ça est substantivé pour les besoins d'une terminologie nouvelle – le ça .

Métaplasme

Le métaplasme est un terme générique qui regroupe toutes les figures par lesquelles l'auteur s'autorise à altérer un mot.

Cette altération peut passer par la suppression d'une lettre ou d'une syllabe (que l'on appellera phonème). C'est le cas de :

- l'**aphérèse** où un phonème est supprimé en début de mot, M'dame, par exemple ;
- l'**apocope** où un phonème est supprimé à la fin du mot ;
- la **syncope** où un phonème est supprimé au milieu du mot.

Elle peut également se faire par l'ajout d'une lettre ou d'une syllabe :

- Dans l'**épenthèse**, un phonème est ajouté au milieu du mot. C'est le cas du célèbre juron du père Ubu dans *Ubu roi* d'Alfred Jarry : « Merdre ! », qui est devenue l'emblème de son absurdité grotesque.

- Dans la **prosthèse**, un phonème est ajouté au début du mot.
- Dans la **gémination**, la première syllabe du mot est doublée. La manière que le père d'Eugénie Grandet a d'appeler sa fille : « fifille », par exemple.
- Dans l'**étirement**, un phonème du mot est allongé de façon très appuyée pour lui donner une sensibilité plus forte ou pour indiquer, à la manière de l'**onomatopée**, comment ce mot est implicitement prononcé.

La **métathèse** est un métaplasme qui intervertit deux consonnes (aréoport, par exemple), dénotant la plupart du temps une mauvaise connaissance du mot par le personnage auquel on donne la parole.

Enfin, la **diérèse** divise une syllabe en deux sons distincts dans la prononciation d'un mot. Cette figure est souvent utilisée en poésie pour la nécessité métrique, c'est-à-dire pour le rythme (nombre de pieds) du vers. Ainsi, on lira parfois passi-on au lieu de passion par exemple.

Mot forgé

Le mot forgé est la création d'un mot nouveau qui n'est fondé sur aucune racine existante, ce en quoi il se distingue du **néologisme**.

« Il l'emparouille et l'endosque contre terre ;
Il le rague et le roupète jusqu'à son drâle ;
Il le pratèle et le libucque et lui barufle les ouillais ;
Il le tocarde et le marmine
Le manage rape et ri et ripe à ra.
Enfin, il l'écorcobalise.
L'autre hésite, s'espudrine, se défaisse, se torse et se ruine.
C'en sera bientôt fini de lui ;

Il se reprise et s'emmargine... mais en vain
Le cerveau tombe qui a tant roulé »

Henri Michaux, « Le grand combat », in *Qui je fus*

À l'occasion de ce grand combat, Michaux invente des mots qui ne sont pas la dérivation de racines existantes. Ils constituent bien la naissance d'un nouveau langage, conférant à cette scène une truculence qui n'est pas sans rappeler celle d'un Rabelais, auquel Michaux rend sans doute hommage par le biais de ces mots forgés.

Mot-valise

On appelle mot-valise un terme qui a été créé à partir de deux mots contractés en un mot unique parce qu'une homophonie partielle le permet. Ce mot-valise ainsi créé conserve une part suffisante de chacun des deux mots le composant, de manière que ces derniers restent identifiables.

« – Enfant, enfant, enfant, connais-tu les pompes voluptiales ? Voici les bonbons de mes jeunes seins, touche comme ma chevelure d'un noir tendre est sensuelle, sens, sens un brin de mes pubéreuses !... Ô rancœurs ennuiverselles ! expériences nervicides, nuits martyrriséennes ! – Aime-moi à petit feu, inventorie-moi, massacre-moi, massacrilège-moi ! »

Jules Laforgue, « Lohengrin, fils de Parsifal »,
in *Moralités légendaires*

Dans cet extrait, Elsa, une jeune vestale, vient de quitter son culte pour suivre Lohengrin qui a choisi de l'épouser. Elle crée un langage amoureux et érotique dont elle ignore les usages : les vestales de l'Antiquité romaine, prêtresses de Vesta, étaient vouées à la chasteté ; elles avaient pour rôle d'entretenir le feu sacré. Cette invention – et peut-être, à un second degré, réinvention du langage de la part du poète – s'établit par l'utilisation de **néologismes** : « pubéreuses » ; « nervicides », « martyrriséennes », mais aussi par la conception de mots-valises. Ainsi, « voluptiales » est la contraction de volupté et de nuptiales ; « ennuiverselles », d'ennui et d'universelles ; et « massacrilège », de massacre et de sacrilège.

Néologisme

On parle de néologisme lorsqu'un auteur emploie un mot qu'il a lui-même créé sur la base d'une racine lexicale existante.

« Le cœur fou Robinsonne à travers les romans »

Arthur Rimbaud, « Roman », in *Poésies*

Dans ce passage, Rimbaud crée le verbe « robinsonner », par référence au nom de Robinson Crusoë. On pourrait remplacer ce verbe par « musarder », par exemple. Mais ce mot créé a une force de connotation* supérieure : il évoque la solitude, l'aventure, la jeunesse, un certain héroïsme...

Périgrinisme

Le périgrinisme est un procédé qui fait appel à certains aspects d'une langue étrangère : mots partiellement ou totalement empruntés, formes syntaxiques importées..., induisant une signification*, c'est-à-dire un signifié* et/ou une connotation*, différente.

« Je crois à l'efficacité de la réflexion parce que je crois que la grandeur de l'homme est dans la dialectique du travail et de la parole ; le dire et le faire, le signifier et l'agir sont trop mêlés pour qu'une opposition durable et profonde puisse être instituée entre "theoria" et "praxis". »

Paul Ricœur, in *Histoire et vérité* (Préface)

Dans ce passage, Paul Ricœur fait appel à deux mots transcrits du grec : « theoria » et « praxis ». L'usage de mots étrangers en philosophie tient souvent à la recherche de l'équivalence parfaite qui existe dans une langue entre un concept et le mot qui le désigne, et qu'une traduction rendrait approximative. C'est sans doute le cas ici, même si l'on pourrait prêter à ce périgrinisme une fonction d'écartement, la marque formelle d'une prise de distance. En effet, la distinction entre deux concepts, que Ricœur tend justement à ne pas séparer, est ainsi placée comme étrangère, n'ayant pas, ou plus, lieu (ces mots ont ici un caractère doublement étranger : géographiquement et temporellement).

2

Figures de sens

Contrairement aux *figures de mots* qui ont pour objet le signifiant* des mots, les *figures de sens* se penchent sur leur signifié*. On les appelle également « *tropes* », un terme qui vient du grec, *tropos*, et signifie étymologiquement détour, conversion. Or, c'est précisément de cela qu'il s'agit : les *tropes* ou *figures de sens* ont pour vocation d'opérer un transfert sémantique* sur les mots ou groupes de mots qui sont leur objet. Elles substituent à leur sens littéral un sens figuré.

Dans son ouvrage de référence, *Des tropes ou des différents sens*, Dumarsais définit ainsi ce type de figures : « Elles sont ainsi appelées parce que, quand on prend un mot, dans le sens figuré, on le tourne pour ainsi dire, afin de lui faire signifier ce qu'il ne signifie point dans le sens propre. » Ces figures ont pour lui une triple vocation : réveiller une idée principale par le moyen d'une idée accessoire ; rendre le discours plus énergique, plus beau, plus noble... ; enrichir le langage en multipliant l'usage des mots. La qualité qui en fait des *figures de sens* est la suivante : elles apportent une plus-value sémantique* au propos qu'elles ornent, c'est-à-dire un niveau de signification* plus élevé (plus précis, plus vivant, plus mystérieux...).

Pour opérer ce transfert d'un sens littéral à un sens figuré, les *tropes* peuvent intervenir de différentes manières sur le langage :

- Dans les figures de la *contiguïté*, le transfert est opéré par l'utilisation d'une chose ou d'une idée qui en représente une autre et avec laquelle elle entretient un rapport. Ces deux entités font pour ainsi dire partie du même monde. On opère ici par glissement ou extension de sens.
- Les figures de l'*association* introduisent, au contraire, ce que l'on appelle une rupture d'isotopie*. On associe deux choses ou idées qui n'ont *a priori* rien à voir et que l'on met en regard pour délivrer une signification* plus forte, plus expressive. Le sens s'en trouve enrichi.
- Les figures du *double sens* ont quant à elles pour objet la polysémie, c'est-à-dire l'ambiguïté du langage, et en jouent pour proposer un sens nouveau.

A) Contiguïté

Antonomase

L'antonomase utilise un nom propre comme nom commun (un Don Juan, par exemple), ou l'inverse.

« Ô revenants bleus de Vimy vingt ans après
Morts à demi Je suis le chemin d'aube hélice
Qui tourne autour de l'obélisque et je me risque
Où vous errez Malendormis Malenterrés »

Louis Aragon, « La nuit de mai », in *Les Yeux d'Elsa*

Dans ce passage de « La nuit de mai », Aragon apostrophe les morts de la Grande Guerre. En ajoutant une majuscule aux adjectifs qui les qualifient, Aragon en fait des noms propres. L'antonomase devient ici une forme d'hommage pour ceux qui n'ont eu pour sépulture que celle qu'Aragon décrit ainsi quelques lignes plus tôt :

« dans l'herbe sans couronnes
La terre un trou la date et le nom sans ci-gît »

Les mots, par le biais de cette figure, leur redonnent en quelque sorte « couronnes » et « ci-gît ». Ce ne sont plus des morts anonymes puisqu'ils sont d'une certaine manière rebaptisés par Aragon, même si ces nouveaux noms sont en outre un vrai procès dressé par le poète à l'indifférence, à l'oubli...

Hypallage (mot féminin)

On parle d'hypallage lorsque l'on qualifie un mot alors que cette qualification se rapporte logiquement à un autre mot de la phrase.

« Et pendant qu'il séchait ce haillon désolé
D'où ruisselaient la pluie et l'eau des fondrières,
Je songeais que cet homme était plein de prières
Et je regardais, sourd à ce que nous disions
Sa bure où je voyais des constellations »

Victor Hugo, « Le Mendiant », in *Les Contemplations* (Livre V, IX)

Dans ce poème, le narrateur fait entrer chez lui un pauvre vieillard vêtu de haillons. L'adjectif « désolé » se rapporte bien sûr au vieillard davantage qu'à son manteau qui sèche devant le feu. En décalant ainsi sa qualification, Hugo pratique l'hypallage. L'utilisation de ce procédé n'est pas innocente : il permet de dire implicitement que la misère du mendiant est simplement matérielle, par opposition à une richesse spirituelle, céleste, illustrée par les « constellations » que sont, dans l'imaginaire du narrateur, les lueurs du feu qui brillent à travers les trous du manteau.

Métalepse

La métalepse désigne une chose par une autre, utilisant implicitement une relation d'analogie qui relie ces deux choses et permet au lecteur de savoir immédiatement de quoi on parle.

Henri Morier puise dans la Bible un exemple type de métalepse :

« C'est par métalepse que parle souvent la Bible. Saraï, femme d'Abram étant stérile et désirant que son mari ait une descendance, lui dit : "Viens, je te prie, vers ma servante..." Abram consent : "Il alla donc vers Agar" (Genèse XVI, 2 et 4). Le patriarche rachète la glaneuse et la prend pour épouse : ainsi Booz prit Ruth, qui devint sa femme : il alla vers elle... (le Livre de Ruth, IV, v. 13). Le verbe "connaître" remplit le même office : "Elkana connut Anne, sa femme ; et l'Éternel se souvint d'elle." (Livre de Samuel, I, 19). »

Henri Morier, in *Dictionnaire de poétique et de rhétorique*

Métonymie

La métonymie substitue à un terme un autre qui est lié au premier par un rapport logique. Elle utilise le rapport de contiguïté qui existe entre deux choses et qui rend implicite la compréhension lorsque l'on emploie l'un pour l'autre. Lorsque l'on dit « boire un verre », « voir un Hitchcock », par exemple, on utilise une métonymie.

« Du bord des panneaux armoriés, des regards indifférents tombaient sur la foule ; des yeux pleins d'envie brillaient au fond des fiacres ; des sourires de dénigrement répondaient aux ports de tête orgueilleux ; des bouches grandes ouvertes exprimaient des admirations imbéciles »

Gustave Flaubert, in *L'Éducation sentimentale*

Dans ce passage où Flaubert décrit un embouteillage sur les Champs-Élysées, l'usage de la métonymie se fait systématique : les portières des voitures sont présentées par leur matériau (« panneaux armoriés »), et les personnages de la scène par des morceaux de visages (« regards », « yeux », « sourires », « ports de tête », « bouches »). De cette manière, Flaubert reproduit une vision fragmentée de la scène, telle, peut-être, qu'elle est perçue par les personnages en situation.

Périphrase

La périphrase remplace un mot par une expression qui le décrit sans le nommer et lui confère un sens* et une connotation* supplémentaires.

« J'ai beau tirer le câble à sonner l'Idéal,
De froids péchés s'ébat un plumage féal »

Stéphane Mallarmé, « Le Sonneur », in *Poésies*

Dans cet extrait, Mallarmé utilise une périphrase (« le câble à sonner l'Idéal ») pour désigner la corde qui sert à sonner la cloche. Il introduit grâce à ce procédé un regard particulier sur cette corde, celui du sonneur, qui se distingue d'une simple description. L'association d'un terme technique (câble) et d'un concept spirituel (l'Idéal) dans cette périphrase confère à ce regard une distance, une incrédulité et un désenchantement qui annoncent l'état d'esprit du personnage. Le poème se clôt ainsi :

« Mais, un jour, fatigué d'avoir enfin tiré,
Ô Satan, j'ôterai la pierre et me pendrai. »

Synecdoque

La synecdoque est un cas particulier de la **métonymie**. On parle de synecdoque lorsqu'un terme est substitué à un autre et que le rapport entre le terme utilisé et le terme sous-entendu est celui d'une inclusion : on utilise le tout pour désigner la partie, ou l'inverse.

« L'hymen chez les Romains n'admet qu'une Romaine.
Rome hait tous les Rois, et Bérénice est Reine »

Jean Racine, in *Bérénice* (acte I, scène 5)

Dans ces vers, Racine utilise la ville (« Rome ») pour désigner ses citoyens, il y a synecdoque. Il est intéressant de noter ici que lorsque l'auteur emploie le terme « Romains », il ne l'utilise pas comme sujet de la phrase. C'est une notion abstraite, « l'hymen », (elle-même d'ailleurs **métonymie**), qui est sujet. En revanche, pour désigner la même entité, cette fois sujet de la phrase, c'est la ville qu'il choisit. Ce procédé met en relief la force des mœurs, de ces institutions inébranlables qui sont subies plus qu'agies par ceux qui vivent sous leurs lois. Cette synecdoque dans l'acte d'exposition est d'ores et déjà un indice annonçant la dimension tragique de la pièce. À l'acte II, lorsque la tragédie éclate (Titus ne peut épouser Bérénice alors que tous deux s'aiment passionnément, parce que la tradition romaine s'y oppose), le ressort tragique – ici l'incompatibilité entre la passion et le devoir – est révélé. Racine use alors de la même synecdoque, faisant écho à sa première occurrence, l'explicitant et la confirmant :

« Rome, par une loi qui ne se peut changer
N'admet avec son sang aucun sang étranger,
Et ne reconnaît point les fruits illégitimes
Qui naissent d'un hymen contraire à ses maximes. »

(acte II, scène 2)

B) Association

Allégorie

On parle d'allégorie lorsqu'une idée est représentée sous une forme matérielle et vivante.

« Là pour nous enchanter tout est mis en usage ;
Tout prend un corps, une âme, un esprit, un visage.
Chaque vertu devient une divinité :
Minerve est la prudence, et Vénus la beauté.
Ce n'est plus la vapeur qui produit le tonnerre ;
Un orage terrible aux yeux des matelots,
C'est Neptune en courroux qui gourmande les flots ;
Écho n'est plus un son qui dans l'air retentisse,
C'est une nymphe en pleurs qui se plaint de Narcisse. »

Nicolas Boileau, in *L'Art poétique* (chant III)

Ce passage de *L'Art poétique* est consacré à l'épopée. Boileau y délivre une définition du procédé de l'allégorie, récurrent dans ce genre littéraire : « Tout prend un corps, une âme, un esprit, un visage ». Il cite de célèbres exemples de divinités antiques qui donnent corps à des idées : « prudence », « beauté », ou qui confèrent aux éléments existence et volonté : l'orage est la conséquence de la colère de Neptune, quand l'écho est la plainte d'une nymphe.

Apposition

L'apposition est un procédé qui permet de qualifier un terme en lui rattachant d'autres mots ou groupes de mots qui sont placés à sa suite (généralement après une virgule) pour expliciter le premier, le rendre plus expressif. On parle également d'**épithétisme**.

« J'avais attendu devant la grille longtemps. Une grille qui faisait réfléchir, une de ces fontes vraiment géantes, une treille terrible de lances dressées comme ça en plein noir. »

Louis-Ferdinand Céline, in *Casse-Pipe*

La seconde phrase de cet extrait de *Casse-Pipe* est une apposition à part entière. On passe, par le biais d'une succession d'appositions, d'une simple description (« la grille ») à une image (« une treille terrible de lances dressées »), qui est cette fois l'évocation du ressenti du narrateur.

Si la grille est simplement désignée dans un premier temps : article défini, mot représentant directement son référent*, l'apposition fait passer le propos à une vision bien plus imagée, subjective. Le narrateur utilise alors un article indéfini qui indique son absence de familiarité avec un objet que cette apposition rend tout à fait inquiétant. On passe ainsi d'une simple dénotation* à une connotation* particulière, celle du narrateur. En ce sens, l'apposition caractérise davantage l'état du personnage qu'elle ne décrit l'objet grille.

Comparaison

La comparaison met en miroir deux éléments (mots ou groupes de mots) et utilise le second pour représenter de façon plus concrète, plus explicite, plus sensible le premier. On peut parler de comparaison lorsque figurent : un comparé, un comparant et un terme les reliant, appelé comparatif (tel, comme, ainsi que...).

« Si le théâtre essentiel est comme la peste, ce n'est pas parce qu'il est contagieux, mais parce que comme la peste il est la révélation, la mise en avant, la poussée vers l'extérieur d'un fond de cruauté latente par lequel se localisent sur un individu ou sur un peuple toutes les possibilités perverses de l'esprit. Comme la peste il est le temps du mal, le triomphe des forces noires, qu'une force encore plus profonde alimente jusqu'à l'extinction. »

Antonin Artaud, « Le Théâtre et la peste »,
in *Le théâtre et son double*

Dans ce passage, Artaud utilise la comparaison entre la peste et le théâtre pour dire, avec toute la force d'évocation que suscite cette maladie, ce qu'est, du moins ce que doit être, le théâtre qu'il appelle « essentiel ». Il utilise les connotations associées de manière ancestrale à cette grande maladie pour dégager une description très tangible de cette part d'ombre dont il projette l'avènement par le théâtre.

Compensation

La compensation modifie la connotation* d'un mot ou d'un groupe de mots en le contrebalançant par un mot apportant une connotation* contraire.

« J'attends le doux veuvage
J'attends le deuil heureux »

Jacques Prévert, « J'attends », in *La Pluie et le Beau Temps*

Dans ce passage, qui sera repris comme un refrain tout au long du poème, Prévert associe des mots que leur connotation* habituelle ne permettrait pas d'associer (douceur et veuvage ; deuil et bonheur). Il les met dans la bouche d'une femme trahie par son mari et marque par cette compensation une colère et une haine qui ne sont pas dites explicitement.

Correspondances

Les correspondances sont les liens d'analogie que l'auteur peut faire ressortir entre deux éléments de registres sensoriels différents. Le concept de correspondances a été introduit en France par Baudelaire. Il se fonde sur la synesthésie, c'est-à-dire sur la relation que peuvent entretenir entre eux deux sens différents, un son qui évoquerait une couleur ou un paysage, par exemple.

« Il est des parfums frais comme des chairs d'enfants,
Doux comme le hautbois, verts comme des prairies »

Charles Baudelaire, « Correspondances », in *Les Fleurs du mal*

Dans ces deux vers, Baudelaire donne un exemple de correspondances qu'il définit ainsi :

« Comme de longs échos qui de loin se confondent
Dans une ténébreuse et profonde unité,
Vaste comme la nuit et comme la clarté,
Les parfums, les couleurs et les sons se répondent. »

Il y décrit des parfums qui deviennent plus tangibles grâce à l'utilisation des correspondances. Avec le toucher d'abord (les chairs d'enfants), l'ouïe ensuite (le hautbois), la vue enfin (le vert des prairies).

Métaphore

La métaphore rapproche un comparé et un comparant. À la différence de la **comparaison**, elle ne fait pas appel à un comparatif, rendant le lien qui les unit implicite (et plus ou moins intelligible).

On distingue deux types de métaphores :

➢ la métaphore dite *in praesentia* où le comparé est présent.

« Mon brave, n'oublions pas que les petites émotions sont les grands capitaines de nos vies et qu'à celles-là les y obéissons sans le savoir. »

Vincent Van Gogh, in *Lettres à son frère Théo* (juillet 1880)

Dans cet extrait d'une lettre à son frère Théo, Van Gogh utilise une image militaire pour décrire le pouvoir de ces « petites émotions ». Il y a ici une comparaison implicite : pas de comparatif ; le comparé est présent : il s'agit bien d'une métaphore *in praesentia*, qui évoque, grâce à la force d'une comparaison avec une situation militaire, l'emprise sans appel des petites émotions sur notre vie.

➢ la métaphore dite *in absentia* où ne figure que le comparant. L'auteur introduit dès lors une forme d'énigme : au lecteur de deviner ce à quoi il fait référence.

On peut lire le célèbre slogan de mai 68 « Sous les pavés, la plage ! » comme une métaphore multiple, *in abstentia*, c'est-à-dire qui laisse deviner sa signification* cachée. Voilà par exemple la lecture qu'en fait Olivier Reboul (*Le slogan*) : « Certains s'indignent de sa brutale démagogie.

D'autres s'enchantent de ce joyau poétique, qui en cinq mots n'ouvre pas moins de trois métaphores : pavés pour violence, émeute, révolution ; plage pour fête, communion, eau, soleil, nudité, innocence ; sous pour après : l'image spatiale tout à fait insolite, rend la promesse visible et sensible, un "après" qui est déjà là. Le court poème en prose exprime le paradoxe de la révolution : à la fraternité par la violence, à la paix par le combat. »

➢ On parle de **métaphore filée** lorsque la métaphore est prolongée par l'utilisation répétée d'une même terminologie.

« Bergère ô tour Eiffel le troupeau des ponts bêle ce matin »

Guillaume Apollinaire, « Zone », in *Alcools*

Au début de « Zone », Apollinaire compare ainsi la tour Eiffel à une bergère. Il file la métaphore en comparant les ponts de Paris à un troupeau de moutons, puis en leur prêtant un bruit animal (« bêle »). Une manière d'inscrire l'urbain dans un décor champêtre et d'interroger la modernité en la plaçant dans un référentiel traditionnel.

Oxymore (ou **oxymoron**)

L'oxymore rapproche syntaxiquement deux termes qui s'opposent en temps normal.

« Prends ce sac, Mendiant ! tu ne le cajolas
<u>Sénile nourrisson</u> d'une tétine avare
Afin de pièce en pièce en égoutter le glas. »

Stéphane Mallarmé, « Aumône », in *Poésies*

La liaison des termes « sénile » et « nourrisson » est en soi un non-sens. Ici, il s'agit d'un oxymore, qui accroît l'expressivité du texte. En liant ces deux termes antinomiques, Mallarmé induit, en effet, l'absurdité d'une vie finalement comparée à celle d'un nourrisson qui, nouveau-né, en serait déjà au terme de sa vie. Autant dire, une vie réduite à néant. L'oxymore inscrit ici formellement la vanité.

C) Double sens

Calembour

Le calembour utilise l'équivalence phonique entre deux mots, entre un groupe de mots et un mot, ou entre deux groupes de mots, pour les rapprocher de manière sémantique*.

La publicité utilise fréquemment le calembour pour donner un impact sonore à ses slogans, en associant notamment une marque à un concept positif. On peut citer par exemple le slogan publicitaire d'une moutarde :

« Il n'y a que Maille qui m'aille »

Ce procédé peut aussi avoir un rôle bien plus expressif et littéraire. On retiendra notamment ces calembours de Prévert et de Cocteau :

« De deux choses lune
l'autre c'est le soleil. »

Jacques Prévert, « Le paysage changeur », in *Paroles*

« Les miroirs feraient bien de réfléchir un peu avant de renvoyer les images »

Jean Cocteau, in *Essai de critique indirecte*

Diaphore

On parle de diaphore lorsqu'un même mot ou groupe de mots est répété plusieurs fois. À chaque répétition, une nuance de signification* apparaît.

On parle d'**antanaclase** lorsque ce même procédé est employé dans le cadre d'un dialogue : on réutilise le mot de son interlocuteur pour en détourner le sens.

« Le cœur a ses raisons que la raison ne connaît pas ; on le sait en mille choses. »

Blaise Pascal, in *Pensées* (IV, 277)

Cette phrase célèbre est construite sur une diaphore. Pascal utilise, en effet, à deux reprises le mot « raison », qu'il emploie tour à tour dans des sens différents. Les « raisons » du cœur sont ses motivations et « la raison » décrit ensuite la faculté pensante. L'opposition qui se dégage ici entre l'affectif et le rationnel est d'autant renforcée par ce procédé : la distinction est telle entre ces deux notions qu'elle introduit le différent dans le semblable.

Homonymie

L'homonymie est fondée sur l'utilisation d'homonymes, c'est-à-dire de mots qui se prononcent exactement de la même manière mais qui n'ont pas le même signifié*. Cette juxtaposition sonore sert à renforcer l'association sémantique* entre ces deux mots.

« Ces <u>nuits</u> t'en souvient-il Me souvenir me <u>nuit</u>
[...]
Et tes lèvres tenaient tous les soirs le <u>pari</u>
D'un ciel de cyclamen au-dessus de <u>Paris</u> »

Louis Aragon, « Nuit d'exil », in *Les Yeux d'Elsa*

Dans ce poème sur l'exil, Aragon utilise à deux reprises le procédé de l'homonymie. Il associe dans un premier temps les « nuits » dont il fait le symbole d'un passé disparu, et le verbe nuire, rendant le sentiment nostalgique d'autant plus fort que les mots se superposent phonétiquement. De la même manière, le « pari », autant dire l'espoir de bonheur, est resté attaché, comme l'indique formellement son homonymie avec « Paris », à la ville dont on déplore l'éloignement.

Métanalyse

La métanalyse se fonde sur l'ambiguïté que peut provoquer l'énonciation d'un mot ou d'un groupe de mots. Il y a métanalyse lorsque le récepteur comprend autre chose que ce que le locuteur a voulu dire, parce que l'ambiguïté phonique l'a conduit à mal découper les mots ou à les comprendre « à côté ».

« <u>Bélise</u>
[...] Veux-tu toute ta vie offenser la grammaire ?
<u>Martine</u>
Qui parle d'offenser grand'mère ni grand-père ? »

Molière, in *Les Femmes savantes* (acte II, scène 6)

Dans ce passage, Molière utilise la métanalyse pour produire un effet comique. Martine, en train de se faire renvoyer par Bélise parce qu'elle a commis une faute... de français, comprend le mot grammaire de travers, parce qu'elle ne le connaît pas ou que, par provocation à l'égard de sa maîtresse, elle feint de ne pas le comprendre.

Syllepse

On parle de syllepse quand un accord ne se fait pas selon les règles grammaticales, mais selon la logique du sens.

On distingue la **syllepse de nombre** (on dira par exemple minuit sonnèrent et non pas minuit sonna comme le voudrait la grammaire) et la **syllepse de genre**.

Dans une des *Pensées*, Pascal utilise une syllepse de genre : « Une personne me disait un jour qu'il avait une grande joie et confiance en sortant de confession » (<u>une</u> personne, féminin/<u>il</u>, masculin). Cette figure ne produit pas ici d'effet particulier. Mais on peut en lire un dans d'autres exemples, celui-ci (de nombre, cette fois) notamment :

« Promettez sur ce livre et devant ces témoins,
Que Dieu fera toujours le premier de vos soins ;
Que, sévère aux méchants, et des bons le refuge,
Entre le pauvre et vous, vous prendrez Dieu pour juge ;
Vous souvenant, mon fils, que, caché sous ce lin,
Comme eux vous fûtes pauvre, et comme eux orphelin. »

Jean Racine, in *Athalie* (acte IV, scène 3)

Ayant révélé à Joas sa filiation royale et promettant ainsi un orphelin – en réalité fils caché de la reine Athalie que celle-ci pensait avoir tué au berceau – à un destin royal et divin, Joad met en garde son protégé contre les dérives et les corruptions du pouvoir. En utilisant cette syllepse de nombre (le pauvre, singulier/eux, pluriel), Racine met en relief l'attention qu'un puissant doit avoir à l'égard de son prochain : « le pauvre » est un homme, au même titre que « vous ». En ce sens, le roi est semblable devant Dieu à chacun de ses sujets, y compris les plus miséreux qui ne constituent pas simplement une masse indifférenciée.

À un degré supérieur, la syllepse est un jeu que l'on forme à partir de l'ambivalence du sens d'un mot. On parle alors de **syllepse oratoire**.

« Sorciere sans Demons, qui predis l'advenir ;
Qui regardant la main, nous viens entretenir ;
Et qui charmes nos sens, d'une aimable imposture :

Tu parois peu sçavante en l'art de deviner ;
Mais sans t'amuser plus à la bonne avanture,
Sombre divinité, tu nous la peux donner. »

Georges de Scudéry, « La belle Égyptienne », in *Poésies*

Scudéry pratique ici une double syllepse oratoire, sur les mots « charmes » et « avanture ». Le charme peut, en effet, s'entendre comme une duperie, mais également comme le fait de plaire. De la même manière, la bonne aventure est celle de l'expression « dire la bonne aventure », mais prend le sens tout à fait différent de l'aventure amoureuse.

3

Figures de construction

Les *figures de construction* sont celles qui concernent l'agencement du discours. Les mots sont, en effet, des matériaux. Pour bâtir un discours, il faut les combiner entre eux et les disposer dans un certain ordre afin qu'ils forment un tout cohérent, pour que leur ensemble ait de l'impact.

En ce sens, les figures de construction ont pour objet la structure de la phrase, voire, plus largement, celle du discours.

Elles opèrent par différents types de procédés :

- Les *figures de la symétrie ou de l'opposition* permettent de mettre en regard deux réalités, deux idées... de manière formelle, pour les comparer ou les opposer, et ainsi leur donner plus de force.
- La *répétition*, sous des formes diverses, est un autre moyen de construire le discours en s'appuyant sur une redite plus ou moins insistante, totale ou partielle.
- Les figures de l'*accumulation* introduisent un trop-plein d'informations qui a moins pour vocation un supplément de sens qu'une amplification du propos qui attire l'attention.
- Les figures de la *disposition* sont celles qui choisissent un agencement particulier pour les phrases, de

manière à appuyer formellement le propos. Elles utilisent parfois des *motifs* qui stylisent le propos.

➢ Enfin, certaines figures procèdent par *déstructuration* : elles peuvent introduire une désarticulation de la phrase, rompant avec la construction classique de la langue ; une inversion de l'ordre attendu des mots ; l'intercalation de mots ou groupes de mots qui interrompent la fluidité du propos... Ces figures provoquent souvent un effet de surprise qui attire l'attention et met en relief, par le biais de cette déstructuration, le fond du propos.

A) Symétrie et opposition

Antithèse

L'antithèse consiste à mettre en regard deux réalités, représentées respectivement par un mot, un groupe de mot, ou une, voire plusieurs phrases qui s'opposent.

« Le moindre vent qui d'aventure
Fait rider la face de l'eau,
Vous oblige à baisser la tête :
Cependant que mon front, au Caucase pareil,
Non content d'arrêter les rayons du Soleil,
Brave l'effort de la tempête.
Tout vous est Aquilon ; tout me semble Zéphyr. »

Jean de La Fontaine, « Le chêne et le roseau » in *Fables*

La fable « Le chêne et le roseau » est bâtie sur une antithèse qui construit l'opposition entre la force (le chêne) et la faiblesse (le roseau). À la fin de la fable, à l'arrivée d'un vent furieux, l'antithèse se poursuit : « L'arbre tient bon, le roseau plie », jusqu'au dénouement où le rapport se renverse. Le vent ne fera que plier le roseau, il déracinera le chêne, la puissance lui étant devenue fatale. L'antithèse se fonde d'abord dans ces vers sur l'équilibre rythmique : trois vers consacrés au roseau puis trois au chêne ; un hémistiche pour le roseau (« tout vous est Aquilon »), l'autre pour le chêne (« tout me semble Zéphyr »). Elle est marquée explicitement par la conjonction « cependant ». De manière plus sous-jacente, on pourra noter que le roseau est traité de façon passive : c'est le vent qui est sujet de la phrase, il est dominant ; le roseau est objet (« vous oblige »), il est dominé. Au contraire, le chêne est sujet, et plus encore, c'est son front qui domine. La force décrite n'est qu'une partie de la puissance entière de l'arbre. De même, La Fontaine utilise le procédé de la **reprise** (la même tournure de phrase est répétée deux fois) dans le dernier vers pour marquer l'antithèse, mais on notera, ici aussi, que l'opposition est clairement exprimée dans le choix des vents (Aquilon pour l'un, Zéphyr pour l'autre), mais qu'elle l'est également dans le choix des verbes : le verbe être renforce la position passive du roseau et donc sa faiblesse ; le verbe sembler indique la maîtrise et la force.

Balancement

Dans le balancement, deux membres d'une phrase – ou deux phrases successives – sont mis en parallèle par une relation de symétrie grammaticale. Les termes du premier segment (ou de la première phrase) sont agencés syntaxiquement de la même manière que ceux du second.

On parle également de **parallélisme de construction,** ou encore d'**hypozeuxe.**

« Père, maîtresse, honneur, amour,
Noble et dure contrainte, aimable tyrannie,
Tous mes plaisirs sont morts, ou ma gloire ternie.
L'un me rend malheureux, l'autre indigne du jour. »

Pierre Corneille, in *Le Cid* (acte I, scène 6)

On dit communément « entre les deux, mon cœur balance ». C'est exactement ce que Corneille exprime ici à travers la bouche de son personnage. Très naturellement, il utilise le procédé du balancement pour exprimer le terrible dilemme qui agite Rodrigue (on parle de « choix cornélien »...). Celui-ci aime Chimène et tout a l'air de se présenter sous les meilleurs auspices pour que leur union soit célébrée, jusqu'à ce que le père de Chimène provoque en duel celui de Rodrigue. Ce dernier, trop vieux pour sauver lui-même son honneur, somme son fils de le venger, le plaçant devant le cruel dilemme de l'honneur ou de l'amour. Le balancement construit ce face-à-face entre deux options tragiquement incompatibles : père/maîtresse ; honneur/amour ; contrainte/tyrannie ; plaisir/gloire ; malheureux/indigne sont mis en regard par un parallélisme de construction répété.

Chiasme

Dans le chiasme, les deux membres de la phrase sont reliés par le biais d'une relation symétrie inversée. Les termes du premier segment peuvent être répétés ou non dans le second. Ils se positionnent dans la phrase selon un schéma croisé : ABBA ou ABB'A'.

« Ce n'est pas l'État qui appartient au Prince, c'est le Prince qui appartient à l'État : mais il appartient au prince de gouverner dans l'État, parce que l'État l'a choisi pour cela ; qu'il s'est engagé envers les peuples à l'administration des affaires, et que ceux-ci de leur côté se sont engagés à lui obéir conformément aux lois. »

Denis Diderot, article « autorité politique » in *Encyclopédie*

Dans cet article de *L'Encyclopédie* consacré à l'autorité, Diderot procède à un renversement de la vision politique alors en place : à un pouvoir établi de fait, omnipotent et despote, il substitue un pouvoir consensuel, décidé et contractuel. Ce renversement est souligné stylistiquement par l'utilisation du chiasme. Entre les deux parties de la première phrase, les mots sont permutés : le Prince et l'État prennent respectivement la place l'un de l'autre. Dans la construction même de la phrase, l'État prend littéralement le pouvoir jusque-là dévolu à la domination exclusive du Prince. La Révolution française n'est pas loin...

Miroir

On parle de miroir lorsque deux termes identiques ou très proches lexicalement sont subordonnés l'un à l'autre : il sait que tu sais que je sais, par exemple.

« L'Américain paraissait n'avoir ni goût, ni jugements personnels, et semblait se fier entièrement au regard et aux appétits des autres : il lui fallait des garanties de désirabilité. Si tant d'hommes rêvaient alors de Marilyn Monroe, c'était parce que tant d'autres hommes rêvaient de Marilyn Monroe. »

Romain Gary, in *Au-delà de cette limite votre ticket n'est plus valable*

Dans ce passage, Romain Gary utilise le procédé du miroir : le segment de phrase « tant d'hommes rêvaient de Marilyn Monroe » est repris (à la nuance près du « autres ») en étant subordonné à sa première occurrence. Explicitant ainsi le comportement d'un de ses personnages, l'auteur renforce, par cette figure à la tournure absurde, sa totale absence de personnalité.

Si le second terme est l'inverse du premier, on parle alors de **miroir inversé**.

« Il n'y a point de mal dont il ne naisse un bien. »

Voltaire, in *Zadig*

Voltaire utilise dans cette phrase le procédé du miroir inversé (« bien » subordonné à « mal ») pour appuyer son propos. Le passage du bien au mal se fait dans une pensée mais est rendu sensible par cet agencement particulier.

Reprise

La reprise est l'utilisation répétée d'une même tournure grammaticale.

« [...] ce que nous appelons ordinairement amis et amitiés, ce ne sont qu'accointances et familiarités nouées par quelque occasion ou commodité, par le moyen de laquelle nos âmes s'entretiennent. En l'amitié de quoi je parle, elles se mêlent et confondent l'une l'autre d'un mélange si universel qu'elles effacent et ne retrouvent plus la couture qui les a jointes. Si on me presse de dire pourquoi je l'aimais, je sens que cela ne peut s'exprimer qu'en répondant : "Parce que c'était lui, parce que c'était moi". »

Michel de Montaigne, « De l'amitié » in *Essais* (Livre I, chapitre 28)

La dernière et très célèbre phrase de cet extrait décrit l'amitié de Montaigne et La Boétie. L'utilisation de la reprise (répétition de la tournure de phrase « parce que ») donne toute sa force à ce qui est resté comme emblème de l'amitié, mettant en relief, sans qu'il y ait besoin de l'exprimer directement, sa réciprocité. En outre, le fait de répéter cette conjonction de causalité alors que l'usage voudrait qu'elle soit suivie ou précédée d'une proposition principale – qui indiquerait quel est l'effet et quelle est la cause – place finalement cette amitié en dehors de toute causalité (les « occasion » et « commodité » dont Montaigne parle plus haut). Elle n'est régie que par la sienne propre, ou celle d'une causalité supérieure, divine (une « ordonnance du ciel » que Montaigne évoque plus loin).

B) Répétition

Anaphore

Dans l'anaphore, un même mot ou groupe de mots est répété plusieurs fois en début de phrase ou de vers.

Dans son célèbre texte « J'accuse » publié dans *L'Aurore* du 13 janvier 1898, Émile Zola réalise un plaidoyer en faveur du général Dreyfus qui a été accusé à tort de haute trahison. Ou plutôt, il y dresse un réquisitoire contre ceux qui ont tout fait pour l'accuser et le faire condamner. Il utilise dans ce texte le principe de l'anaphore : chaque paragraphe commence par « J'accuse... ». Ce procédé lui permet à la fois de marteler, comme lors d'un procès, son réquisitoire avec davantage de force, de montrer du doigt les coupables de cette erreur judiciaire un par un, et de faire surgir la notion de complot par l'accumulation d'intervenants que met en lumière l'anaphore.

Antépériphore

On parle d'antépériphore lorsqu'un même mot ou groupe de mots est répété en début et en fin de phrase, ou qu'un même vers commence et termine une strophe.

L'antépériphore est aussi appelée **symploque**.

« Peut-on illuminer un ciel bourbeux et noir ?
Peut-on déchirer des ténèbres
Plus denses que la poix, sans matin et sans soir
Sans astres, sans éclairs funèbres ?
Peut-on illuminer un ciel bourbeux et noir ? »

Charles Baudelaire, « Irréparable », in *Les Fleurs du mal*

Baudelaire utilise ici l'antépériphore : le premier et le dernier vers de la strophe sont identiques. C'est un procédé qu'il reprend plusieurs fois dans le poème : chaque strophe se termine par la phrase qui l'avait commencée ou par une phrase contenant les mêmes mots. Il introduit de cette manière une circularité qui répond au titre, mettant en forme la fatalité de l'irréparable. La vanité de tout espoir, qu'illustre la dernière strophe, reprend le principe de l'antépériphore en le détournant pour clore formellement le poème.

« [J'ai vu parfois au fond d'un théâtre banal]

Un être, qui n'était que lumière, or et gaze,
Terrasser l'énorme Satan ;
Mais mon cœur, que jamais ne visite l'extase
Est un théâtre où l'on attend
Toujours, toujours en vain, l'Être aux ailes de gaze ! »

Épanadiplose

Il y a épanadiplose lorsqu'un membre de phrase se finit par le mot qui avait commencé le membre de phrase précédent.

« L'honneur que nous recevons de ceux qui nous craignent, ce n'est pas honneur ; ces respects se doivent à la royauté, non à moi. »

Michel de Montaigne, « De l'inégalité qui est entre nous »
in *Essais* (Livre I, chapitre 42)

Dans ce chapitre des *Essais*, Montaigne s'interroge sur la vie des puissants et leur capacité à atteindre un bonheur véritable. Or, c'est justement l'artifice de leur existence, et des sentiments dont ils sont en apparence les heureux bénéficiaires, qu'il révèle en utilisant le procédé de l'épanadiplose. L'honneur du début de la phrase est repris en miroir à la fin de la même phrase, mettant en relief l'honneur d'apparat en opposition à l'honneur véritable, comme si ce mot, du fait de la position de roi (et de la crainte que suscite cette position), avait perdu son sens originel et sa véritable consistance.

Épanalepse

L'épanalepse consiste à répéter un mot, un groupe de mots, voire une phrase entière.

On parle de **demi-épanalepse**, quand l'élément répété est légèrement changé.

« Que diable allait-il faire dans cette galère ? »

Molière, in *Les Fourberies de Scapin* (acte II, scène 2)

Scapin fait croire à Géronte que son fils a été enlevé et qu'il est otage en pleine mer, de manière à lui soutirer une somme rondelette pour la prétendue rançon qui lui permettra de ramener son fils à bon port. Le père, des plus avare, a beaucoup de mal à se soumettre à cette extorsion. Il répète à sept reprises dans la même scène cette phrase devenue célèbre pour son comique de répétition, utilisant ainsi le procédé de l'épanalepse pour stigmatiser l'avarice de son personnage.

Épiphore

On qualifie d'épiphore la répétition d'un même mot ou groupe de mots à plusieurs reprises en fin de phrase ou de vers.

Dans *Les Liaisons dangereuses*, Laclos décrit le monde libertin du XVIIIe siècle, à travers les échanges épistolaires de ses protagonistes. La Marquise de Merteuil et le Vicomte de Valmont se livrent à une compétition de cruauté, se vantant tour à tour des conquêtes et désastres amoureux qu'ils complotent pour attiser leur désir réciproque. Le Vicomte a été chargé par la marquise de séduire une femme dévote et, plus que tout, attachée à la fidélité. Alors qu'il a atteint son but, il finit par tomber éperdument amoureux de celle qui aurait dû être sa victime. Il est alors sommé par la Marquise d'interrompre brutalement sa liaison. Celle-ci lui dicte la lettre de rupture qu'il devra envoyer. Le texte commence ainsi :

« On s'ennuie de tout, mon Ange, c'est une Loi de la Nature ; ce n'est pas ma faute. »

Choderlos de Laclos, in *Les Liaisons dangereuses* (lettre 141) et se poursuit par sept paragraphes tout aussi cruels, tous ponctués par la même phrase finale : « ce n'est pas ma faute ». Cette épiphore construit le texte comme le martèlement de la cruauté du Vicomte et, à un degré supérieur, de celle de la Marquise. Chacune des occurrences de la phrase apparaît comme un nouveau coup porté avec violence, sous les visages d'une indifférence totale et décidée.

Inclusion

Il y a inclusion lorsqu'un texte commence et se termine par le même mot, voire la même phrase.

« Elle est retrouvée.
Quoi ? – L'éternité.
C'est la mer allée
Avec le soleil. »

Arthur Rimbaud, « L'éternité », in *Poésies*

Ces quatre vers commencent et terminent le poème. En construisant ainsi son texte sur l'inclusion, Rimbaud crée une sorte de boucle, une circularité qui est tout à fait en phase avec le thème du poème : l'éternité. Il signifie donc doublement ce qu'il exprime grâce à ce procédé.

Réduplication

La réduplication est une répétition de mots qui sont placés côte à côte.

« Ce toit tranquille, où marchent des colombes,
Entre les pins palpite, entre les tombes ;
Midi le juste y compose de feux
La mer, la mer toujours recommencée ! »

Paul Valéry, in *Le Cimetière marin*

Dans ces premiers vers du poème, Paul Valéry utilise la réduplication : « la mer » est répétée et ses occurrences sont placées côte à côte. En utilisant ce procédé, il induit déjà le recommencement et confère peut-être une certaine forme d'éternité à ce cimetière marin. Cette répétition particulière produit également un rythme qui n'est pas sans faire penser au flux et au reflux de la mer.

Répétition

On parle de répétition lorsqu'un mot est repris plusieurs fois et que les mots répétés sont séparés dans la phrase ou dans le texte.

« La justice sans la force est impuissante ; la force sans la justice est tyrannique. La justice sans force est contredite, parce qu'il y a toujours des méchants ; la force sans la justice est accusée. Il faut donc mettre ensemble la justice et la force ; et pour cela faire que ce qui est juste soit fort, ou que ce qui est fort soit juste. »

Blaise Pascal, in *Pensées* (V, 298)

Dans ce passage, Pascal joue sur la répétition des mots « force » et « justice ». En insistant ainsi de manière quantitative sur ces deux termes, il met en relief par la forme le message de fond qu'il délivre. Ces deux concepts ne peuvent, en effet, exister qu'en présence l'un de l'autre, et Pascal le prouve formellement à plusieurs reprises. C'est leur équilibre qu'il faut chercher pour une politique aussi efficace qu'humaniste. On notera d'ailleurs le parfait équilibre qui préside à cette double répétition : il y a autant d'occurrences pour chacun des deux termes, et chacune de ces occurrences est soulignée par une symétrie parfaite (**balancement**) dans la construction des phrases.

C) Accumulation

Accumulation

On parle d'accumulation quand un grand nombre de mots ou de groupes de mots ayant la même fonction sont employés dans la même phrase, sans qu'ils rajoutent d'autre sens que l'amplification du propos qu'ils produisent.

Dans sa lettre du 15 décembre 1670, Mme de Sévigné annonce à Mme de Coulanges une nouvelle qui émeut tout Paris : la cousine du Roi, promise à un mariage royal, a décidé d'épouser M. de Lauzun. Sa lettre s'ouvre ainsi :

« Je m'en vais vous mander la chose la plus étonnante, la plus surprenante, la plus merveilleuse, la plus miraculeuse, la plus triomphante, la plus étourdissante, la plus inouïe, la plus singulière, la plus extraordinaire, la plus incroyable, la plus imprévue, la plus grande, la plus petite, la plus rare, la plus commune, la plus éclatante, la plus secrète jusqu'aujourd'hui, la plus brillante, la plus digne d'envie... »

Marquise de Sévigné, in *Lettres*

L'accumulation dont fait preuve cet extrait lui permet de dépeindre avec force le bouleversement que provoque cette situation insolite. Elle permet aussi de susciter l'attente de la révélation, du « scoop », en créant un suspense qu'elle va faire durer pour ainsi dire jusqu'à la fin de la lettre où elle délivrera finalement l'information.

Énumération

L'énumération consiste à énoncer à la suite les différents composants d'un tout ou les différentes particularités d'une entité.

« Entre colonisateur et colonisé, il n'y a de place que pour la corvée, l'intimidation, la pression, la police, le vol, le viol, les cultures obligatoires, le mépris, la méfiance, la morgue, la suffisance, la muflerie, des élites décérébrées, des masses avilies. »

Aimé Césaire, in *Discours sur le colonialisme*

Dans ce passage, Césaire utilise l'énumération pour donner une force quantitative à sa dénonciation du colonialisme. Il liste tous ses méfaits et, outre ce qu'il dénonce – les vices de ce système –, c'est un effet de trop-plein qu'il vise formellement, venant accroître par la forme ce que dit le fond.

Épitrochasme

L'épitrochasme est une accumulation de termes brefs placés syntaxiquement sur le même plan, c'est-à-dire ayant la même fonction dans la phrase. Cette figure est fréquemment utilisée dans l'invective, dont elle accentue alors la violence.

« Son cœur prend feu dès ce moment ; il ne saurait plus vivre qu'il n'aille consoler son aimable affligée. Ses fréquentes visites sont rejetées de la servante, devenue gouvernante par le trépas de la mère. Voilà mon homme au désespoir ; il presse, supplie, conjure : point d'affaire. On lui dit que la fille, quoique sans bien et sans appui, est de famille honnête, et qu'à moins de l'épouser on ne peut souffrir ses poursuites. Voilà son amour augmenté par les difficultés. Il consulte dans sa tête, agite, raisonne, balance, prend sa décision : le voilà marié avec elle depuis trois jours. »

Molière, *Les Fourberies de Scapin* (acte I, scène 2)

Dans ce passage, qui se situe tout à fait au début de la pièce, Sylvestre expose à Scapin (et par la même occasion aux spectateurs) le nœud de l'intrigue. Argante revient d'un voyage et a organisé le mariage de son fils Octave – dont il s'agit dans cet extrait – avec la fille d'un notable de ses amis. Or, Octave vient d'épouser Hyacinthe, bravant tous les interdits. Dans le récit de Sylvestre, le double épitrochasme (trois verbes courts côte à côte) provoque l'accélération du rythme de la phrase. Le premier marque le blocage de situation auquel Octave a fait face. Son insistance est sanctionnée par « point d'affaire » qui rompt le rythme introduit par l'enchaînement des trois verbes. L'amour est impossible. Le second épitrochasme annonce (en faisant écho au premier) la résolution du problème. Cette fois, le rythme saccadé est rompu par la prise de décision, et le mariage.

Pléonasme

Le pléonasme consiste à qualifier un mot ou un groupe de mots à l'aide d'un élément qui n'apporte aucun complément de sens.

« Martine
Quand on se fait entendre, on parle toujours bien ;
Et tous vos biaux dictons ne servent pas de rien.
Philaminte
Eh bien ! ne voilà pas encore de son style ?
Ne servent pas de rien !
Bélise
Ô cervelle indocile
Faut-il qu'avec les soins qu'on prend incessamment,
On ne te puisse apprendre à parler congrûment ?
De pas mis avec rien tu fais la récidive ;
Et c'est, comme on t'a dit, trop d'une négative. »

Molière, *Les Femmes savantes* (acte II, scène 6)

Dans ces répliques, Molière expose, avec humour, ce qu'est un pléonasme. Il indique bien également que, lorsque ce procédé n'est pas employé sciemment pour produire un effet particulier, il s'agit d'une faute, et non d'une figure.

Au contraire, dans ce passage, le pléonasme est employé volontairement pour appuyer le propos :

« Quelqu'un aurait assisté pour un peu de temps seulement aux cours gratuits de la grande université de la misère, et aurait fait attention aux choses qu'il voit de ses yeux, et qu'il entend de ses oreilles, et aurait réfléchi là-dessus, il finirait aussi par croire et il en apprendrait peut-être plus long qu'il ne saurait dire. Cherchez à comprendre le dernier mot de ce que disent dans leurs chefs-d'œuvre les grands artistes, les maîtres sérieux, il y aura Dieu là-dedans. »

Vincent Van Gogh, in *Lettres à son frère Théo* (juillet 1880)

Au sens où il délivre une apparente évidence : on voit avec ses yeux et on entend avec ses oreilles, Van Gogh fait ici à deux reprises usage du pléonasme. Mais, il faut y lire un sens plus profond : seuls ceux qui utilisent la pleine acuité de leurs sens sont des « grands artistes » et peuvent prétendre au chef-d'œuvre où transparaît le divin. Une perception passive ne suffit pas à voir ou à entendre véritablement.

Polysyndète

On parle de polysyndète lorsqu'un lien de coordination est répété alors que ce n'est pas nécessaire grammaticalement. Cette apparente lourdeur produit des effets esthétiques et souligne le sens, ou en créant un effet d'accumulation, ou en renforçant le lien qui existe entre les éléments coordonnés.

« J'avais faim
Et tous les jours et toutes les femmes dans les cafés et tous les verres
J'aurais voulu les boire et les casser
Et toutes les vitrines et toutes les rues
Et toutes les maisons et toutes les vies
Et toutes les roues des fiacres qui tournaient en tourbillon sur les mauvais pavés
J'aurais voulu les plonger dans une fournaise de glaives
Et j'aurais voulu broyer tous les ors
Et arracher toutes les langues
Et liquéfier tous ces grands corps étranges et nus sous les vêtements qui m'affolent

Je pressentais la venue du grand Christ rouge de la révolution russe...
Et le soleil était une mauvaise plaie
Qui s'ouvrait comme un brasier. »

Blaise Cendrars, in *Prose du Transsibérien et de la petite Jehanne de France*

Ce passage est construit sur une polysyndète : les « et » sont multipliés bien au-delà de ce qu'attendrait un usage courant. Cette prolifération traduit une effervescence qui est à la fois celle de l'adolescence – le poème commence par « en ce temps-là j'étais en mon adolescence » –, et de l'émergence du mouvement révolutionnaire.

Redondance

On parle de redondance lorsque l'on caractérise quelque chose de manière superflue.

« Elle bat d'un pied timide
L'onde humide
Qui ride son clair tableau ;
Du beau pied rougit l'albâtre ;
La folâtre
Rit de la fraîcheur de l'eau. »

Victor Hugo, « Sara la baigneuse », in *Les Orientales*

Dans ce poème des *Orientales*, Hugo décrit une jeune femme qui se baigne. Le poème commence par ce vers : « Sara, belle d'indolence » ; sur la scène qu'il décrit souffle un air de paresse et d'inaction. La redondance que place Hugo dans « L'onde humide » prend tout son sens dans cette dimension contemplative. Elle ajoute une poésie supplémentaire en insistant particulièrement sur le superflu, l'inutile, qui traduit toute l'indolence de cette jeune et jolie baigneuse.

Ressassement

On parle de ressassement lorsqu'un mot est répété un nombre exagéré de fois.

« Ah ! Chimères ! Ce sont des chimères, dit-on.
Chimères, moi ! Vraiment chimères est fort bon !
Je me réjouis fort de chimères, mes frères ;
Et je ne savais pas que j'eusse des chimères. »

Molière, in *Les Femmes savantes* (acte II, scène 3)

Dans ce passage des *Femmes savantes*, une de ces précieuses que Molière tourne en ridicule est présentée ici dans toute son absurdité. Elle vient d'assurer à ses frères que tous les hommes de leur cercle sont fous d'amour pour elle, et que les preuves qu'ils sèment un peu partout de leur indifférence (voire de leur haine) à son égard ne sont que les aveux détournés de leur flamme. Son délire est à son comble dans cette réplique, effet rendu par le ressassement : le mot chimères est répété cinq fois et utilisé de façon ou saugrenue ou vide de sens.

Tautologie

On pratique la tautologie lorsque l'on dit la même chose alors que l'on paraît dire deux choses différentes.

« Vous
je ne vous regarde pas
ma vie non plus ne vous regarde pas
J'aime ce que j'aime
et cela seul me regarde
et me voit
J'aime ceux que j'aime
je les regarde
ils m'en donnent droit. »

Jacques Prévert, « Droit de regard », in *La Pluie et le Beau Temps*

Ce court poème de Prévert est fondé sur la tautologie, un procédé qui n'a ici d'intérêt littéraire que précisément parce qu'il ne s'agit pas d'une vraie tautologie. Paraissant redire la même chose, il joue, en effet, sur le double sens, propre et figuré, de « regarder ». De même, la formulation tautologique « j'aime ce que j'aime » puis « j'aime ceux que j'aime » – on notera au passage l'évolution du propos par l'utilisation de l'**homonymie** entre « ce » et « ceux » – n'en délivre pas moins un sens nouveau : liberté, exclusivité, réciprocité..., alors que la tautologie est en temps normal absence de signification* nouvelle.

D) Disposition et motifs

Anadiplose

Dans l'anadiplose, on reprend au début de la phrase un mot de la phrase précédente.

Lorsque ce procédé est répété plusieurs fois, on parle de **concaténation**.

« Avec la mer du Nord pour dernier terrain vague
Et des vagues de dunes pour arrêter les vagues
Et des vagues rochers que des marées dépassent
Et qui ont à jamais le cœur à marée basse. »

Jacques Brel, « Le plat pays »

Au début de cette chanson qui dépeint le plat pays de Jacques Brel, celui-ci utilise une concaténation qui renforce la platitude qu'il décrit. Chaque élément suit le précédent sans rupture – puisqu'il reprend un mot du passage précédent –, sans accident de relief pour ainsi dire. La concaténation est là pour renforcer (voire délivrer) cette sensation.

Antimétabole

Dans l'antimétabole, deux phrases (ou segments de phrase) se suivent de telle manière que la seconde utilise les mêmes mots que la première en les permutant syntaxiquement.

« Des milliers et des milliers d'années
Ne suffiraient pour dire
La petite seconde d'éternité
Où tu m'as embrassé
Où je t'ai embrassée »

Jacques Prévert, « Le jardin », in *Paroles*

Dans les deux derniers vers de cet extrait, Prévert utilise une antimétabole : les deux phrases qui se suivent sont construites avec les mêmes mots, mais le « je » et le « tu » sont syntaxiquement permutés, tour à tour sujet ou objet. Une façon de dire la réciprocité, l'union..., de décomposer en deux une seule et même chose (le baiser) pour la faire durer à l'infini.

Attelage

Il y a attelage lorsqu'un terme concret est associé syntaxiquement avec un terme abstrait. C'est un cas particulier du **zeugma**.

« Cet homme marchait pur loin des sentiers obliques
Vêtu de probité candide et de lin blanc ;
Et, toujours du côté des pauvres, ruisselant,
Ses sacs de grains semblaient des fontaines publiques »

Victor Hugo, « Booz endormi »,
in *La Légende des siècles* (Livre I, VI)

Dans ce passage de « Booz endormi », Hugo met en relief les qualités morales de son personnage en exploitant le procédé de l'attelage (« Vêtu de probité candide et de lin blanc »). La probité et le lin sont liés tous deux syntaxiquement à « vêtu », qui n'est pas répété. L'effet de surprise est ici créé par l'attachement d'une vertu morale à quelque chose qui s'y oppose en temps normal : l'apparence de l'habillement. Cela sous-tend un double sens : l'habillement, et, plus largement, les apparences, la richesse... perdent de leur matérialité au contact de la probité et, à l'inverse, cette vertu devient un véritable vêtement, elle devient tangible.

Disjonction

La disjonction est une tournure syntaxique qui consiste à ne pas répéter un terme dont dépendent plusieurs autres.

« N'est-ce pas depuis toujours
Que les jours sont sans amour
Chaque Aurore impardonnable
Chaque caresse vilaine
Et chaque rire une injure »

Paul Eluard, « Pour l'exemple », in *Lingères légères*

Ces cinq vers qui ouvrent le poème sont structurés par le procédé de la disjonction. En effet, la structure dont dépend implicitement chaque subordonnée n'est pas répétée : Eluard fait l'économie de la conjonction « que » et du verbe « être » dans les trois derniers vers. Outre la fluidité du rythme qu'il produit, ce procédé renforce formellement le sens du propos : chaque sujet est lié irrémédiablement, sans qu'il y ait besoin d'aucun lien, à son attribut. Se dégage de cette tournure une fatalité dont la dimension tragique est ainsi soulignée.

Enjambement

L'enjambement est un terme propre à la poésie. En temps normal, la syntaxe* épouse la versification. L'enjambement va à l'encontre de ce principe en poursuivant dans un vers la phrase entamée dans le vers précédent. Ce procédé permet de casser le rythme courant du poème en supprimant la pause – le silence, pour reprendre un terme musical – entre les deux vers. Il peut à l'inverse introduire au sein d'une phrase une rupture rythmique qu'elle n'aurait pas en temps normal.

« Et son bras et sa jambe, et sa cuisse et ses reins,
Polis comme de l'huile, onduleux comme un cygne,
Passaient devant mes yeux clairvoyants et sereins
Et son ventre et ses seins, ces grappes de ma vigne

S'avançaient plus câlins que les anges du mal,
Pour troubler le repos où mon âme était mise,
Et pour la déranger du rocher de cristal
Où, calme et solitaire, elle s'était assise. »

Charles Baudelaire, « Les Bijoux », in *Les Fleurs du mal*

Baudelaire lie ces deux strophes avec un enjambement : s'avançaient « appartient », du point de vue de la syntaxe*, au vers précédent et, qui plus est, à la strophe précédente. Grâce à ce procédé, il figure rythmiquement l'avancée, à la manière de ce mot qui « mord » sur le vers suivant.

Épanode

L'épanode consiste à reprendre et à expliciter tour à tour des mots qui ont été simplement énoncés en début de phrase.

On parle aussi de **régression**.

« Il est plus aisé d'avancer avec des vices qu'avec des vertus. Les vices, accommodants de nature, s'entraident, sont pleins d'indulgence les uns à l'égard des autres, alors que les vertus, jalouses, se combattent et s'annulent, et montrent en tout leur incompatibilité et leur intolérance. »

Emil Cioran, in *De l'inconvénient d'être né*

Dans la seconde phrase de cet aphorisme*, Cioran explicite les termes qu'il a simplement énoncés de manière sentencieuse dans la première : « vices » et « vertus ». Il utilise le procédé de l'épanode, qui lui permet de justifier ainsi, à sa manière, cette affirmation iconoclaste.

Érosion

L'érosion consiste à répéter plusieurs fois un groupe de mots duquel on retranche un mot à chaque répétition.

Le procédé inverse est l'**alluvion**.

« Aux étapes de ces longs voyages que nous faisions séparément, je le sais maintenant, nous étions vraiment ensemble, nous étions vraiment, nous étions, nous. »

Paul Eluard, in *Poèmes* (cité par Bernard Dupriez, *Gradus*)

En pratiquant ici l'érosion, Eluard parvient, par le retranchement des mots, le decrescendo du phrasé, à la quintessence du sens de ce qu'il exprime. Du « séparément », il arrive progressivement, à la présence nécessaire – nécessité appuyée par la logique du rythme qu'il choisit – et unique du « nous ».

Gradation

Dans la gradation, l'intensité des mots qui se suivent est croissante : on emploie à la suite des termes de plus en plus forts.

On parle aussi de **climax**.

Cette figure peut être inversée : les termes successifs sont de moins en moins forts. On parle dans ce cas d'**anti-climax**.

Lorsque la gradation est interrompue par une chute inattendue, on parle de **bathos**.

« Plus l'offenseur est cher, et plus grande est l'offense.
Enfin tu sais l'affront, et tu tiens la vengeance :
Je ne te dis plus rien. Venge-moi, venge-toi ;
Montre-toi digne fils d'un père tel que moi.

Accablé des malheurs où le destin me range,
Je vais les déplorer : va, cours, vole et nous venge. »

Pierre Corneille, in *Le Cid* (acte I, scène 5)

Chimène et Rodrigue s'aiment, toutes les conditions semblent réunies pour que leur mariage ait lieu. Mais le père de Chimène n'a pas accepté que le Roi nomme Don Diègue – le père de Rodrigue – gouverneur du Prince de Castille, honneur qui devrait, selon lui, lui revenir. Don Diègue a certes brillé par ses exploits passés, mais il est aujourd'hui trop vieux pour assumer un tel rôle. Face à cet affront, que l'honneur de Don Diègue ne peut tolérer, la vengeance s'impose. Mais le père de Rodrigue sait bien que son âge ne lui permet pas de la réaliser lui-même. Il somme donc son fils de le faire à sa place. À la fin de ce passage, la gradation : aller/courir/voler donne toute sa force à l'injonction sans appel d'un père à l'honneur bafoué, et renforce la puissance de Rodrigue face à celle, déchue, de son père.

Hypotaxe

L'hypotaxe consiste à construire les phrases avec des liens de subordination, contrairement à la **parataxe**.

Lorsque ces liens sont en surabondance, on parle d'**hyperhypotaxe**.

« [...] Pangloss disait quelquefois à Candide : "tous les événements sont enchaînés dans le meilleur des mondes possibles : car enfin si vous n'aviez pas été chassé d'un beau château à grands coups de pied dans le derrière pour l'amour de Mlle Cunégonde, si vous n'aviez pas été mis à l'Inquisition, si vous n'aviez pas couru l'Amérique à pied, si vous n'aviez pas donné un bon coup d'épée au baron, si vous n'aviez pas perdu tous vos moutons du bon pays d'Eldorado, vous ne mangeriez pas ici des cédrats confits et des pistaches. — Cela est bien dit, répondit Candide, mais il faut cultiver notre jardin." »

Voltaire, in *Candide*

Dans ce passage qui clôt *Candide*, Pangloss, le maître de Candide, multiplie les subordonnées introduites par « si ». Cette hypotaxe met en lumière le déterminisme qui régit ce « meilleur des mondes possibles ». On pourrait même qualifier ce passage d'hyperhypotaxe : la multiplication des « si » et l'enchaînement fantaisiste des causes et des effets, auquel répond en contrepoint la phrase lapidaire de Candide, confèrent un ridicule et une absurdité implicites au propos de Pangloss.

Mise en abyme

La mise en abyme est un procédé issu des arts visuels. C'est un terme qui désignait à l'origine l'endroit où, sur l'écu, était représenté un autre écu sur lequel était représenté un autre écu, sur lequel... Dans un texte, ce procédé en forme de poupées russes consiste à répéter un élément à l'intérieur d'un autre qui lui est similaire, et ainsi de suite.

« [...] <u>Lechy Elbernon</u>
Je suis actrice, vous savez.
Je joue sur le théâtre. Le théâtre. Vous ne savez pas ce que c'est ?
<u>Marthe</u>
Non.
<u>Lechy Elbernon</u>
Il y a la scène et la salle.
Tout étant clos, les gens viennent là le soir, et ils sont assis par rangées les uns derrière les autres, regardant.
[...]
<u>Lechy Elbernon</u>
Je les regarde, et la salle n'est rien que de la chair vivante et habillée.
Et ils garnissent les murs comme des mouches, jusqu'au plafond.
Et je vois ces centaines de visages blancs.
L'homme s'ennuie, et l'ignorance lui est attachée depuis sa naissance.
Et ne sachant de rien comment cela commence ou finit, c'est pour cela qu'il va au théâtre.
Et il se regarde lui-même, les mains posées sur les genoux.

Et il pleure et il rit, et il n'a point envie de s'en aller.
Et je les regarde aussi, et je sais qu'il y a là le caissier qui sait que demain
On vérifiera les livres, et la mère adultère dont l'enfant vient de tomber malade,
Et celui qui vient de voler pour la première fois, et celui qui n'a rien fait de tout le jour.
Et ils regardent et écoutent comme s'ils dormaient. »

Paul Claudel, in *L'Échange*, acte I (première version)

Ce passage constitue une pause dans le déroulement narratif de *L'Échange*. Claudel met en abyme le théâtre : un personnage sur la scène joue une actrice en train de décrire le théâtre. C'est une manière de prendre à parti, d'impliquer le public, mais surtout de s'interroger sur le principe même de la représentation théâtrale.

Parataxe

Dans la parataxe, les phrases et segments de phrase sont simplement juxtaposés, contrairement à l'**hypotaxe**.

« Ô nuit désastreuse ! ô nuit effroyable où retentit tout à coup, comme un éclat de tonnerre, cette étonnante nouvelle : Madame se meurt ! Madame est morte : Qui de nous ne se sentit pas frappé à ce coup, comme si quelque tragique accident avait désolé sa famille ? Au premier bruit d'un mal si étrange, on accourut à Saint-Cloud de toutes parts ; on trouve tout consterné, excepté le cœur de cette princesse : partout on entend des cris ; partout on voit la douleur et le désespoir et l'image de la mort. Le roi, la reine, Monsieur, toute la cour, tout le peuple, tout est abattu, tout est désespéré ; et il me semble que je vois l'accomplissement de cette parole du prophète : Le roi pleurera, le prince sera désolé, et les mains tomberont au peuple de douleur et d'étonnement. [...] Madame cependant a passé du matin au soir, ainsi que l'herbe sur les champs ; le matin elle fleurissait, avec quelles grâces, vous le savez : le soir nous la vîmes séchée. »

Jean-Bénigne Bossuet, in *Oraisons funèbres*

Ce passage est extrait de l'oraison funèbre d'Henriette d'Angleterre, dont Bossuet avait été le directeur. La phrase « Madame se meurt ! Madame est morte ! » est restée célèbre. Ici, l'absence de lien logique ou temporel entre les deux propositions est une marque puissante de la brutalité de cette mort. Le passage entier est marqué par une construction sans lien de subordination entre les phrases – parataxe. On lit ainsi à travers les lignes la violence de l'événement, l'affolement qui s'ensuit, et l'émotion de l'orateur.

Réamorçage

Le réamorçage consiste à répéter, à l'identique ou légèrement modifié, un mot ou un groupe de mots pour que le lien syntaxique qu'il entretient avec ce qui suit soit éclairci.

« Elle me parut si charmante que moi, qui n'avais jamais pensé à la différence des sexes ni regardé une fille avec un peu d'attention, moi, dis-je, dont tout le monde admirait la sagesse et la retenue, je me trouvais enflammé tout d'un coup jusqu'au transport. »

Abbé Prévost, in *Manon Lescaut*

Ce passage de *Manon Lescaut* décrit la rencontre du chevalier Des Grieux avec Manon, dont il va tomber éperdument amoureux et qu'il va suivre jusqu'à la mort, malgré l'inconstance et les trahisons de la belle. Le réamorçage au milieu de la phrase (« moi, dis-je ») donne davantage de force à la sensation de trouble qui se dégage. Comme si Des Grieux avait besoin de réaffirmer son identité tellement le changement intervenu en lui était intense, comme si, au fond, sous le coup de la passion, il ne savait plus vraiment lui-même qui il était.

Sériation

La sériation consiste à énumérer un certain nombre d'éléments classés entre eux par groupes d'au moins deux éléments.

« C'est elle c'est l'orage aussi
Qui distribue des armes maladroites
Aux herbes aux insectes
Aux dernières chaleurs
Les fumées de l'automne
Les cendres de l'hiver »

Paul Eluard, « En exil », in *Une longue réflexion amoureuse*

Le poème d'où est tiré cet extrait est construit sur un rythme binaire : phrases et mots vont par deux, renforçant la symétrie – conduite par une **métaphore filée** – entre femme et éléments naturels. Dans ce passage, Eluard introduit une sériation qui porte le thème au faîte de sa tension, l'explosion de l'orage. La sériation débute de manière binaire (deux premiers vers), puis opère une rupture par l'insertion d'une série de trois (deux vers suivants) pour annoncer une retombée par un retour à une série binaire (deux derniers vers), exprimant ainsi le passage du chaud au froid, du clair à l'obscur, de l'extérieur à l'intérieur. Le poème commence par un regard et se termine par des yeux clos, la transition étant opérée stylistiquement par cette sériation.

Zeugma

Le zeugma lie syntaxiquement deux (ou plusieurs) mots ou groupes de mots, en les subordonnant au même mot (souvent un verbe) sans que celui-ci soit répété. Souvent le zeugma est l'occasion d'un effet de surprise lié au fait que les termes ainsi rapprochés ne se rapportent pas au verbe de la même manière.

On parle également de **zeugme**.

« Ah ! Savez-vous le crime, et qui vous a trahie,
Madame ? Savez-vous quel serpent inhumain
Iphigénie avait retiré dans son sein ?
Ériphile, en ces lieux par vous-même conduite,
A seule à tous révélé votre fuite »

Jean Racine, in *Iphigénie* (acte V, scène 4)

Les dieux ont ordonné à Agamemnon de sacrifier sa fille Iphigénie, condition *sine qua non* pour que la conquête de Troie soit une victoire. Clytemnestre, la mère d'Iphigénie, tente d'organiser la fuite de sa fille. Elle est trahie par Ériphile, une jeune femme de Lesbos, qu'Achille a réduite en esclavage et qu'Iphigénie et Clytemnestre ont pris sous leur coupe, obtenant qu'elle redevienne libre. Mais leur protégée s'est éprise d'Achille, qui doit épouser Iphigénie le jour même. Poussée par une jalousie monstrueuse, Ériphile condamne Iphigénie à mort en dénonçant ses projets de fuite. L'usage courant voudrait que l'on répète « savez-vous ». En effet, l'association d'un nom (le crime) et d'une proposition relative (qui vous a trahie) sans la répétition du verbe n'est pas autorisée dans une structure classique. En omettant cette répétition, Racine utilise ici le procédé du zeugma. La nuance de signification* qu'apporte cette figure est d'importance : la monstruosité du crime réside notamment dans la personne qui l'a commis.

E) DÉSTRUCTURATION

Anacoluthe

L'anacoluthe introduit une rupture dans la construction syntaxique attendue de la phrase. Le début de la phrase annonce une construction qui sera abandonnée en cours de route.

« Qui voudra connaître à plein la vanité de l'homme n'a qu'à considérer les causes et les effets de l'amour. Le nez de Cléopâtre : s'il eût été plus court, toute la face de la terre aurait changé. »

Blaise Pascal, in *Pensées* (II, 162)

Dans ce passage des *Pensées*, Pascal produit un effet de surprise dans la construction de sa phrase : le « nez de Cléopâtre » devrait être le sujet de la proposition principale. « Toute la face de la terre » prend sa place ; il y a anacoluthe. Ce procédé permet à Pascal de donner davantage de force à l'illustration qu'il fait de sa phrase précédente. L'anacoluthe confronte, en effet, en soulignant cette confrontation par la surprise de la construction, la cause de l'amour (ici, le nez de Cléopâtre) et ses effets (le bouleversement du monde).

Asyndète

Dans l'asyndète, l'auteur omet volontairement d'expliciter le lien – de coordination ou de subordination – supposé entre les phrases, les membres de phrase ou les mots.

Cette figure a pour vocation ou de mettre l'accent, en jouant sur leur absence, sur les liens qui existent implicitement entre les propositions, ou, au contraire, d'insister sur l'anarchie qui règne entre elles, créant ainsi une sensation de désordre, d'accumulation...

« Je le vis, je rougis, je pâlis à sa vue
Un trouble s'éleva dans mon âme éperdue ;
Mes yeux ne voyaient plus, je ne pouvais parler,
Je sentis tout mon corps et transir et brûler. »

Jean Racine, in *Phèdre* (acte I, scène 4)

Dans ces vers, Racine omet volontairement tout lien entre les segments de phrase et décrit avec d'autant plus de force la violence du coup de foudre. L'enchaînement inarticulé de tous les états de Phèdre traduit la puissance de la passion qui l'assaille et confère aux émotions une amplification qui renforce la dimension tragique de l'œuvre.

Dislocation

La dislocation consiste à mettre en exergue (souvent en début de phrase) un mot ou un groupe de mots qui est représenté, dans la fonction syntaxique qu'il occuperait en temps normal, par un pronom.

« La servante au grand cœur dont vous étiez jalouse,
Et qui dort son sommeil sous une humble pelouse,
Nous devrions pourtant lui porter quelques fleurs »

Charles Baudelaire, poème sans titre des « Tableaux parisiens »,
in *Les Fleurs du mal*

Au début de ce poème sans titre, Baudelaire opère une dislocation de sa phrase. La servante est le complément de « porter des fleurs » et devrait se situer, dans un usage courant, après ce groupe. En mettant la servante en exergue de cette manière et en y faisant à nouveau référence avec le pronom « lui », il place ce personnage au premier plan. Il indique également, plus subrepticement, ce qui sera l'objet du poème : son sommeil, autrement dit la mort.

Ellipse

On parle d'ellipse quand l'un des déterminants de la phrase, sujet ou verbe le plus souvent, est omis et donc sous-entendu. Le sens de la phrase reste pourtant intelligible. L'ellipse est caractéristique du style télégraphique.

« Ce que je sais à soixante, je le savais aussi bien à vingt. Quarante ans d'un long, d'un superflu travail de vérification... »

Emil Cioran, in *De l'inconvénient d'être né*

La deuxième phrase de cet aphorisme* est une ellipse. Il lui « manque », en effet, un sujet et un verbe. Par ce procédé, Cioran – qui évoque plus loin, sans doute, en parlant de lui, « Le fanatique du cafard elliptique » –, fait l'économie de la soustraction, soixante moins vingt. Il va ainsi droit au but : quarante ans d'inutilité.

Enchâssement

L'enchâssement est une rupture syntaxique qui consiste à intercaler, au milieu d'une phrase, un groupe de mots ou même une phrase entière.

« Un soir, t'en souvient-il, nous voguions en silence ;
On n'entendait au loin, sur l'onde et sous les cieux,
Que le bruit des rameurs qui frappaient en cadence
Tes flots harmonieux »

Alphonse de Lamartine, « Le Lac »

En insérant dans la phrase, entre virgules, son invocation au Lac (« t'en souvient-il »), Lamartine utilise la figure de l'enchâssement et met ce segment de phrase en relief et, avec lui, la nostalgie qu'il exprime dans le poème. Il pointe du doigt, en insistant sur le souvenir, la fugacité des moments de bonheur, ceux de l'amour en particulier. Quelques vers plus loin, ce sentiment est exprimé plus directement :

« Ô temps, suspends ton vol, et vous, heures propices !
Suspendez votre cours :
Laissez-nous savourer les rapides délices
Des plus beaux de nos jours ! »

Hendiadyn (masculin. Prononcer indyadinne)

L'hendiadyn coordonne deux éléments auxquels il donne syntaxiquement une place équivalente, là où l'on aurait attendu que l'un soit subordonné à l'autre et n'ait, par conséquent, pas la même fonction syntaxique.

« Après le souper, quand la soirée était belle, nous allions encore tous ensemble faire quelque tour de promenade sur la terrasse pour y respirer l'air du lac et la fraîcheur »

Jean-Jacques Rousseau, in *Rêveries du promeneur solitaire* (cinquième promenade)

Lorsque Rousseau parle de l'air et de la fraîcheur, on attendrait plutôt : l'air frais du lac. En plaçant ces deux termes à une position équivalente et non pas subordonnée, il pratique l'hendiadyn. Dans cette promenade, il décrit la douceur que lui procure son séjour sur une petite île du lac de Bienne en Suisse. L'oisiveté qu'il y pratique l'ouvre aux plaisirs très simples des sens. Et c'est bien cette acuité à tous les ressentis, même minimes, que traduit cet hendiadyn, qui prend le temps de mesurer une à une les sensations produites au cours de ces sorties nocturnes.

Hyperbate

L'hyperbate déstructure la construction classique de la phrase en ajoutant un mot ou un groupe de mots à la fin d'une phrase qui paraissait close. Ce mot ou groupe de mots ajouté est bien sûr mis en relief par ce procédé.

« Cette dent de devant cariée me poussait ses aiguilles très haut dans sa racine, presque sous le nez. Sale sensation !
Et la magie ? Sans doute, mais il faut alors aller se loger en masse presque sous le nez. Quel déséquilibre ! Et j'hésitais, occupé ailleurs, à une étude sur le langage.
Sur ces entrefaites, une vieille otite, qui dormait depuis trois ans, se réveilla et sa menue perforation dans le fond de mon oreille. »

Henri Michaux, « Magie IV », in *Lointain intérieur*

On s'attendrait à ce que la dernière phrase de ce passage se termine sur « se réveilla ». Michaux crée un effet de surprise et déséquilibre la construction de sa phrase en ajoutant un groupe nominal alors que la phrase semblait finie. Il s'agit bien d'une hyperbate. Ce procédé rend plus tangible la sensation. Cette « perforation » sournoise est d'autant plus aiguë qu'on ne l'attendait pas.

Inversion

Dans l'inversion, l'auteur renverse l'ordre classique des termes de la phrase.

On parle d'**anastrophe** quand ce procédé a pour terrain non plus la phrase entière, mais un groupe de mots dont l'ordre habituel est bouleversé.

« Sous le Pont Mirabeau coule la Seine
Et nos amours
Faut-il qu'il m'en souvienne
La joie venait toujours après la peine

Vienne la nuit sonne l'heure
Les jours s'en vont je demeure

Les mains dans les mains restons face à face
Tandis que sous
Le pont de nos bras passe
Des éternels regards l'onde si lasse »

Guillaume Apollinaire, « Le Pont Mirabeau », in *Alcools*

Les premiers vers du « Pont Mirabeau », notamment ceux qui reviendront comme un refrain : « vienne la nuit sonne l'heure », font appel assez systématiquement au procédé de l'inversion. L'ordre classique des phrases est déstructuré : les sujets sont placés après les verbes, et les compléments avant les termes auxquels ils sont subordonnés. C'est peut-être une manière de souligner *a contrario* l'irréversibilité des instants passés, qui est le thème du poème.

Rejet

Le rejet consiste à placer à la fin d'une phrase, d'un membre de phrase ou d'un vers un mot ou un groupe de mots qui devraient, dans une construction classique, se trouver à un autre endroit. Ce procédé met bien sûr en valeur le mot ou le groupe de mots rejeté, renforçant ainsi l'expressivité du discours.

« Tu portes plus galamment
Qu'une reine de roman
Ses cothurnes de velours
Tes sabots lourds. »

Charles Baudelaire, « À une mendiante rousse »,
in *Les Fleurs du mal*

L'agencement de ces vers se distingue de l'usage classique qu'on pourrait faire de la même phrase : « Tes sabots lourds » devraient se placer après « Tu portes ». Or, Baudelaire a opéré ici un rejet. Outre le fait qu'il serve les besoins de la rime, ce rejet a pour vocation de renforcer le sens de ce qui est énoncé. Les sabots de la mendiante acquièrent plus de valeur que les luxueux cothurnes de la reine ; ils ont le dernier mot.

Tmèse

La tmèse est la division d'un mot composé ou d'un groupe de mots indissociables dans un usage courant, au milieu desquels on intercale un ou plusieurs mots.

« Apprenons l'art, mon cœur, d'aimer sans espérance »

Jean de Rotrou, in *Venceslas*

Aragon commente ainsi ce vers, montrant la portée de la tmèse qui y est employée : « Allez-y, ne vous gênez pas, déplacez ce cœur à tout point du vers, et vous verrez qu'il n'en reste rien. Et sans lui le lecteur fera toujours un contresens (l'art d'aimer venant d'un coup, rompt la liaison des mots aimer sans espérance, qui est l'essentiel ici, car ce n'est pas que d'aimer qu'il s'agit). » En déstructurant ainsi la phrase par l'intermédiaire de la tmèse, Rotrou lui donne une expressivité et un sens nouveaux.

4

Figures de pensée

Les *figures de pensée* concernent le discours en lui-même : elles soulignent les rapports des idées entre elles, mais surtout les rapports du discours avec son sujet (le narrateur) d'une part, son objet et le traitement qu'il en fait d'autre part.

Elles sont les indicateurs d'une situation d'énonciation* particulière, ainsi que de la dialectique* qui est mise en œuvre.

On abordera les *figures de pensée* à travers quatre types d'intervention sur le discours :

➢ Les figures de *l'intensité* sont celles qui apportent une amplification au discours ou qui, au contraire, cherchent à en atténuer la portée.

➢ Certaines figures ont vocation à restituer une image visuelle et, plus largement, à *rendre vivant* le discours, pour faciliter son appropriation, le rendre plus fort.

➢ Les figures de *l'énonciation* mettent en exergue les relations du narrateur à l'objet de son propos et la manière qu'il a de l'aborder.

➢ Les figures de la *dialectique* concernent la relation que le narrateur met en place avec son lecteur ou auditeur, en créant une complicité avec lui, en cherchant à provoquer une réaction ou à produire un effet de surprise, de manière à l'influencer ou le convaincre.

A) Intensité

Emphase

L'emphase consiste à employer un ton d'une solennité exagérée.

On parle également de **grandiloquence**.

Dans la « tirade des nez », Cyrano de Bergerac ridiculise son adversaire en exposant lui-même toutes les formes de moquerie que l'on pourrait lui faire à propos de son nez démesuré. Il y emploie différents modes, dont l'emphase :

« Emphatique : aucun vent ne peut, nez magistral,
T'enrhumer tout entier, excepté le mistral ! »

Edmond Rostand, in *Cyrano de Bergerac* (acte I, scène 4)

On notera au passage les procédés qui, assemblés, produisent cette solennité qui ne fait que renforcer la dérision de la tirade : la forme de la phrase, exclamative ; l'exagération du propos, **hyperbole** ; la tournure totalement décalée de l'**apostrophe** – on s'adresse à un nez comme on s'adresserait à un roi.

Euphémisme

On parle d'euphémisme lorsqu'on utilise une expression atténuée à la place d'une autre qui pourrait choquer.

« Parce que cette syllabe frappait trop rudement leurs oreilles, et que cette voie leur semblait malencontreuse, les Romains avaient appris de l'amollir ou de l'étendre en périphrases. Au lieu de dire : il est mort ; il a cessé de vivre disent-ils, il a vécu. Pourvu que ce soit vie, soit-elle passée, ils se consolent. Nous en avons emprunté notre "feu maître Jean". »

Michel de Montaigne, « Que philosopher, c'est apprendre à mourir »
in *Les Essais* (Livre I, chapitre 20)

Montaigne donne ici un exemple typique d'euphémisme, qui lui permet en outre d'étayer son propos. Il montre comment le langage a été détourné pour parler de quelque chose sans le nommer. Ici, le mot taboue est la mort et, montrant du doigt le procédé d'euphémisme qui est employé – procédé qui devient action en ce que c'est précisément son emploi qui rend taboue la mort –, Montaigne met en exergue ce qu'il dénonce dans ce chapitre : à force de ne pas intégrer la mort à la vie et à la conscience, c'est justement la conscience et, par contagion, la vie, que l'on désintègre.

Exténuation

L'exténuation est un procédé d'atténuation qui confère au propos une dimension neutre ou anodine.

« Il y avait à Montmartre, au troisième étage du 75 bis de la rue d'Orchampt, un excellent homme nommé Dutilleul qui possédait le don singulier de passer à travers les murs sans être incommodé. Il portait un binocle, une petite barbiche noire, et il était employé de troisième classe au ministère de l'Enregistrement. En hiver, il se rendait à son bureau par l'autobus, et, à la belle saison, il faisait le trajet à pied, sous son chapeau melon. »

Marcel Aymé, in *Le Passe-muraille*

Ce paragraphe ouvre la nouvelle du *Passe-muraille*. Il présente de façon tout à fait anodine et légère le personnage principal de l'histoire, dans un total décalage de ton avec le fantastique qui est celui d'un homme capable de passer à travers les murs... Le ton de l'ensemble de la nouvelle sera fondé sur un recours récurrent au procédé de l'exténuation.

Hyperbole

L'hyperbole procède par exagération du propos : on délivre une version amplifiée d'une idée pour la mettre en relief.

Une hyperbole poussée à l'extrême est appelée **adynaton.**

« Tu ne le croiras pas peut-être : depuis un mois que je suis ici, je n'y ai encore vu marcher personne. Il n'y a point de gens au monde qui tirent meilleur parti de leur machine que les Français ; ils courent, ils volent. »

Montesquieu, in *Lettres persanes* (lettre XXIV de Rica à Ibben)

Dans cette lettre, un jeune Perse, en voyage à Paris, décrit à son ami la vie parisienne. Montesquieu utilise ce regard étranger et sa fausse naïveté pour dresser une satire et critiquer la société de son époque. Ce passage utilise le procédé de l'hyberbole – « je n'y ai encore vu marcher personne », puis « ils courent », et surtout « ils volent » – pour connoter, grâce à cette exagération, le propos d'une ironie sous-jacente qui passe au premier abord pour de l'admiration. On pointait déjà du doigt le stress parisien au XVIIIe siècle...

Litote

La litote consiste à dire peu pour suggérer beaucoup.

« Va, je ne te hais point »

Pierre Corneille, in *Le Cid* (acte III, scène 4)

Lorsque Chimène cherche à conclure son entrevue avec Rodrigue sur ces mots, elle utilise le procédé de la litote, d'une part pour ne pas dire ce que la décence ne permet pas de dire (Rodrigue, pour venger son père, vient de tuer celui de Chimène) et, surtout, pour dire en contrepoint l'ampleur de son amour.

B) Rendre vivant

Hypotypose

On parle d'hypotypose lorsque l'auteur décrit une situation, un lieu, un personnage de manière très vivante, comme s'il s'agissait d'un tableau. L'identification de cette figure a quelque chose d'assez subjectif, contrairement à d'autres dont les contours sont plus définis.

« Attention aux roches et surtout, attention aux mirages. Le Yang-Tsé-Kiang n'est pas un fleuve, c'est une avenue. Une avenue de cinq mille kilomètres qui dégringole du Tibet pour finir dans la mer Jaune, avec des jonques et puis des sampans de chaque côté. Et au milieu, il y a des tourbillons d'îles flottantes avec des orchidées hautes comme les arbres. Le Yang-Tsé-Kiang, camarade, c'est des millions de mètres cubes d'or et de fleurs qui descendent vers Nakin. »

in *Un singe en hiver*, Henri Verneuil.
Dialogues de Michel Audiard

Dans *Un singe en hiver*, Albert (Jean Gabin) dirige une petite auberge dans un village de la côte normande. Alcoolique notoire, il est dans cette scène en train de partager une soirée de beuverie avec un de ses comparses, dans un bar dont l'étage, réservé à des activités plus intimes, est rempli d'Allemands (on est à la fin de la guerre). Dans ce passage, il fait littéralement surgir les paysages d'une Chine qu'il a connue autrefois, avec toute la force d'évocation que lui permet un taux d'alcoolémie plutôt élevé. On peut ici parler d'hypotypose : il rend réel et présent quelque chose qui ne l'est pas. Un peu avant, il donne d'ailleurs une assez belle définition de cette figure. Rétorquant à la tenancière du club qui lui reproche ses manières d'alcoolique, il dit :

« Je vous offre des rivières tricolores, des montagnes de fleurs et des temples sacrés et vous me transformez tout ça en maison de passe. Vous plantez votre Babylone normande dans ma mer de Chine ! »

Bien sûr, sa mauvaise foi est totale et sa définition de l'hypotypose vaut surtout pour lui. C'est bien lui qui plante la Chine au beau milieu d'un petit bar normand.

Interrogation oratoire

L'interrogation oratoire est une fausse interrogation. Dans la mesure où elle ne fait pas partie d'un dialogue, c'est une question qui n'attend pas de réponse et qui a, par conséquent, pour vocation d'interpeller le lecteur et de donner davantage de force à une affirmation implicite.

« [...] comment une servante zélée catholique aurait-elle pu souffrir que des huguenots assassinassent un jeune homme élevé par elle pour le punir d'aimer la religion de cette servante ? Comment Lavisse serait-il venu exprès de Bordeaux pour étrangler son ami dont il ignorait la conversion prétendue ? Comment une mère tendre aurait-elle mis les mains sur son fils ? Comment tous ensemble auraient-ils pu étrangler un jeune homme aussi robuste qu'eux tous, sans un combat long et violent, sans des cris affreux qui auraient appelé tout le voisinage, sans des coups réitérés, sans des meurtrissures, sans des habits déchirés. »

Voltaire, in *Traité sur la tolérance à l'occasion de la mort de Jean Calas*

Marc-Antoine Calas a été retrouvé pendu dans le magasin de son père, Jean Calas. L'énigme est de taille, mais, à cette période, un vent antiprotestant souffle sur la société française, qui va largement influencer l'enquête. Le verdict qui ressort de l'instruction est le suivant : la victime aurait voulu se convertir au catholicisme et ses parents l'auraient tué pour cette raison. Jean Calas est alors condamné à mort et tué sur la roue en 1762. Voltaire se penche sur cette affaire et écrit son *Traité sur la tolérance*. L'arrêt est cassé en 1764, et Jean Calas réhabilité en 1765. Dans ce passage, Voltaire utilise le procédé de l'interrogation oratoire, très courant dans le plaidoyer judiciaire. En posant cette série de questions, il affirme implicitement que ces présupposés sont absurdes et que le résultat de l'enquête est donc fondé sur des hypothèses totalement fausses.

Personnification

La personnification est un procédé qui consiste à représenter un objet ou une idée comme un être humain.

« Un soir j'ai assis la Beauté sur mes genoux. – Et je l'ai trouvée amère. – Et je l'ai insultée. »

Arthur Rimbaud, in *Une saison en enfer*

Dans ce passage d'*Une saison en enfer*, Rimbaud utilise la personnification pour parler de la Beauté : il représente bien ce concept sous une forme vivante (il la présente d'ailleurs avec une majuscule). Ce procédé, outre la poétisation du discours qu'il induit, indique à la fois la familiarité du poète avec la beauté et sa volonté iconoclaste de détruire les valeurs morales et esthétiques en place. Certains y voient également, à un second degré, l'image de la femme et des déceptions hétérosexuelles de Rimbaud.

Prosopopée

Avec la prosopopée, on fait parler et agir une personne absente, un objet ou une chose personnifiée. On rend présent ce qui est absent.

« Le premier qui, ayant enclos un terrain, s'avisa de dire : ceci est à moi, et trouva des gens assez simples pour le croire, fut le vrai fondateur de la société civile. Que de crimes, de guerres, de meurtres, que de misères et d'horreurs n'eût point épargnés au genre humain celui qui, arrachant les pieux ou comblant le fossé, eût crié à ses semblables : "Gardez-vous d'écouter cet imposteur ; vous êtes perdus si vous oubliez que les fruits sont à tous, et que la terre n'est à personne." »

Jean-Jacques Rousseau, in *Discours sur l'origine de l'inégalité*

Dans ce passage, Rousseau utilise la voix d'un personnage imaginaire. Le procédé de la prosopopée lui permet de rendre plus vive sa dénonciation de la propriété et sa profession de foi envers un état de nature qu'il considère comme l'âge d'or de l'humanité.

C) ÉNONCIATION

Analepse

L'analepse est l'équivalent littéraire du flash-back, soit le récit d'une action passée.

« J'avais dès longtemps remarqué que, pour les mœurs, il est besoin quelquefois de suivre des opinions qu'on sait fort incertaines, tout de même que si elles étaient indubitables [...] ; mais parce qu'alors je désirais vaquer seulement à la recherche de la vérité, je pensai qu'il fallait que je fisse tout le contraire, et que je rejetasse, comme absolument faux, tout ce en quoi je pourrais imaginer le moindre doute, afin de voir s'il ne resterait point, après cela, quelque chose en ma créance, qui fût entièrement indubitable. Ainsi, à cause que nos sens nous trompent quelquefois, je voulus supposer qu'il n'y avait aucune chose qui fût telle qu'ils nous la font imaginer. [...] je rejetai comme fausses toutes les raisons que j'avais prises auparavant pour démonstrations. Et enfin, considérant que toutes les mêmes pensées, que nous avons étant éveillés, nous peuvent aussi venir, quand nous dormons, sans qu'il y en ait aucune, pour lors, qui soit vraie, je me résolus de feindre que toutes les choses qui m'étaient jamais entrées dans l'esprit n'étaient non plus vraies que les illusions de mes songes. Mais, aussitôt après, je pris garde que, pendant que je voulais ainsi penser que tout était faux, il fallait nécessairement que moi, qui le pensais, fusse quelque chose. Et remarquant que cette vérité, je pense donc je suis, était si ferme et si assurée, que toutes les plus extravagantes suppositions des sceptiques n'étaient pas capables de l'ébranler, je jugeai que je pouvais la recevoir, sans scrupule, pour le premier principe de la philosophie que je cherchais. »

René Descartes, in *Discours de la méthode* (quatrième partie)

Dans ce passage, Descartes utilise le procédé de l'analepse pour parvenir à son fameux « je pense donc je suis ». Le cheminement logique qui le conduit à cette conclusion est présenté au passé : Descartes décrit comment cette vérité a surgi. L'analepse permet ici d'asseoir la scientificité de la démonstration.

Aposiopèse

L'aposiopèse est une interruption dans le déroulement syntaxique du propos. Elle fait sens non pas concernant le propos, mais concernant la situation de celui qui l'énonce.

« Lisette
Ah ! Tirez-moi d'inquiétude ? En un mot, qui êtes-vous ?
Arlequin
Je suis... N'avez-vous jamais vu de fausse monnaie ? »

Marivaux, in *Le Jeu de l'amour et du hasard* (acte III, scène 6)

Le ressort dramatique du *Jeu de l'amour et du hasard* est fondé sur l'échange des rôles : les valets ont endossé les habits des maîtres et les maîtres ceux des valets. Mais chacun pense qu'il est seul à avoir utilisé ce subterfuge. Lorsque Arlequin s'apprête à dévoiler sa propre identité à Lisette, il s'interrompt brusquement. Marivaux utilise ici le procédé de l'aposiopèse, marqué par les points de suspension. Cette interruption permet de faire durer le jeu et le suspense en évitant de rompre le ressort dramatique. Ce procédé peut se lire aussi comme un clin d'œil de Marivaux qui montre ainsi le pouvoir du dramaturge : selon ce qu'il dit et quand, le théâtre se fait ou pas. Il joue aussi avec le pacte implicite créé avec le spectateur : le suspense existe parce que le public en sait davantage que les personnages.

Apostrophe

L'apostrophe est une interpellation directe. Elle peut interpeller une personne, présente ou pas, ou une entité abstraite. Classiquement, elle est introduite par : Ô...

« Sois, ma lèvre, la rose effeuillant le baiser
Qui fasse un spectre cher lentement s'apaiser,
Car la nuit parle à demi-voix, proche et lointaine,
Aux calices pleins d'ombre et de sommeils légers
Mais la lune s'amuse aux myrtes allongés.

Je t'adore sous ces myrtes, ô l'incertaine
Chair pour la solitude éclose tristement
[...]

Adieu, Narcisse... Meurs ! Voici le crépuscule. »

Paul Valéry, « Narcisse parle »

La fin du poème est fondée sur une succession d'apostrophes. Comme le titre l'indique, on est ici dans la parole de Narcisse (« Narcisse parle »). Le jeune homme s'est perdu en tombant amoureux de sa propre image et c'est cette déperdition que met en lumière cette suite d'apostrophes. La première, « ma lèvre », insolite, marque la déstructuration de l'unité de Narcisse : en s'aimant, il devient pour ainsi dire étranger à lui-même. Ce dysfonctionnement est par ailleurs souligné par l'image renversée de la rose qui effeuille. Plus loin, c'est à sa propre chair qu'il s'adresse. Narcisse est au bord de la rupture ; sa personnalité est disloquée. On notera le rejet du mot « chair » qui donne toute sa puissance à l'adjectif « incertaine ». Pour finir, la séparation totale d'avec lui-même se lit dans la dernière apostrophe : « Narcisse », qui se solde inexorablement par la mort, suicide ou mise à mort.

Épanorthose

L'épanorthose est un procédé d'autocorrection qui consiste à revenir sur ce que l'on a dit en y apportant des nuances.

On parle aussi d'**expolition**, lorsque les nuances apportées ont pour vocation d'éclaircir le discours.

« Mais je voudrais bien savoir ce qu'est devenu mon gros polichinelle, je veux dire mon très respectable époux. »

Alfred Jarry, in *Ubu roi* (acte V, scène 1)

L'épanorthose que Jarry place dans le discours de la mère Ubu a bien sûr une vocation comique. Le couple Ubu se déteste et ne s'associe que pour conquérir, de manière tout à fait dérisoire évidemment, richesse, pouvoir et puissance. En pratiquant l'épanorthose, la mère Ubu corrige l'injure pleine de dédain qu'elle fait à son propre mari pour renforcer l'ironie de la formule « mon très respectable époux » tout à fait contraire à la réalité du personnage d'Ubu. Elle indique très clairement par ce biais ce décalage de sentiments. Jarry y place aussi toute la vanité et l'absurdité de ses personnages.

Épiphrase

L'épiphrase insère dans le discours une phrase ou un segment de phrase qui ne cherche qu'à dévoiler le ressenti de son auteur.

« – Blonde, en somme. Le nez mignon avec la bouche
Incardine, grasse et divine d'orgueil
Inconscient. – D'ailleurs plus fine que la mouche
Qui ravive l'éclat un peu niais de l'œil. »

Paul Verlaine, « L'allée », in *Fêtes galantes*

Dans « L'allée », Verlaine décrit le regard du narrateur sur une femme qui passe dans une allée. Celle-ci se rapproche et ces derniers vers la décrivent « de près ». Les épiphrases, signalées graphiquement par les tirets, sont, au milieu de la description, une forme de commentaire de la part du narrateur.

Parenthèse

La parenthèse est l'ajout d'un segment dissocié du reste de la phrase, signalé par des signes graphiques (parenthèses ou virgules) ou non.

On parle également de **parembole**.

« Je jouissais en paix du fruit de ma sagesse ;
Mais un trouble importun vient, depuis quelques jours,
De mes prospérités interrompre le cours.
Un songe (me devrais-je inquiéter d'un songe ?)
Entretient dans mon cœur un chagrin qui le ronge. »

Jean Racine, in *Athalie* (acte II, scène 5)

La parenthèse qui interrompt la phrase (« me devrais-je inquiéter d'un songe ? ») tend à contrebalancer l'inquiétude qui ronge Athalie. Par la retouche de son propos qu'elle tente d'introduire par ce biais, cette reine cruelle tend à reprendre son statut de maîtrise absolue qu'elle est pourtant en train de perdre.

Prolepse

La prolepse est le contraire du flash-back. Elle consiste à anticiper une situation et à en faire le récit. C'est un procédé souvent utilisé pour prévenir les objections de l'interlocuteur.

« On me demandera si je suis prince ou législateur pour écrire sur la politique ? Je réponds que non et que c'est pour cela que j'écris sur la politique. »

Jean-Jacques Rousseau, in *Du contrat social*

Cette phrase est extraite du préambule du *Contrat social*. C'est le lieu de présenter l'objectif de son discours, et d'exposer sa légitimité à le tenir. Ici, Rousseau utilise la prolepse en imaginant l'argument qu'on pourrait lui avancer pour réfuter sa légitimité. Ce procédé lui permet de contrer les objections avant même qu'elles aient été formulées, et d'asseoir sa légitimité avec plus de force.

On trouve également des utilisations plus poétiques de cette figure, comme dans ce passage de *Destinée arbitraire* :

« Demain on enterrera gratuitement
on ne s'enrhumera plus
on parlera le langage des fleurs
on s'éclairera de lumières inconnues à ce jour.
Mais aujourd'hui c'est aujourd'hui. »

Robert Desnos, in *Destinée arbitraire*

Par opposition à cet « aujourd'hui », Desnos construit ici un futur idéal, utilisant le procédé de la prolepse pour projeter ce que pourrait (devrait ?) être ce demain.

D) Dialectique

Antiphrase

Dans l'antiphrase, on utilise un mot tout en indiquant implicitement qu'on l'utilise en réalité dans un sens contraire à son emploi courant.

C'est une des modalités de l'**ironie**.

Alain Robbe-Grillet délivre dans ce passage un bel exemple d'antiphrase, dont il explicite par la même occasion le fonctionnement :

« L'homme continua : "Tu peux espérer que je vais bien la recevoir." Il insista sur le mot "bien", de manière à montrer qu'il fallait comprendre tout le contraire. En outre, comme beaucoup de gens de l'île, il employait "espérer" à la place de "présumer" – qui, dans le cas présent, signifiait plutôt "craindre". »

Alain Robbe-Grillet, in *Le Voyeur*
(cité par Bernard Dupriez, *Gradus*)

Chleuasme

Le chleuasme est une forme d'autodérision dont l'auteur fait part dans l'espoir d'une réfutation implicite de son interlocuteur.

« Orgon
Ce que je viens d'apprendre, ô Ciel, est-il croyable ?
Tartuffe
Oui, mon frère, je suis un méchant, un coupable,
Un malheureux pécheur, tout plein d'iniquité,
Le plus grand scélérat qui jamais ait été ;
Chaque instant de ma vie est chargé de souillures ;
Elle n'est qu'un amas de crimes, et d'ordures »

Molière, in *Tartuffe* (acte III, scène 6)

Orgon s'est attaché à Tartuffe, qui témoigne, avec la plus grande hypocrisie, de sa piété et d'une amitié sans bornes à son égard. Alors que sa fille, Mariane, doit épouser Valère, il décide de rompre son engagement et de la marier à Tartuffe. Quand ce dernier déclare sa flamme à la mère de sa promise, Damis, le frère de Mariane, entend tout et rapporte ce qu'il a vu à son père. Pour se défendre, Tartuffe utilise le procédé du chleuasme : il se mortifie de façon appuyée pour que son prétendu aveu renforce la crédulité de son interlocuteur. C'est précisément dans ce piège que va tomber Orgon. L'auto-accusation apparaît à ses yeux comme un gage de la piété du dévôt.

Ironie

L'ironie est un procédé qui consiste à dire une chose tout en indiquant qu'on veut précisément dire le contraire.

Cette figure fonctionne sur la base d'une complicité avec le lecteur qui comprendra, en général grâce au contexte du discours, le double niveau de langage qu'elle met en œuvre.

« Ceux dont il s'agit sont noirs depuis les pieds jusqu'à la tête ; et ils ont le nez si écrasé qu'il est presque impossible de les plaindre.
On ne peut se mettre dans l'idée que Dieu, qui est un être très sage, ait mis une âme, surtout une âme bonne, dans un corps tout noir. »

Montesquieu, in *De l'esprit des lois* (Livre XV, chapitre 5)

Ces phrases sont extraites du chapitre de l'*Esprit des lois* consacré à « l'esclavage des nègres ». Montesquieu est opposé à cette pratique et, lorsqu'il délivre ces affirmations, il pratique l'ironie : il dit cela en indiquant très clairement qu'il pense le contraire. Son objectif est d'exposer l'absurdité des arguments de ceux qui sont pour l'esclavage. Pour éviter tout quiproquo, il précise d'ailleurs bien cette intention un peu plus tôt dans le texte : « Si j'avais à soutenir le droit que nous avons eu de rendre les nègres esclaves, voici ce que je dirais », affirmant combien cette pratique s'oppose selon lui au droit.

Prétérition

La prétérition est un procédé qui consiste à dire qu'on ne va pas parler de ce dont précisément on est en train de parler.

« J'aurais aimé commencer cette histoire à la façon des contes de fées. J'aurais aimé dire :
"Il était une fois un petit prince qui habitait une planète à peine plus grande que lui, et qui avait besoin d'un ami..." Pour ceux qui comprennent la vie, ça aurait eu l'air beaucoup plus vrai. »

Antoine de Saint-Exupéry, in *Le Petit Prince*

Saint-Exupéry utilise ici une forme un peu particulière de la prétérition puisque celle-ci fait référence non plus à quelque chose que l'on dit en disant qu'on ne le dit pas, mais à quelque chose qu'on dit en disant qu'on ne l'a pas dit. Elle produit cependant un double effet : d'abord celui de faire parler directement le narrateur, apportant à la fois distance et appropriation du discours, ensuite celui de donner un sens nouveau à la lecture à opérer sur le texte, et de modifier (ou de conforter) la lecture qui a été faite des pages qui précèdent.

Substitution

La substitution provoque un effet de surprise fondé sur l'utilisation d'une formule ou d'une formulation attendue, dont on remplace certains mots par d'autres, que l'on n'attendait pas.

« Les vieux ne parlent plus ou alors seulement parfois du bout des yeux. »

Jacques Brel, « Les vieux »

Alors que la logique et un usage courant attendraient « du bout des lèvres », Brel utilise ici la substitution pour dire avec plus de force la vieillesse. Par le biais de ce procédé, la faculté de la parole des « vieux » leur est progressivement retirée, comme un mouvement inexorable vers la mort.

Quatrième partie

Le français est un jeu

par Pierre Jaskarzec

Introduction

> « [...] Naturellement aux gens qu'étaient avec moi, je disais "c'est tout à fait ça" ou "ça me rappelle des trucs", même que mon beau-frère m'a appris que c'était pas français de dire "s'en rappeler". Tu savais ça, adjudant ?
> — Bien sûr. À qui crois-tu que tu causes ?
> — Tu vois, mon beau-frère t'apprendrait qu'il faut dire "que tu parles".
> — Dis-moi, c'est un con, ton beau-frère.
> — T'en fais pas pour lui, il est devenu industriel. [...] »
>
> *Le Dimanche de la vie*, Raymond QUENEAU.

Le français est un jeu : sous ce titre prometteur se cache un ouvrage consacré aux « difficultés » dont notre langue est hérissée, c'est-à-dire aux mots, locutions, constructions qui sont pour l'usager une source d'hésitations, de confusions et d'erreurs...

Rassurez-vous, il y a un vrai jeu dans ce livre, un jeu de questions-réponses qu'on appelle en anglais – et hélas ! en français – un « quiz ». Le quiz est un jeu culturel amusant et un tantinet immoral : même quand on ne sait rien, on peut parfaitement avoir raison, pour peu qu'on ait de l'intuition, l'esprit de déduction... et de la chance ! Quel que soit votre degré de maîtrise de la langue, vous vous reporterez avec profit aux réponses données à la fin de chaque chapitre. Claires et concises, elles éclairent les difficultés du français en matière d'orthographe, de prononciation, de construction grammaticale, de propriété des mots et des expressions, mais aussi plus largement d'histoire linguistique. Les commentaires sont illustrés par des exemples empruntés au langage soutenu ou à des textes littéraires. C'est d'ailleurs là l'un des partis pris de ce petit livre : le plaisir des mots et celui de la littérature y sont étroitement liés. La littérature n'est-elle pas le lieu par excellence de la richesse lexicale et syntaxique ? celui où s'exercent le plus pleinement l'art du mot juste, le respect sourcilleux des normes ou au contraire le jeu iconoclaste des « déformations » (voir nos nombreuses citations de Raymond Queneau auquel ce livre rend hommage...) ?

Pour lire *Le français est un jeu*, munissez-vous d'un crayon, car vous serez amené à cocher des cases, entourer certains mots, en rayer d'autres... Vous pouvez lire les jeux dans l'ordre que vous voulez, mais nous vous conseillons d'alterner les thématiques (orthographe, vocabulaire, etc.) afin d'éviter toute monotonie. Au sein d'un même chapitre, le niveau de difficulté est variable. De nombreuses questions correspondent à des erreurs du langage courant. Elles vous permettront de réviser des règles fondamentales d'ordre orthographique ou grammatical (le pluriel des noms et adjectifs, les accords des participes passés, l'orthographe des adjectifs numéraux, etc.). Certaines questions, assez pointues, sont plus particulièrement destinées aux amoureux de la langue toujours gourmands de mots rares et d'expressions savoureuses.

Au fur et à mesure que vous découvrirez ce livre, vous vous étonnerez peut-être de voir s'ébaucher des personnages : Simone et Raymond, Kévin et Élodie, Karim, Karl... Il nous a semblé que Pierre et Paul, qui hantent les grammaires et les manuels scolaires depuis des décennies, devaient prendre quelque repos. Et si vous aimez le principe du « jeu sous le jeu », vous vous amuserez peut-être à repérer les liens qui unissent ces frêles « personnages grammaticaux ».

Après avoir lu *Le français est un jeu*, vous pourrez soupirer d'aise, quel que soit votre score. Non seulement vous aurez progressé dans la connaissance et la maîtrise de la langue, mais en plus vous connaîtrez désormais le plaisir très vif de collectionner les fautes des présentateurs du journal télévisé. Peut-être même irez-vous jusqu'à vous exclamer, comme un personnage de Raymond Queneau (le capitaine Bourdeille dans *Le Dimanche de la vie*) : « Ce que je cause bien, tout de même ! »

Pierre JASKARZEC

1

Restez correct !

Orthographe

« Doukipudonktan ? » se demande tonton Gabriel en ouverture du célèbre roman de Raymond Queneau, *Zazie dans le métro*. La littérature française a ainsi gagné son plus célèbre exemple d'orthographe phonétique. Dans les phrases ci-dessous, certains mots sont écrits de manière fantaisiste, d'autres dans une orthographe conventionnelle. À vous d'identifier les mots correctement écrits... (Attention : plusieurs réponses sont parfois possibles pour une même question.)

1. Pendant le repas de noces, Simone a tenu des propos **sybillins** ❒ **sibyllins** ❒ **sibilains** ❒ sur le passé de tante Annie.
2. L'employé qui s'est trompé en préparant la liste de mariage s'est exclamé :
autant pour moi ! ❒ **d'autant pour moi !** ❒ **au temps pour moi !** ❒
3. Depuis l'enfance, Raymond collectionne les **réveil matin** ❒ **réveille-matin** ❒ **réveille-matins** ❒.
4. Nicole et Monique ont pleuré comme des **madeleines** ❒ **madelaines** ❒ **Madeleine** ❒ au mariage de Simone et Raymond.
5. Les **prémices** ❒ **prémisses** ❒ du printemps rendent Nicole toute frémissante ; le beau temps la ragaillardit.
6. Marc est sur le **gril** ❒ **grill** ❒ : ce soir, il emmène Elsa dans un bar à sushis pour lui déclarer sa flamme.
7. « Quoi de plus beau que le soleil qui **poind** ❒ **point** ❒ **pointe** ❒ à l'horizon ! » s'exclame lyriquement Kévin en sortant de boîte au petit jour.

8. « Le taux de croissance de la Chine a encore **crû** ❐ **cru** ❐ cette année ! » s'enthousiasme Nicole, impressionnée par le développement accéléré de l'économie chinoise.

9. « La France renoue avec la croissance, la **résorbtion** ❐ **résorption** ❐ **résorbsion** ❐ du chômage est pour demain », a affirmé le ministre des Affaires sociales, très confiant.

10. La journaliste a demandé à Marc Roquevert quelle avait été la **génèse** ❐ **genèse** ❐ de son roman autobiographique.

11. « Nous ne sommes pas **prêts d'arriver** ❐ **près d'arriver** ❐ au cap d'Agde si les embouteillages commencent dès la porte d'Orléans », a râlé Monique sur la route des vacances.

12. Monique aime les grandes fresques romanesques en plusieurs volumes avec des héros **récurents** ❐ **récurrents** ❐ **récurants** ❐.

13. La salle **tout entière** ❐ **toute entière** ❐ s'est levée pour acclamer le secrétaire général du parti mis en examen pour complicité d'abus de biens sociaux.

14. **Tout à ses pensées** ❐ **Toute à ses pensées** ❐, Nicole n'a pas entendu la sonnerie Michel Legrand de son portable.

15. Marie-Lise écrit à Jean-Noël, qu'elle vient de rencontrer, pour lui déclarer sa flamme. Comment doit-elle terminer sa lettre ?

Tout à vous, ❐ Marie-Lise	Toute à vous, ❐ Marie-Lise

16. Certains substantifs et adjectifs doublent leur consonne finale au féminin (exemple : *gardien* → *gardienne*).
Dans la liste qui suit, trois mots sont écrits fautivement avec une consonne finale redoublée. À vous d'identifier les formes féminines mal orthographiées en les cochant :

vieillot → vieillotte ❐	marmot → marmotte ❐
préfet → préfette ❐	nippon → nipponne ❐
pâlot → pâlotte ❐	désuet → désuette ❐
bourguignon → bourguignonne ❐	replet → replette ❐

17. Les mots comportant des *l* « mouillés » font souvent trébucher les plus experts en orthographe. Barrez d'un trait les mots qui sont écrits fautivement.
Serpillère – joaillier – poulailler – volailler – vanniller

– bétaillère – quincailler – conseillère – marguiller – groseillier.

18. Le *h* est-il à sa place ? Rayez les mots dont l'orthographe vous paraît douteuse.
ahrres – otho-rino-laryngologie – rhétoricien – orthophonie – rédhibitoire – tacychardie – myhrre.

19. « Notre grande série d'été sur les premiers **martyres** ❒ **martyrs** ❒ **marthyrs** ❒ chrétiens a boosté l'audience », a déclaré au *Monde* la directrice de France-Culture, drôlement contente.

20. Faut-il écrire *par acquis de conscience* ou *par acquit de conscience* ? Parmi les deux explications qui suivent, une seule est véridique et donne la bonne orthographe. Laquelle ?

a. On écrit *par acquis de conscience*. *Acquis* est le participe passé d'*acquérir*. Agir par *acquis de conscience*, c'est faire un choix, prendre une décision en tenant compte de l'expérience acquise.

b. On écrit *par acquit de conscience*. *Acquit* est le participe passé d'*acquitter*. Faire quelque chose par *acquit de conscience*, c'est agir pour libérer sa conscience, pour ne pas avoir de scrupules, de remords.

Réponses

1. **Sibyllins.** Dans l'Antiquité, une *sibylle* était une devineresse qui transmettait les oracles divins. Des propos *sibyllins* sont mystérieux, obscurs.

À NOTER : le terme s'emploie plus rarement en parlant d'une personne. Exemple : *un poète sibyllin.*

2. **Au temps pour moi !** Se dit lorsqu'on reconnaît que l'on s'est trompé. Cette expression, généralement écrite par erreur « autant pour moi », relève au sens propre du vocabulaire militaire. Au commandement *au temps !* le soldat reprend la position antérieure, revient « au temps » précédent et s'apprête à recommencer le mouvement.

3. **Réveille-matin.** Ce mot piège présente trois difficultés : l'emploi de la forme verbale *réveille* (on est tenté d'écrire *réveil*), l'invariabilité (*matin* n'est pas un complément d'objet direct mais un complément circonstanciel), et le trait d'union qu'il ne faut pas oublier.

Réveille-matin, quelque peu désuet, a cédé la place à son abréviation *réveil*, qui pose nettement moins de problèmes orthographiques. Exemple : *n'oubliez pas de régler vos réveils pour le passage à l'heure d'été.*

4. **Madeleine.** L'origine de l'expression *pleurer comme une Madeleine* étant méconnue, le nom propre est souvent pris à tort pour le nom commun. La Madeleine en question est généralement assimilée au petit gâteau conchoïdal dont l'invention est attribuée à la cuisinière Madeleine Paumier. Les plus malins flairent à tort une allusion à la « madeleine de Proust ». En fait, les références pâtissières et littéraires doivent ici s'effacer devant l'allusion biblique. Une tradition fait en effet de Marie-Madeleine la pécheresse repentie qui a mouillé de ses larmes les pieds du Christ (Luc 7, 36).

5. **Prémices.** Dans l'Antiquité, les *prémices* étaient les premiers fruits ou les animaux premiers-nés qu'on offrait aux divinités. Au figuré, le mot signifie « début, commencement ». *Prémices* est un mot féminin, il s'écrit toujours au pluriel et est d'un registre littéraire. Exemples : *les prémices d'un amour, les prémices du printemps*, etc.

Il faut se garder de confondre ce terme avec son homonyme *prémisse*. Une *prémisse* désigne le point de départ d'un raisonnement, d'une démonstration. Exemple : *votre raisonnement ne tient pas, parce que la prémisse en est fausse.*

À NOTER : dans le domaine de la logique, les *prémisses* sont les deux propositions d'un syllogisme qui mènent à la conclusion. Exemple :
Tous les hommes sont mortels (prémisse majeure)
Or Raymond est un homme (prémisse mineure)
Donc Raymond est mortel (conclusion).

6. Gril. Un *gril* est un accessoire de cuisine constitué d'une grille métallique sur laquelle on fait cuire à feu vif de la viande ou du poisson. À l'origine, le *gril* était un instrument de torture qui servait au supplice du feu, d'où le sens figuré de l'expression familière *être sur le gril* : « être dans un état de grande impatience, de vive anxiété ». Le mot *grill*, souvent confondu avec son homonyme, est une abréviation de l'anglais *grill-room* et désigne un restaurant où l'on sert des grillades.

À NOTER : *être sur le gril* a pour équivalent dans un registre littéraire *être sur des charbons ardents*.

7. Point ou pointe. *Poindre* est un verbe défectif (c'est-à-dire qu'il ne se conjugue pas à toutes les formes). De nos jours, ses emplois se limitent le plus souvent à l'infinitif et à la troisième personne du singulier de l'indicatif présent. Pour ne pas être tenté d'écrire « il poind », il faut se rappeler que *poindre* se conjugue comme *joindre*. Exemple : *le jour point*.
Quant au verbe *pointer*, il peut lui aussi signifier « apparaître » et offre l'avantage d'avoir une conjugaison régulière. Exemple : *le petit jour pointa.*

8. Crû. *Crû* est le participe passé du verbe *croître*. On oublie parfois l'accent par confusion avec le participe passé de *croire* (exemple : *il l'a cru*) et l'adjectif *cru* (exemple : *des légumes crus*) qui ne prennent pas d'accent circonflexe.
Attention ! Les autres formes du participe passé de *croître* (*crue, crues, crus*) s'écrivent sans accent.

9. Résorption. On est parfois tenté d'écrire fautivement « résorbtion », par analogie avec la forme *résorber* dont *résorption* est dérivé. Même remarque pour *absorber* et *absorption*.

10. Genèse. Certains usagers prononcent et écrivent « génèse » à la place de *genèse*. Cette faute assez courante témoigne du peu de familiarité des Français avec le vocabulaire biblique, le titre du premier livre de la Bible consacré à la création du monde étant bien *Genèse*.

11. Près de. « La polémique n'est pas prête de s'éteindre. » Cette phrase (une parmi tant d'autres), entendue sur une chaîne de télévision, est incorrecte. En effet, être *près de* faire quelque chose, c'est être sur le point de le faire. Exemple : *le ton est monté entre les protagonistes du débat télévisé qui étaient près d'en venir aux mains*. Mais être *prêt à* faire quelque chose, c'est être préparé pour, être disposé à faire cette chose. Exemple : *le présentateur a demandé aux protagonistes du débat s'ils étaient prêts à faire des excuses aux téléspectateurs*.

12. Récurrents. *Récurrent* se dit de ce qui revient, réapparaît, se répète. Ainsi parle-t-on de héros *récurrents* (dans des romans, des séries télévisées), de rêves *récurrents*, de fantasmes *récurrents*, etc. Pour éviter une faute d'orthographe qui prête à sourire, on se gardera de confondre ce terme avec son homonyme *récurant*, participe présent de *récurer*, qui se dit davantage de certaines éponges que de héros romanesques.

13. La salle tout entière. *Tout* est ici adverbe et est donc invariable.

Rappel de la règle : *tout*, adverbe, est invariable devant un adjectif. Cependant, *tout* est variable en genre et en nombre devant un adjectif féminin commençant par une consonne ou un *h* aspiré. On écrira donc : *elle est tout étonnée*, mais *elle est toute contente* et *elle est toute hâlée*.

À noter : la règle sur l'accord de *tout* devant un adjectif a été entérinée par l'Académie française au XVIIIe siècle. À l'époque classique, *tout* était généralement accordé quel que soit le cas. « Je suis toute ébaubie, et je tombe des nues ! » (Madame Pernelle dans *Tartuffe*, Molière, acte V, scène V.)

14. Toute à ses pensées. Dans ce type de tour prépositionnel (*tout à*, *tout en*), *tout* est généralement traité comme un adjectif et s'accorde donc avec le sujet (ici : Nicole).

Attention ! Au pluriel, dans le même cas, *tout* sera traité comme adverbe pour éviter l'équivoque. Ainsi, on écrira : *elles sont tout à leurs pensées* (c'est-à-dire qu'elles sont *entièrement* à leurs pensées). Employer un adjectif donne un sens différent à la phrase. *Elles sont toutes à leurs pensées* signifie que toutes les personnes évoquées sont perdues dans leurs pensées.

15. Toute à vous. Quand une femme écrit *tout à vous* à un homme, elle lui signifie par là qu'elle lui est simplement dévouée. La formule n'est donc que de politesse. *Toute à vous* suggère une plus grande intimité, un élan du cœur. Cette distinction traditionnelle semble avoir été établie par des grammairiens qui ne plaisantaient ni avec l'orthographe ni avec la morale. Deux sujets avec lesquels l'auteur de ces pages n'a nulle envie de plaisanter.

16. Il fallait barrer les mots suivants qui figurent en gras. Vieillot → vieillotte / marmot → marmotte / **préfet → préfette** (on écrit *préfète*) / nippon → nipponne (ou nippone) / pâlot → pâlotte / **désuet → désuette** (on écrit *désuète*) / bourguignon → bourguignonne / **replet → replette** (on écrit *replète*).

À NOTER : **1.** *Marmot* a d'abord désigné un singe (XVe siècle), puis un petit garçon (XVIIe siècle). *Marmotte,* féminin de *marmot,* est ignoré des dictionnaires contemporains, mais le mot figure dans le *Dictionnaire de l'Académie française* avec ce charmant exemple : « *Que nous veut cette marmotte* ? » (6e édition, 1835). **2.** *Préfet* a pour féminin *préfète,* sans redoublement du *t* final. La *préfète* est la femme du *préfet,* ou plutôt était, car *préfète* désigne de plus en plus une femme préfet.

17. Il fallait rayer les mots qui figurent en gras : **serpillère** – joaillier – poulailler – volailler – **vaniller** – bétaillère – **quincailler** – conseillère – **marguiller** – groseillier.

À NOTER : **1.** *Serpillière* s'écrit avec un *i* après la double consonne. **2.** *Vanillier* (plante dont le fruit est la vanille) s'écrit avec un *i* après la consonne redoublée, au contraire de son homonyme *vanillé* (aromatisé ou parfumé à la vanille). **3.** On écrit *quincaillier*. **4.** On écrit *marguillier* (personne laïque chargée de la surveillance et de l'entretien d'une église).

18. Il fallait rayer les mots qui figurent en gras : **ahrres – othorino-laryngologie** – rhétoricien – orthophonie – rédhibitoire – **tacychardie – myhrre**.

À NOTER : **1.** On écrit des *arrhes*. Les *arrhes* sont la somme versée par l'une des parties à la conclusion d'un contrat. **2.** On écrit *oto-rhino-laryngologie*. *Rhino* vient du grec *rhinos,* « nez » (*rhinocéros*, *rhinoplastie,* etc.). Le mot n'est guère facile à orthographier et, pour le repos de tous, s'abrège souvent en ORL. **3.** *Rhétoricien* vient du grec *rhêthôr,* « orateur ». Un *rhétoricien* est un spécialiste de la rhétorique. **4.** L'*orthophonie,* du grec

orthos, « correct », et *phônê*, « son, voix », est la rééducation des troubles du langage oral et écrit. **5.** On écrit *tachycardie*, « accélération du rythme cardiaque ».
Attention ! Le digramme (*ensemble de deux lettres qui correspondent à un seul son*) *ch* se prononce ici *k*. **6.** On écrit *myrrhe* (gomme aromatique produite par certains arbres). Avec l'or et l'encens, la *myrrhe* est l'un des présents apportés à Jésus par les Rois mages.

19. Martyrs. Le mot *martyr* a d'abord désigné un chrétien mis à mort parce qu'il rendait témoignage de sa foi (*martur* signifie « témoin », en grec). Par la suite, on a nommé ainsi toute personne sacrifiant sa vie pour une cause (religieuse, politique, etc.).
Le *martyre* (avec un *e* final), c'est le châtiment enduré par le *martyr*. Dans un sens « affaibli », le mot s'applique à toute grande souffrance physique ou morale, quelle qu'en soit la cause. Exemple : *Garance souffre le martyre depuis qu'elle a une rage de dents.*

20. b. On écrit *par acquit de conscience* qui signifie « pour ne pas avoir de remords, pour ne pas charger sa conscience ».

2

Les liaisons dangereuses

Prononciation et liaisons

Les erreurs de prononciation ne sont pas réservées aux enfants. Leur fameux « J'aime pas les z-haricots » est plus répandu qu'on ne le croit. De même, on entend si souvent parler des « z-handicapés » qu'on se met à douter que le *h* initial soit bel et bien... aspiré. Radios et télévisions entretiennent généreusement de telles prononciations fautives et ont fait des liaisons les plus élémentaires une espèce menacée d'extinction. Votre mérite n'en sera que plus grand si vous identifiez la prononciation « normale » ou du moins traditionnelle des mots suivants :

1. Dylan, le petit frère de Kévin, a fière allure sur les chevaux de bois du **carrousel**.
   Carrousel se prononce *carroussel* ❒ *carrouzel* ❒

2. « Entrer en première l'an prochain sera pour Kévin une véritable **gageure** », a déclaré son professeur de français en conseil de classe.
   Gageure se prononce *gajeure* ❒ (comme *vengeur*) *gajure* ❒

3. « Il ne faut pas tirer de conclusions **trop hâtives** après un premier trimestre », a tempéré le professeur principal.
   On prononce en faisant la liaison : *tropatives* (*h* muet) ❒
   On prononce sans faire la liaison : *trop 'hâtives* (*h* aspiré) ❒

4. Karim est encore tout **abasourdi** par la terrible nouvelle qu'il vient d'apprendre à la radio.
   Abasourdi se prononce *abassourdi* ❒ *abazourdi* ❒

5. « Tous ces corps sont affreux », soupire le médecin scolaire qui voit défiler des adolescents **dégingandés** à longueur de journée.
   Dégingandés se prononce *déjingandés* ❒ *dégu-ingandés* ❒

6. Depuis qu'il a quitté la province pour la capitale, Marc est pris dans le **maelström** de la vie parisienne.
Maelström se prononce *malstreum* (comme *jeu*) ❒ *maelstrom* (comme *rhum*) ❒

7. Après avoir englouti un **moelleux** au chocolat et ses deux boules vanille, Monique a annoncé à la famille son intention de suivre un régime draconien.
Moelleux se prononce *mwaleux* ❒ *mwèleux* ❒

8. « **L'hiatus** (*h* muet) ❒ **Le hiatus** (*'h* aspiré) ❒ entre la qualité du gouvernement et son impopularité est inexplicable », fait observer Nicole à table.

9. « On va vous mettre un tube dans l'**œsophage** pour l'examen, ça n'est absolument pas douloureux », a affirmé le médecin à Nicole, très confiante.
Œsophage se prononce *eusophage* (comme dans *jeu*) ❒ *ésophage* ❒

10. « À la télé, ils ont dit que la justice aurait bien du mal à démêler cet **imbroglio** politico-financier », a confié Monique à Nicole pour lui montrer qu'elle aussi suivait l'actualité.
Imbroglio se prononce *imbrollio* ❒ *imbroglio* ❒

11. Au cirque, Dylan a applaudi à tout rompre lorsque le **dompteur** a mis sa tête dans la gueule du lion (et ce à trois reprises).
Dompteur se prononce *dom-teur* ❒ *domp-teur* ❒

12. Le ministre a dénoncé à la tribune de l'Assemblée la **pusillanimité** de l'opposition du temps où elle était aux affaires.
Pusillanimité se prononce *pusi-lanimité* (comme dans *village*) ❒ *pusi-llanimité* (comme dans *mouillage*) ❒

13. Dans son dernier commentaire composé, Kévin s'est enthousiasmé pour le **legs** de la civilisation gréco-latine : philosophie, poésie, sculpture...
Legs se prononce *lè* ❒ *lègue* (comme *bègue*) ❒ *lègz* ❒

14. Nicole a fait sensation au mariage de Simone et Raymond avec sa robe rose **fuchsia**.
Fuchsia se prononce *fuchia* ❒ *fuksia* ❒

Réponses

1. Carrousel se prononce *carrouzel, s* entre voyelles correspondant au son [z]. Le **carrousel** est un manège de chevaux de bois. Courant en Suisse et en Belgique, le mot s'emploie plus rarement en France.

2. Gageure se prononce *gajure*. Une **gageure** est un projet si difficile à réaliser qu'il s'apparente à un défi.

3. 'Hâtives. Dans *hâte* et ses dérivés, le *h* est aspiré. Attention aux *conclusions « tropatives »* qu'on entend parfois à la radio ou à la télévision.

4. Abasourdi se prononce *abazourdi*. Dans l'argot ancien, *basourdir* voulait dire *tuer*. La prononciation avec un [s] sourd s'explique sans doute par l'attraction d'*assourdir*.
À NOTER : bien que long, lourd et rarement employé, l'adjectif *abasourdissant* existe bel et bien. Exemple : *une nouvelle abasourdissante.*

5. Dégingandés se prononce *déjingandés*. On dit de quelqu'un qu'il est *dégingandé* quand il est de haute taille et qu'il a quelque chose de disloqué dans l'allure, la démarche.

6. Maelström se prononce *malstreum* [ø], comme dans *jeu*. C'est un mot particulièrement difficile à prononcer pour un locuteur français qui en découvre l'orthographe étrange, exotique.
À NOTER : un *maelström* (mot néerlandais) est un tourbillon marin des côtes norvégiennes. Edgar Allan Poe en a donné des images saisissantes et grandioses dans sa nouvelle *Une descente dans le Maelstrom* [sic], traduite par Baudelaire. Au sens figuré (registre littéraire), un *maelström* est un mouvement impétueux qui nous entraîne dans des directions aussi variées qu'imprévues...

7. Moelleux se prononce *mwaleu* de même que *moelle* se prononce *mwalle.*
Attention ! Ne pas ajouter un tréma sur le premier *e*.

8. L'hiatus (*h* muet). La prononciation la plus courante – le *'hiatus,* ce *'hiatus* – contredit la prononciation correcte : l'*hiatus*, cet *hiatus*.

À NOTER : on appelle *hiatus* la rencontre de deux voyelles entre deux mots qui se suivent. Dans *Le Bon Usage*, le grammairien Maurice Grevisse reconnaît avec lucidité que « la langue parlée se préoccupe assez peu de l'hiatus ». Il est vrai que les locuteurs lambda prononcent quotidiennement – et sans aucun complexe – des phrases comme « *Paul va à Argenteuil* », où l'on trouve pourtant un double *hiatus*. En revanche, les poètes se sont montrés autrefois fort soucieux d'éviter l'*hiatus*, du moins dans ses formes les plus dissonantes. Au XVIe siècle, Ronsard et les poètes de la Pléiade en ont restreint l'usage, avant que Malherbe et Boileau ne le proscrivent à l'époque classique.
Au sens figuré (et dans un registre soutenu), *hiatus* signifie « rupture, décalage ».

9. Œsophage se prononce *ésophage*. Le digramme (ensemble de deux lettres qui correspondent à un seul son) *œ* connaît plusieurs prononciations. On distingue deux grandes familles :
– la prononciation en [œ], comme dans *beurre* : *bœuf*, *cœur*, *œil*, *œuvre*, etc. ;
– la prononciation en [e], comme dans *école* : *fœtus*, *œcuménique*, *Œdipe*, *œnologue*, etc., et tous les autres mots d'origine grecque. La prononciation en [ø] (comme dans *jeu*) tend à remplacer cette prononciation traditionnelle et savante.

10. Imbroglio se prononce *imbrollio*. La prononciation traditionnelle est conforme à la prononciation italienne. Si vous donnez à entendre le *g*, le péché est véniel : vous ne faites que franciser la prononciation d'un mot étranger attesté en français depuis la fin du XVIIe siècle.

11. Dompteur se prononce *dom-teur*. En principe, le *p* est muet dans *dompter* et ses dérivés (même remarque pour *compter*). La prononciation *dom-teur* est « plus soignée » que *domp-teur*, souligne Maurice Grevisse dans *Le Bon Usage*. « Le *p* ne se prononce pas », renchérit l'Académie.

12. Pusillanimité se prononce *pusi-lanimité* (comme dans *village*). Depuis le XVIIIe siècle, le *Dictionnaire de l'Académie française* est formel : « On prononce les *l*, mais sans les mouiller. » On ne voudrait pas se fâcher avec l'Académie pour si peu...

À NOTER : est *pusillanime* celui qui manque d'audace, qui craint les risques, les responsabilités (du latin *pusillus animus*, « esprit étroit »).

13. Legs se prononce *lè*. Cette prononciation orthodoxe est devenue rare, et ce mot est généralement prononcé aujourd'hui *lègue,* voire *legz*. *Legs* vient de l'ancien français *lais* (lui-même dérivé de *laisser*). Au XVe siècle, l'orthographe de ce mot a été « latinisée » par un faux rapprochement avec *legatum,* « legs ». La prononciation traditionnelle *lè* est donc la seule conforme à l'étymologie véritable du mot.

À NOTER : un *legs* est un don fait par testament. Au sens figuré, le mot désigne un héritage transmis aux générations qui suivent. Exemple : *les acquis sociaux sont le legs des générations passées.*

14. La prononciation traditionnelle et savante de **fuchsia** est *fuksia,* conformément à l'étymologie du mot. En effet, le nom de cet arbrisseau est formé sur le nom du botaniste allemand L. Fucks. Bien que mentionnée par les principaux dictionnaires, cette prononciation ne semble en usage que chez les botanistes, mais la connaître permet de mieux mémoriser l'orthographe compliquée du mot.

3

Drôle de genre !

Le genre des mots

Dans *Zazie dans le métro* (RAYMOND QUENEAU), la douce Marceline, compagne de tonton Gabriel, se révèle être... Marcel à la fin du roman. Voilà un personnage d'un drôle de genre ! Les noms communs, eux aussi, hésitent parfois entre masculin et féminin, certains refusant même de choisir leur camp. Saurez-vous donner aux mots suivants... le bon genre ? (Attention : plusieurs réponses sont parfois acceptables pour une même question.)

1. Élodie cherche **un échappatoire** ❐ **une échappatoire** ❐ pour refuser l'invitation de Jonathan sans le blesser.

2. Tous les dimanches midi, **de délicieux effluves** ❐ **de délicieuses effluves** ❐ s'échappent de la cuisine de Simone.

3. Ce week-end dans leur fermette du Perche a été **une oasis** ❐ **un oasis** ❐ de calme et de repos pour Nicole et Jacques.

4. Chaque matin, Kévin soulève des **haltères** bien trop **lourdes** ❐ **lourds** ❐ pour lui.

5. Kévin n'aime pas les livres dans lesquels les mots suivis **d'un astérisque** ❐ **d'une astérisque** ❐ sont expliqués à la fin de l'ouvrage.

6. Le prix des Bons Libraires a été pour l'écrivain Marc Roquevert une consécration, **un apogée** ❐ **une apogée** ❐ dans son long cheminement vers le succès.

7. Valentin Triponet voudrait bien que ses mémoires soient **publiées** ❐ **publiés** ❐ par un éditeur, mais il ne sait à qui les adresser.

8. Kévin et Élodie ont passé **tout l'après-midi** ❐ **toute l'après-midi** ❐ à commenter la dernière émission de « Star à tout prix ».

9. « **Les soldes** de cet hiver **suffiront-ils** ❐ **suffiront-elles** ❐ à relancer la consommation en France ? » se demande Nicole, inquiète.

10. « J'ai eu **de grands amours** ❐ **de grandes amours** ❐ dans ma vie », soupire rêveusement Simone à la veille de son remariage.

11. Le président de la République a prononcé **une vibrante éloge** ❐ **un vibrant éloge** ❐ de son Premier ministre, « l'homme dont la France a besoin », a-t-il déclaré d'un ton solennel.

12. « Cette crème est particulièrement efficace contre les cernes qui ont la couleur **du colchique** ❐ **de la colchique** ❐ », indique la notice de l'anti-cernes acheté par Nicole.

13. Karim, très expert en médecines douces, a expliqué à Nicole que rien ne valait les bonbons **au réglisse** ❐ **à la réglisse** ❐ pour soulager ses aigreurs d'estomac.

14. Pendant sa cure de remise en forme, les bains de boue au sel marin ont procuré à Nicole **des délices infinies** ❐ **des délices infinis** ❐.

15. Aujourd'hui, la maîtresse a expliqué à Dylan comment les abeilles déposaient leur miel dans **les petites alvéoles** ❐ **les petits alvéoles** ❐ de la ruche.

16. Dans son dernier roman, Marc Roquevert explore **toutes les arcanes** ❐ **tous les arcanes** ❐ du fascinant milieu littéraire.

Réponses

1. Une échappatoire. Le mot est très souvent employé au masculin par erreur.

2. De délicieux effluves. Le mot est du genre masculin, mais l'usage le fait souvent féminin, sans doute à cause de la finale en *-e*. Si vous avez coché la mauvaise case, dites-vous que vous avez d'illustres prédécesseurs : Hugo, Flaubert... ont écrit *effluves* au féminin.

À NOTER : le mot est rare au singulier.

3. Une oasis. Ce mot grec d'origine égyptienne a été employé fautivement au masculin par certains auteurs.

4. Lourds. L'usage est hésitant, mais le mot est bien masculin.

5. D'un astérisque. Du grec *asteriskos*, « petite étoile », l'*astérisque* est un signe typographique en forme d'étoile (*) qui, placé après un mot, renvoie à une note explicative. Voilà un terme soumis à rude épreuve par les usagers de la langue française, l'erreur fréquente sur le genre s'accompagnant immanquablement d'une prononciation incertaine, du type « astérix ».

6. Un apogée. Malgré sa finale en *-e*, le mot est masculin, comme *lycée* ou *musée*. Au sens figuré, l'*apogée* est le plus haut degré atteint dans un état, une situation, etc. Exemple : *en devenant président, il serait enfin à l'apogée de sa carrière politique.*

7. Publiés. Les *mémoires* sont le récit qu'une personne fait d'événements dont elle a été le témoin et généralement l'un des acteurs.

Attention ! La tentation est forte de faire le mot féminin, par confusion avec l'homonyme *la mémoire*.

À NOTER : quand il désigne un titre d'œuvre, le mot prend impérativement une capitale. Exemple : *Les* Mémoires *de Saint-Simon.*

8. Tout l'après-midi *ou* toute l'après-midi. Le mot appartient aux deux genres, mais l'usage actuel tend à privilégier le masculin.

À NOTER : le mot est invariable en nombre. *Des après-midi.*

9. Suffiront-ils. Le mot est masculin, contrairement à son homonyme qui désigne la rémunération des militaires (*la solde* du soldat).

10. De grands amours ou **de grandes amours.** Le genre d'*amour* est incertain tout au long de son histoire. En ancien français et au XVIIe siècle, *amour* était souvent féminin, au singulier comme au pluriel. De nos jours, il est masculin dans l'usage courant et généralement féminin au pluriel dans le registre littéraire et poétique. En voici un exemple relevé chez le poète des *amours* malheureux... ou malheureuses :

« Ils regardent sur les routes les femmes qui passent
Ils les désirent mais moi j'ai de plus hautes amours
Et qui sont ma patrie ma famille et mon espérance
À moi soldat amoureux soldat de la douce France »

(*Poèmes à Lou*, GUILLAUME APOLLINAIRE.)

De son côté, Raymond Queneau emploie ici le mot au féminin singulier, sans doute par imitation de la langue populaire :

« Non, ce n'était pas encore la grande amour. Ah ! la grande amour, ça vient, on ne sait pas quand, on ne sait pas comment, et qui mieux est, on ne sait pas pour qui. Du moins, à ce qu'il paraît. Alors ce ne sont plus que clairs de lune, gondoles, ivresses éthérées, âmes sœurs et fleurs bleues. »

(*Pierrot mon ami*, RAYMOND QUENEAU.)

11. Un vibrant éloge. Un éloge est un discours qui vante les mérites de quelqu'un ou de quelque chose. On entend souvent dire « une éloge », sans doute à cause de la finale en *-e*, mais le seul genre admis est le masculin.

12. Le colchique. Plante vénéneuse qui fleurit en automne. On songe aux vers d'Apollinaire :

« Le pré est vénéneux mais joli en automne
Les vaches y paissant
Lentement s'empoisonnent
Le colchique couleur de cerne et de lilas
Y fleurit tes yeux sont comme cette fleur-là
Violâtres comme leur cerne et comme cet automne
Et ma vie pour tes yeux lentement s'empoisonne »

(« Les Colchiques », *Alcools*, GUILLAUME APOLLINAIRE.)

13. La réglisse ou le réglisse. Quand le mot désigne la plante, il est toujours féminin. Exemple : *la racine de la réglisse est utilisée en confiserie et en pharmacie.* Pour évoquer le produit obtenu à partir de la plante (jus ou pâte), on a le choix entre le féminin et le masculin. Exemples : *mâcher de la réglisse*, *sucer du réglisse*, etc.

14. Des délices infinies. Au singulier, le mot est masculin. Exemple : *ces macarons sont un délice.* Au pluriel, le mot est féminin et d'un registre littéraire (dans *Aurélia*, GÉRARD DE NERVAL évoque les « délices infinies de l'imagination »).
À NOTER : le mot *délice* a d'abord appartenu aux deux genres, au singulier comme au pluriel. À partir du XVIIe siècle, les grammairiens ont voulu calquer l'usage français sur le latin en rattachant *délice* à *delicium* (nom neutre singulier) et *délices* à *deliciae* (nom féminin pluriel). La première édition du *Dictionnaire de l'Académie française* (1694) a entériné cette distinction qui s'est établie au fil du temps dans le bon usage.

15. Les petites alvéoles ou les petits alvéoles. D'après les dictionnaires contemporains (*Larousse*, *Robert*), *alvéole* est aujourd'hui du genre féminin, mais l'Académie française n'en démord pas depuis 1694 : *alvéole* est masculin, conformément à l'étymologie latine *alveolus*. Les auteurs, eux, ne savent plus à quel saint se vouer et font le mot tantôt féminin, tantôt masculin. Il faut s'y résoudre : *alvéole* fait partie de ces mots qui appartiennent aux deux genres...

16. Tous les arcanes. *Arcane* est du genre masculin et vient du latin *arcanum*, « secret ». Au sens premier, *arcane* est un terme d'alchimie qui signifie « opération mystérieuse, secret de fabrication ». Aujourd'hui, on emploie le plus souvent le mot au pluriel avec le sens général de « secrets, mystères » (registre soutenu ou littéraire). Exemple : *s'initier aux arcanes de la politique.*

4

Faux frères

Les homonymes

En français, on compte environ mille mots comportant des homonymes, c'est-à-dire des mots de prononciation identique, mais de sens différent. Source d'innombrables calembours et jeux de mots, l'homonymie est aussi grande pourvoyeuse de fautes d'orthographe. Grâce à ce jeu, vous saurez si une maison est *décrépie* ou *décrépite*, si vos vœux les plus chers seront *exaucés* ou *exhaussés*, mais surtout vous saurez enfin si après un bon repas vous avez fait *bonne chair*, *bonne chère*, ou *bonne chaire*.

1. « RETOUR D'AFFECTION – RÉUSSITE PROFESSIONNELLE – GUÉRISON RAPIDE. Je peux **exaucer tous vos souhaits** ❐ **exhausser tous vos souhaits** ❐ », promet la publicité du célèbre marabout.
2. « Rien de tel que le soleil et le vent pour vous **haler** ❐ **hâler** ❐ joliment le visage », a déclaré Nicole à sa belle-mère, Simone, au retour de ses vacances à La Baule.
3. « Moi, je la trouve plutôt **décrépie** ❐ **décrépite** ❐, la Nicole », a soufflé Monique à l'oreille de son mari.
4. « Je me sens de **plain-pied** ❐ de **plein pied** ❐ avec les personnes les plus simples », s'est félicitée Nicole auprès de son mari, après avoir plaisanté avec son employée de maison.
5. Les invités ont tous reconnu avoir fait **bonne chaire** ❐ **bonne chair** ❐ **bonne chère** ❐ au repas de noces de Simone et Raymond.
6. À la fin du banquet, Raymond, un peu gris, a déclaré à la cantonade : « Elle a une belle morphologie et de bien beaux **appas** ❐ **appâts** ❐, ma petite femme. »

7. Marc Roquevert comptait faire don de ses manuscrits au **fond** ❒ **fonds** ❒ du roman contemporain de la Bibliothèque nationale, mais le conservateur a poliment refusé.

8. « Tu n'étais pas **censé** ❒ **sensé** ❒ réviser ton histoire-géo ? » s'est indignée Monique en découvrant Kévin affalé devant la T.V.

Réponses

1. Exaucer. *Exaucer* quelqu'un, c'est le satisfaire en lui accordant ce qu'il demande. Le mot a d'abord été réservé à un contexte religieux. Exemple : *Sergueï a prié et Dieu l'a exaucé.* Puis il a pris le sens général de « répondre favorablement à une demande, un vœu, un souhait ». Exemple : *son souhait d'être muté à Châteauroux a été exaucé.*
L'homonyme *exhausser* signifie « augmenter la hauteur, surélever ». On *exhausse* une maison, un mur, etc. Au figuré, on peut aussi *exhausser* son âme, c'est-à-dire l'élever (registre littéraire... et quelque peu exalté).

2. Hâler. Un teint *hâlé* est coloré, bruni par l'air et le soleil. Son homonyme, *haler*, est un terme de marine qui signifie « tirer sur ». On *hale* un cordage, un câble. *Haler* un bateau, c'est le remorquer depuis le rivage au moyen d'un cordage.

3. Décrépite. On est *décrépit* lorsqu'on est très dégradé par le poids des ans. Le qualificatif n'est guère aimable, surtout en deçà d'un certain âge. *Décrépit* est souvent confondu avec son homonyme, *décrépi*, « qui a perdu son crépi ». Comme l'a fait observer le grammairien P. Dupré, « *un mur décrépi* a perdu son crépi : il est donc en mauvais état et évoque une idée d'abandon et de vieillesse ». D'où la confusion fréquente entre les deux termes...

4. De plain-pied. Au sens propre, *de plain-pied* signifie « au même niveau ». Exemple : *une terrasse de plain-pied avec un appartement*. Dans cette locution, *plain* est un adjectif (du latin *planus*) qui a le sens de « plat, uni, sans aspérités ». Au sens figuré, on est *de plain-pied* avec quelqu'un quand on se sent naturellement sur un pied d'égalité avec lui.

5. Bonne chère. *Chère* (du grec *kara*, « tête, visage ») est un synonyme littéraire de *nourriture*. Le mot est surtout vivant aujourd'hui dans l'expression figée *faire bonne chère*, qui a signifié primitivement « faire bon visage, bon accueil », puis « faire un bon repas » (sens attesté dès le XIVe siècle).

« Or, dit Pantagruel, faisons un peu bonne chère et buvons, je vous en prie, enfants, car il fait bon boire. » (*Pantagruel*, FRANÇOIS RABELAIS.)

6. Appas. Depuis le XVIIe siècle, le mot *appas* (ancien pluriel d'*appât*) désigne les attraits du corps féminin. Exemples : *de doux appas, de charmants appas,* etc. De nos jours, le mot est d'un emploi plaisant.

7. Fonds. Le *fonds* désigne ici les ressources d'une bibliothèque. Des deux homonymes, *fond* est le plus usité, notamment dans de nombreuses locutions (*à fond, au fond, dans le fond,* etc.). *Fonds* est cantonné à quelques emplois, notamment dans le domaine de la propriété (*un fonds de commerce*), de l'argent (*être en fonds*) et du financement (*avoir les fonds nécessaires, prêter à fonds perdu,* etc.).

À NOTER : *fond* et *fond*s sont à l'origine deux variantes graphiques. À compter du XVIIe siècle, les deux formes se sont distinguées dans leurs emplois, mais la confusion reste grande dans l'usage.

8. Censé. Être *censé* faire quelque chose, c'est être supposé faire cette chose. Exemple : *papa est censé être en voyage d'affaires.*

Être *sensé,* c'est avoir du bon sens, être raisonnable. Exemple : *quelqu'un de sensé ne ferait jamais une chose aussi folle.*

À NOTER : il convient de distinguer également les deux adverbes dérivés : *censément* et *sensément.*

5

Conjuguez vos efforts !

Conjugaison

« — Je me vêts, répéta-t-il douloureusement. C'est français ça : je me vêts ? Je m'en vais, oui, mais : je me vêts ? Qu'est-ce que vous en pensez, ma toute belle ? — Eh bien, allez-vous-en. » (*Zazie dans le métro*, RAYMOND QUENEAU.)

Qui peut prétendre n'avoir jamais été embarrassé par la conjugaison de certains verbes [1] ? En répondant aux questions qui suivent, vous jonglerez avec les verbes irréguliers, résoudrez les pires difficultés du passé simple, et ferez sonner quelques imparfaits du subjonctif aux désinences légères...

1. « Raymond et moi, nous nous (***vêtir*, présent de l'indicatif**) chaudement quand l'hiver s'annonce », déclare fièrement Simone.
vêtissons ❒ vêtons ❒

2. « Avec l'âge, nous (***acquérir*, présent de l'indicatif**) une certaine sagesse », reconnaît Simone en se resservant une part de tarte aux trois chocolats.
acquérons ❒ acquierons ❒

3. Le buffet du vernissage ayant été pillé, Valentin (***conclure*, passé simple**) qu'il avait fait le tour de l'exposition. Et il partit.
conclut ❒ conclua ❒

4. « J'étais sûre que vous (***demander*, conditionnel présent**) ma main », a confié Simone à Raymond.
demandriez ❒ demanderiez ❒

---

1. Pour les tableaux complets des conjugaisons, voir Nathalie Baccus, *Conjugaison française*, Librio n° 470.

5. « Dans cette boutique, ils (*moudre*, **présent de l'indicatif**) le café sous vos yeux », s'émerveille Nicole.
moudent ❒ moulent ❒

6. « J'ai trouvé un excellent ouvrage qui (*résoudre*, **présent de l'indicatif**) tous les problèmes de conjugaison ! » s'enthousiasme Kévin.
résoud ❒ résout ❒

7. Le succès de l'écrivain Marc Roquevert ne se (*démentir*, **présent de l'indicatif**) pas depuis qu'il a remporté le prix des Bons Libraires.
dément ❒ dementit ❒

8. Comme le temps avait fraîchi, Nicole (*prévoir*, **passé simple**) une petite laine avant sa promenade du soir sur la plage de La Baule.
prévut ❒ prévit ❒ prévoya ❒

9. Jacques et Nicole (*s'asseoir*, **passé simple**) sur un banc face à la mer et commencèrent à s'ennuyer.
s'assirent ❒ s'asseyèrent ❒

10. Avant de quitter la plage, les enfants (*détruire*, **passé simple**) le château de sable qu'ils avaient patiemment édifié.
détruirent ❒ détruisirent ❒

11. « Vous (*contredire*, **présent de l'indicatif**) ce que le Président a déclaré ! » a claironné le chef de l'opposition à la face du Premier ministre, nullement embarrassé.
contredisez ❒ contredites ❒

12. Au futur, la 3e personne du singulier du verbe *choir* s'écrit (deux formes possibles) :
choira ❒ choiera ❒ cherra ❒

13. Au commissariat, un agent zélé (*transcrire*, **passé simple**) patiemment la déposition de Monique, victime d'un vol à l'arraché.
transcrit ❒ transcrivit ❒

14. « Il eût fallu que tu (*s'enquérir*, **imparfait du subjonctif**) des jours d'ouverture », reprocha Nicole à son mari devant les portes closes du Musée océanique.
t'enquisses ❒ t'enquérisses ❒ t'enquiérasses ❒

15. « Moi, j'avais proposé que nous (*aller*, **imparfait du subjonctif**) au ciné », se défendit mollement Jacques.
allâmes ❒ allassions ❒ alliassions ❒

16. « Encore eût-il fallu que nous **(tomber, imparfait du subjonctif)** d'accord sur le choix du film », rétorqua Nicole, du tac au tac.
tombâmes ❒ tombassions ❒ tombassâmes ❒

Réponses

1. Vêtons. *Vêtir*, verbe du 3e groupe, ne se conjugue pas sur le modèle de *finir*, verbe du 2e groupe (c'est-à-dire que son participe présent ne se termine pas en *-issant*). On écrit donc : je me *vêts*, tu te *vêts*, il se *vêt*, nous nous *vêtons*, vous vous *vêtez*, ils se *vêtent*.

À NOTER : 1. *Dévêtir* et *revêtir* se conjuguent de la même manière. 2. Des auteurs de renom ont conjugué *vêtir* sur le modèle de *finir* et André Gide, qui trouvait « vêtissait » « plus beau et plus expressif » que *vêtait*, se réservait le droit de l'utiliser s'il venait « naturellement » sous sa plume...

2. Acquérons. *Acquérir* est également un verbe irrégulier (3e groupe). Il se conjugue comme suit au présent de l'indicatif : j'*acquiers*, tu *acquiers*, il *acquiert*, nous *acquérons*, vous *acquérez*, ils *acquièrent*.

À NOTER : *conquérir*, *s'enquérir*, *reconquérir* et *requérir* se conjuguent de la même manière.

3. Conclut. *Conclure*, verbe du 3e groupe, présente un certain nombre de difficultés. Aux trois premières personnes de l'indicatif, les formes sont identiques au présent et au passé simple : je *conclus*, tu *conclus*, il *conclut*. Par ailleurs, au futur et au conditionnel présent, on écrit je *conclurai*, je *conclurais*, et non pas je « concluerai », je « concluerais » (la faute est très fréquente).
Attention ! Au participe passé, on écrit *conclu*, *conclue* (et non « conclus », « concluse »).

À NOTER : *exclure* et *inclure* se conjuguent de la même manière, mais seul *inclure* prend un *s* final au participe passé. Exemple : *Ce voyagiste est le spécialiste du séjour « tout inclus »*.

4. Demanderiez. Le verbe *demander* (bien que régulier) fait parfois l'objet d'une conjugaison fautive au futur et au conditionnel. Je *demanderai* (et non je « demandrai »). Je *demanderais* (et non je « demandrais »).

5. Moulent. *Moudre* est un verbe du 3e groupe à la conjugaison délicate. Certains usagers en difficulté n'hésitent pas à offenser la grammaire. Exemple fautif : « Ma femme veut qu'on achète du bon café et qu'on le moud nous-mêmes. » Les formes correctes au présent de l'indicatif sont : je *mouds*, tu *mouds*, il *moud*, nous *moulons*, vous *moulez*, ils *moulent*. Au subjonctif : que je *moule*. Au futur : je *moudrai*. Au passé simple : je *moulus*. À l'imparfait : je *moulais*.

6. Résout. La conjugaison de ce verbe irrégulier est particulièrement difficile. Au présent de l'indicatif, les formes correctes sont les suivantes : je *résous*, tu *résous*, il *résout*, nous *résolvons*, vous *résolvez*, ils *résolvent*. Au subjonctif : que je *résolve*. Au futur : je *résoudrai*. Au passé simple : je *résolus*. À l'imparfait : je *résolvais*.
Attention ! Au participe passé : *résolu*.

À NOTER : la conjugaison de *résoudre* est si épineuse qu'un verbe plus récent, *solutionner*, lui fait désormais une sérieuse concurrence ; *solutionner* a l'avantage d'avoir une conjugaison régulière (verbe du 1er groupe), mais l'inconvénient de souffrir d'une mauvaise réputation auprès de certains grammairiens. Quoi qu'il en soit, dans une langue soignée, on préférera *résoudre* à *solutionner*.

7. Dément. Ce verbe doit se conjuguer comme *mentir* et non pas s'aligner sur le modèle de *finir*. Je *démens* (et non pas je « démentis »).

8. Prévit. *Prévoir* se conjugue sur le modèle de *voir*, sauf au futur simple : je *prévoirai* et au conditionnel : je *prévoirais*.

9. S'assirent. *Asseoir* est un verbe du 3e groupe. Au passé simple, il se conjugue comme suit (forme pronominale) : je m'*assis*, tu t'*assis*, il s'*assit*, nous nous *assîmes*, vous vous *assîtes*, ils s'*assirent*.

10. Détruisirent. On hésite parfois sur le passé simple des verbes en *-truire* (*construire*, *détruire*, etc.), notamment à la 3e personne du pluriel.
Exemple : les bombardements détruisirent la ville (et non « détruirent »).

11. Contredisez. On écrit vous *dites*, mais vous *contredisez*. La remarque vaut également pour *dédire*, *interdire*, *médire*, *prédire*.

12. Choira ou **cherra**. *Choir* est un verbe « défectif », c'est-à-dire que certaines formes de conjugaison sont inusitées (*choir* ne se conjugue qu'à l'indicatif présent, au passé simple et aux temps composés). Le futur est archaïque et difficile à reconnaître :

« La bonne Mère-grand, qui était dans son lit, à cause qu'elle se trouvait un peu mal, lui cria :
"Tire la chevillette, la bobinette cherra." Le loup tira la chevillette, et la porte s'ouvrit. Il se jeta sur la bonne femme, et la dévora en moins de rien ; car il y avait plus de trois jours qu'il n'avait mangé. » (*Contes*, CHARLES PERRAULT.)

13. Transcrivit.
Attention ! Ne pas confondre les formes du présent et celles du passé simple. Je *transcris* (au présent) mais je *transcrivis* (au passé simple). Ils *transcrivent* mais ils *transcrivirent*.

À NOTER : conjugaison identique pour *circonscrire, décrire, écrire, inscrire, récrire, prescrire, proscrire, souscrire.*

14. T'enquisses. Les verbes en *quérir* (comme *acquérir, conquérir, reconquérir, requérir, s'enquérir*) sont d'une conjugaison délicate. À l'imparfait du subjonctif, les formes sont les suivantes : que je m'*enquisse*, que tu t'*enquisses*, qu'il s'*enquît*, que nous nous *enquissions*, que vous vous *enquissiez*, qu'ils s'*enquissent*.

15. Allassions. *Aller* se conjugue ainsi à l'imparfait du subjonctif : que j'*allasse*, que tu *allasses*, qu'il *allât*, que nous *allassions*, que vous *allassiez*, qu'ils *allassent*.

16. Tombassions. *Tomber* est un verbe régulier. Le conjuguer à l'imparfait du subjonctif ne pose pas de problèmes particuliers, mais on est embarrassé par des formes qui ne nous sont guère familières : que je *tombasse*, que tu *tombasses*, qu'il *tombât*, que nous *tombassions*, que vous *tombassiez*, qu'ils *tombassent*.

À NOTER : dans les années 1920, André Gide évoquait déjà la « faillite du subjonctif ».

« Considérez l'aventure du subjonctif : quand la règle est trop incommode, on passe outre. L'enfant dit : tu voulais *que je vienne*, ou : *que j'aille*, et il a raison. Il sait bien qu'en disant : tu voulais *que je vinsse*, ou, *que j'allasse*, ainsi que son maître, hier encore, le lui enseignait, il va se faire rire au nez de ses camarades, ce qui lui paraît beaucoup plus grave que de commettre un solécisme [...] » (*Incidences*, ANDRÉ GIDE.)

6

Permis de construire

Constructions grammaticales

« Veux-tu toute ta vie offenser la grammaire ? » demande durement Bélise à la pauvre servante Martine, dans *Les Femmes savantes* (MOLIÈRE). Prenez de bonnes résolutions : savoir distinguer un verbe transitif d'un verbe intransitif, utiliser la bonne préposition après un verbe, ne plus hésiter entre *bien que* et *malgré que*... Les dix questions qui suivent vous aideront à suivre ce programme ambitieux.

1. Tout le monde a été surpris d'entendre Simone **déblatérer contre** Gilberte ❒ **déblatérer après** Gilberte ❒ pendant la réunion de famille.
2. La priorité du préfet est de **pallier aux problèmes** ❒ **pallier les problèmes** ❒ d'hébergement des sinistrés.
3. **« Je me rappelle très bien de notre rencontre »** ❒ **« Je me rappelle très bien notre rencontre »** ❒, a confié Simone à Raymond, le soir de ses noces.
4. « Cette question du mariage gay participe avant tout **de la morale et non du droit** ❒ **à la morale et non au droit** ❒ », a affirmé Nicole à l'apéritif, histoire de donner son avis.
5. La présidente du tribunal a **vitupéré** ❒ **vitupéré contre** ❒ les conducteurs avinés qui mettent la vie d'autrui en danger.
6. « Les parents d'élèves sont informés que c'est Mme Triboulet qui **suppléera à** ❒ **suppléera** ❒ Mlle Trochu à partir du mois de mars, le temps pour celle-ci de se remettre de sa dépression. »
7. « La décision de vous retirer votre permis de conduire

ressortit au tribunal ❒ **ressortit du tribunal** ❒ », a annoncé l'avocat à son client.

8. « Faisons une promenade malgré qu'il pleuve. » La construction *malgré que* + subjonctif est-elle correcte ou fautive ?
   a. Elle est très incorrecte et doit être évitée dans tous les cas.
   b. Elle est critiquée par les puristes et est à éviter dans une langue « soignée ».
   c. Elle est parfaitement correcte et s'emploie couramment à la place de *bien que*.

9. « Il n'y a que Sammy et toi qui me **comprennent** ❒ qui me **compreniez** ❒ », a déclaré Kévin à son meilleur ami, Jonathan, très ému.

10. Ni Raymond L. ni Maurice G. **n'a été élu** ❒ **n'ont été élus** ❒ à la présidence du conseil général.

Réponses

1. **Déblatérer contre.** On *déblatère contre* quelqu'un (ou quelque chose), plus rarement *sur* quelqu'un.

2. **Pallier les problèmes.** *Pallier* est un verbe transitif direct, c'est-à-dire qu'il se construit directement avec un complément d'objet. Comme terme de médecine, *pallier* a signifié autrefois « atténuer les symptômes sans guérir le mal pour autant » (ce sens est toujours vivant dans le nom *palliatif*). D'où le sens figuré et courant de « remédier provisoirement, atténuer faute de mieux ». Exemples : *pallier un problème, pallier des inconvénients,* etc. La construction fautive *pallier à* est devenue courante par analogie avec *parer à, remédier à.*

3. **« Je me rappelle très bien notre rencontre »** *Se rappeler* se construit avec un objet direct. On *se rappelle quelqu'un, quelque chose.* C'est par analogie avec *se souvenir de* que la construction *se rappeler de* s'est introduite dans la langue dès le XVIIIe siècle. Cette tournure courante est considérée comme fautive et le bon usage recommande de l'éviter.

4. **Participe de la morale et non du droit.** *Participer à,* c'est « prendre part à ». On participe à un match, un débat, une émission télévisée, etc. *Participer de* est un synonyme littéraire de *relever de.* Exemple : *cette infraction participe du droit pénal.* Dans « Les Sabines » (nouvelle extraite du *Passe-Muraille*), Marcel Aymé joue avec cette double construction en évoquant l'un de ses personnages, une jeune femme dotée du pouvoir de se multiplier physiquement... et par là même de multiplier ses amants :

« Quoique participant à (et participant de) cette mêlée voluptueuse, multiplicité impudique, fornicante, transpirante, gémissante, et y prenant plaisir [...], quoique donc, Sabine restait inapaisée et l'âme appétente. [...] »

5. **Vitupéré.** À l'origine, *vitupérer* (« blâmer vivement ») est un verbe transitif direct. Il convient donc d'écrire que l'on *vitupère* quelqu'un ou quelque chose. La construction *vitupérer contre* (par analogie avec *pester contre, protester contre, râler contre,* etc.) s'est introduite dans l'usage mais est à éviter dans une langue soignée.

6. **Suppléera.** On *supplée* quelqu'un, c'est-à-dire qu'on le

remplace (partiellement ou provisoirement) dans ses fonctions. *Suppléer à* quelque chose, c'est remédier à un manque, à une insuffisance. Exemple : *l'efficacité doit suppléer au manque de moyens.*

7. Ressortit à. Dans le vocabulaire juridique, on dit d'une affaire, d'une décision qu'elles *ressortissent à* telle ou telle juridiction. Exemple : *les crimes de sang ressortissent à la cour d'assises.* D'où le sens figuré : « relever de, être relatif à » qui s'emploie dans un registre littéraire. Exemple : *la journaliste a promis à la star de ne rien révéler qui ressortisse à sa vie privée.* Attention ! *Ressortir* se conjugue comme *finir* et non comme *sortir*. Cela *ressortit* et non cela « ressort ».

8. b. Malgré que est une tournure critiquée par les puristes. Mais est-ce vraiment une faute de français ? Quand on se risque à l'employer, on a un peu le sentiment de mettre les doigts dans le pot de confiture sans commettre un bien grand crime pour autant.
Malgré que, dont l'origine est peut-être populaire, apparaît dans certains textes dès le XVIIe siècle. Littré et l'Académie française en condamnent l'emploi sans que leur jugement soit argumenté. Nullement intimidé, André Gide a pris la défense de cette locution maudite : « J'ai écrit avec Proust et Barrès, et ne rougirai pas d'écrire encore : malgré que, estimant que si l'expression était fautive hier, elle a cessé de l'être. » (*Incidences*, ANDRÉ GIDE.) Certes, certains grammairiens se rangent à l'avis de l'écrivain, mais reconnaissons-le : *malgré que* égratigne les oreilles sensibles et cette tournure est devenue rare dans le français d'aujourd'hui, « surveillé » ou littéraire. On remplacera avantageusement *malgré que* par d'autres locutions conjonctives, *bien que*, *quoique*, qui se construisent également avec le subjonctif.

9. Il n'y a que Sammy et toi qui me compreniez.
RAPPEL DE LA RÈGLE : avec le pronom relatif *qui* comme sujet, le verbe s'accorde en nombre et en personne avec l'antécédent du pronom relatif.
ANALYSE : le pronom relatif *qui* est sujet du verbe *compreniez*. Le verbe s'accorde donc avec l'antécédent de *qui* : *Sammy et toi* = 3e personne + 2e personne = 2e personne du pluriel (*compreniez*).

10. Ni Raymond L. ni Maurice G. n'a été élu.
Cette question porte sur l'accord du verbe avec deux sujets coordonnés par *ni*.

RAPPEL DE LA RÈGLE : si l'on considère que l'action exprimée se rapporte à chaque sujet pris séparément (on dit alors que *ni* a une valeur « disjonctive »), le verbe se met de préférence au singulier (en l'occurrence, une seule personne peut être élue à une présidence). Si l'on estime au contraire que l'action se rapporte aux sujets pris comme un ensemble, le verbe se met de préférence au pluriel.
Exemple avec l'accord au pluriel : *ni le repos ni le médicament n'ont amélioré sa santé.*

7

Des pluriels bien singuliers

Le pluriel des noms et des adjectifs

Un cheval, des chevaux. Et pourquoi pas *des chevals* [1] ? L'orthographe française semble avoir été inventée pour en rendre l'apprentissage bien compliqué. Il y a les pluriels en *-oux* qu'on apprend par cœur à l'école, les mots gourmands qui ont deux pluriels différents, les mots invariables qui ne veulent rien faire comme tout le monde... Au bout du compte, l'occasion idéale de réviser certaines règles qui ont fait vos cauchemars d'écolier.

1. Dans la liste qui suit, rayez les noms au pluriel dont l'orthographe est fautive.
Un landau, des landaux
Un boyau, des boyaux
Un aloyau, des aloyaux
Un lieu, des lieux (le poisson)

2. Même principe pour les quatre noms qui suivent.
Un bail, des bails
Un chandail, des chandails
Un soupirail, des soupirails
Un poitrail, des poitrails

3. Les quatre mots qui suivent ont-ils deux pluriels possibles ? Rayez les éventuels imposteurs qui n'acceptent qu'un seul pluriel.
Un festival → des festivals *ou* des festivaux
Un idéal → des idéals *ou* des idéaux
Un étal → des étals *ou* des étaux
Un cal → des cals *ou* des caux

1. Sur la formation du pluriel des noms et adjectifs, voir Nathalie Baccus, *Orthographe française*, Librio n° 596.

4. On apprend dès les « petites classes » que sept noms en *-ou* font leur pluriel en *-oux*. Dans la liste suivante, ajoutez la finale qui convient (*s* ou *x*) pour retrouver les sept noms en *-oux*.

Sapajou – bijou – joujou – kangourou – pou – chou – bisou – hibou – filou – chabichou – écrou – papou – matou – caillou – zoulou – genou.

• Certains noms peuvent avoir des pluriels différents selon le contexte. En voici quelques exemples. À vous de trouver la forme qui convient.

5. Au musée, Kévin et Karl, son correspondant allemand, se sont enthousiasmés pour les grands **ciels** ❐ **cieux** ❐ des impressionnistes.

6. « C'est vous qui avez soigné les **yeux-de-perdrix** ❐ **œils-de-perdrix** ❐ de ma belle-mère », a annoncé fièrement Nicole au médecin lors de sa première visite.

7. Tout est question de goût : Raymond aime les chemises **marron** ❐ **marrons** ❐ à col pelle à tarte tandis que Simone affectionne les chemisiers **rose** ❐ **roses** ❐ à motifs.

8. Kévin voit d'un mauvais œil qu'Elodie ne soit pas insensible aux yeux **bleu-vert** ❐ **bleus-verts** ❐ **bleus-vert** ❐ de Karl, son charmant correspondant allemand.

9. Cochez la case qui correspond à l'orthographe correcte de ces noms composés :

a. un chou-fleur	des choux-fleurs ❐ des choux-fleur ❐
b. un timbre-poste	des timbres-poste ❐ des timbres-postes ❐
c. un aller-retour	des aller-retour ❐ des allers-retours ❐
d. un chef-d'œuvre	des chefs-d'œuvres ❐ des chefs-d'œuvre ❐

10. Ne vous arrêtez pas en si bon chemin : voici une seconde liste pour améliorer votre connaissance du pluriel des noms composés.

a. un clair-obscur	des clairs-obscurs ❐ des clair-obscur ❐

b. un coffre-fort — des coffres-fort ❐ / des coffres-forts ❐

c. un porte-monnaie — des porte-monnaies ❐ / des porte-monnaie ❐

d. un gagne-petit — des gagne-petits ❐ / des gagne-petit ❐

e. une Marie-couche-toi-là — des Marie-couche-toi-là ❐ / des Maries-couchez-vous-là ❐

11. Pour chacun des mots latins suivants, nous avons indiqué plusieurs pluriels possibles, mais certains d'entre eux sont purement fantaisistes. À vous de les chasser de la liste en les barrant d'un trait.

a. un maximum — des maximums ❐ / des maxima ❐ / des maximas ❐

b. un erratum — des erratums ❐ / des errata ❐ / des erratas ❐

c. un minimum — des minimums ❐ / des minima ❐ / des minimas ❐

12. Voici trois nouveaux mots empruntés à des langues étrangères (italien, allemand, anglais). Là encore, il s'agit d'identifier les pluriels fantaisistes et de les rayer.

a. un scénario — des scenarii ❐ / des scénarios ❐ / des scenario ❐

b. un leitmotiv — des leitmotives ❐ / des leitmotifs ❐ / des leitmotive ❐

c. un best-seller — des bests-sellers ❐ / des best-seller ❐ / des best-sellers ❐

13. Les noms propres sont généralement invariables. Cependant, les noms de personnages illustres peuvent prendre la marque du pluriel dans certains cas. Lesquels ?

a. lorsqu'ils désignent des œuvres d'art (des *Picassos*)
Vrai ❐ Faux ❐

b. lorsque ce sont des noms de grandes dynasties (les *Bourbons*)
Vrai ❒ Faux ❒

c. lorsque ce sont des noms des grandes familles sous la République (les *Mitterrands*)
Vrai ❒ Faux ❒

14. Dans quel cas faut-il accorder l'adjectif **demi** ?
« Nous ne nous accommoderons pas de **demies-mesures** ❒ **demi-mesures** ❒ **demie-mesures** ❒ en matière d'emploi », ont prévenu les syndicats, très fermes.

15. Grâce à la question *ci-dessous*, vous saurez enfin comment écrire *ci-joint* au pluriel dans vos courriers du type :
« Madame,
Vous trouverez **ci-joint** ❒ **ci-joints** ❒ les documents demandés dans votre lettre datée du 13 courant. »

16. « Les cas comme les vôtres sont tout à fait **banals** ❒ **banaux** ❒ », a affirmé le gastro-entérologue à Nicole qui lui a fait l'inventaire de ses troubles digestifs.

Réponses

1. Il fallait rayer **des landaux** et **des lieux**. On écrit *un landau, des landaus* ; *un lieu, des lieus* (quand il s'agit du poisson).

RAPPEL DE LA RÈGLE : les noms terminés par *-au, -eau, -eu* font normalement leur pluriel en *-x*, mais certains mots ont un pluriel en *-s* : *des landaus, des sarraus, des bleus, des pneus, des émeus, des lieus.*

2. Il fallait rayer **des bails** et **des soupirails**. On écrit *des baux, des soupiraux.*

RAPPEL DE LA RÈGLE : les noms terminés par *-ail* font normalement leur pluriel en *-ails*. Cependant, onze mots font exception à la règle avec un pluriel en *-aux* : *aspirail, bail, corail, émail, fermail, gemmail, soupirail, travail, vantail, ventail, vitrail.*

3. Festival et **cal**. Ces deux substantifs n'admettent qu'un pluriel. On doit écrire des *festivals*, des *cals*.

RAPPEL DE LA RÈGLE : les noms terminés par *-al* font normalement leur pluriel en *-aux* ou en *-als*, mais certains mots font aussi bien leur pluriel en *-aux* qu'en *-als* : on écrit *des étals* ou *des étaux* (le pluriel en *-als* est nettement plus courant dans le français contemporain) ; *des idéals* ou *des idéaux* (le pluriel en *-aux* est plus courant) ; *des vals* ou *des vaux*.

4. On écrit sapajous – **bijoux – joujoux** – kangourous – **poux – choux** – bisous – **hiboux** – filous – chabichous – écrous – papous – matous – **cailloux** – zoulous – **genoux**.

5. Ciels. Quand ce mot désigne la partie d'un tableau ou d'une fresque qui représente un ciel, le pluriel est en *-s*.

À NOTER : le pluriel de *ciel* s'écrit également *ciels* quand il désigne un baldaquin suspendu au-dessus d'un lit (des *ciels de lit*) ; le plafond d'une carrière ; l'aspect du ciel ou le climat (*les ciels étoilés des nuits d'été*) sauf dans l'expression *sous d'autres cieux*.

6. Œils-de-perdrix. Un *œil-de-perdrix* est un cor entre les orteils. Le pluriel en *œils* s'emploie notamment dans les noms composés *œils-de-bœuf* (lucarnes), *œils-de-chat* (pierres précieuses), etc.

7. Marron et **rose.** L'adjectif *marron* est invariable tandis que *rose* est variable en nombre.

RAPPEL DE LA RÈGLE : les adjectifs de couleur prennent normalement un *-s* au pluriel, sauf s'il s'agit de noms employés adjectivement. Exemples : *des chemises orange, marron, kaki,* etc.

Attention ! Bien que dérivés d'un nom, certains adjectifs prennent un *-s* au pluriel. Ils sont au nombre de six : *écarlate, fauve, incarnat, mauve, pourpre, rose.*

8. Bleu-vert. L'adjectif composé *bleu-vert* est invariable.

RAPPEL DE LA RÈGLE : les adjectifs de couleur suivis d'un autre adjectif ou d'un nom sont toujours invariables. Exemples : *des cheveux châtain clair, des blousons bleu marine,* etc.

À NOTER : quand l'adjectif désigne une couleur composée (*gris-vert, gris-bleu,* etc.), il est d'usage de mettre un trait d'union entre les deux éléments.

9. a. des choux-fleurs. Les deux éléments prennent la marque du pluriel.

RAPPEL DE LA RÈGLE : dans les composés du type nom + nom, les deux éléments varient s'ils sont apposés. Exemples : *des avocats-conseils, des chefs-lieux,* etc.

b. des timbres-poste. Le deuxième élément est invariable au pluriel, car il faut entendre « timbres pour la poste ».

c. des allers-retours. Les deux éléments sont apposés et sont donc variables au pluriel (même cas que pour **a.**)

d. des chefs-d'œuvre. Seul le premier élément est variable au pluriel.

RAPPEL DE LA RÈGLE : dans les composés du type nom + préposition + nom, c'est généralement le premier élément qui varie au pluriel. Exemples : *des arcs-en-ciel, des cous-de-pied, des crocs-en-jambe,* etc.

10. a. des clairs-obscurs. Les deux éléments sont variables au pluriel.

RAPPEL DE LA RÈGLE : adjectif + adjectif = les deux mots se mettent au pluriel. Exemples : *des sourds-muets, des derniers-nés,* etc.

À NOTER : dans *nouveau-né,* l'adjectif *nouveau* est considéré dans sa valeur adverbiale et est invariable, ce qui contraint à des aberrations, du type *une enfant nouveau-née.* Des écrivain(e)s comme Colette ou Marguerite Yourcenar ont préféré écrire *nouvelle-née.*

b. des coffres-forts. Les deux éléments sont variables au pluriel. Il faut entendre « des coffres qui sont forts ».

RAPPEL DE LA RÈGLE : nom + adjectif (ou adjectif + nom) = les deux mots se mettent généralement au pluriel. Exemples : *des états-majors, des francs-maçons, des basses-cours,* etc.

c. des porte-monnaie. Il faut entendre « qui porte la monnaie ».

RAPPEL DE LA RÈGLE : verbe + nom complément = la forme verbale est toujours invariable. Pour ce qui est du nom complément, il porte un *s* ou non selon le sens.

d. des gagne-petit. Les deux éléments sont invariables au pluriel. On écrit *des gagne-petit, des brise-tout,* etc., parce que le second élément a une valeur adverbiale et qu'il est donc invariable.

e. des Marie-couche-toi-là. Dans ce type de composé en forme de phrase, tous les éléments sont invariables. Exemples : *des m'as-tu-vu, des va-t-en-guerre, des sot-l'y-laisse,* etc.

11. a. Il fallait rayer **des maximas**. *Maximum* a pour pluriel « francisé » (qui a les caractères du français) *maximums* et pour pluriel latin *maxima*.

b. Il fallait rayer **des erratums** et **des erratas**. Le seul pluriel admis est *errata*.

À NOTER : **1.** un *erratum* est une erreur d'impression signalée au lecteur (dans un livre, un journal, etc.). **2.** On dit aussi *un errata* pour désigner une liste d'erreurs.

c. Il fallait rayer **des minimas**. *Minimum* a pour pluriel francisé *minimums* et pour pluriel latin *minima*.

12. a. Il fallait rayer **des scenario**. *Scénario* a pour pluriel courant *scénarios* et pour pluriel savant *scenarii*.

À NOTER : il peut paraître pédant d'utiliser systématiquement le pluriel « recherché » des mots italiens. À ce compte-là, pourquoi ne pas dire *un bravo, des bravi,* à la manière de Théophile Gautier dans *Le Capitaine Fracasse* (cité par Maurice Grevisse) : « Le public éclata en bravi » ?

b. Il fallait rayer **des leitmotifs**. *Leitmotiv* a pour pluriel francisé *leitmotives* et pour pluriel allemand *leitmotive*.

c. Il fallait rayer **des best-seller** et **des bests-sellers**. Le seul pluriel admis est *best-sellers*.

À NOTER : si l'on est allergique aux anglicismes, on peut aussi bien parler de *succès de librairie*.

13. a. Vrai. Les œuvres d'art désignées par le nom de leur créateur peuvent prendre la marque du pluriel (l'accord n'est pas de règle, mais il est possible). Exemples : *il collectionne les Matisses. Cet été, il a lu trois Zolas et deux Maupassants.*

b. Vrai. Les noms des grandes familles dynastiques prennent traditionnellement la marque du pluriel. Exemples : *les Bourbons, les Capets, les Capulets, les Montaigus*.

c. Faux. L'usage indiqué ci-dessus n'est pas valable pour les personnages contemporains.

14. Demi-mesures. L'adjectif *demi* est invariable en nombre (et en genre) quand il précède le nom auquel il est rattaché par un trait d'union. Exemples : *deux demi-baguettes, des demi-cercles, des demi-vierges*, etc.

À NOTER : les adjectifs *mi*, *semi* et *nu* obéissent à la même règle. Exemples : *ils sont nu-pieds, les yeux mi-clos*, etc.

15. Ci-joint. Les participes *ci-joint* et *ci-inclus* ont une valeur invariable quand ils sont placés avant le nom et son déterminant. Lorsqu'ils sont placés après le nom, ils prennent une valeur d'adjectif et l'on fait logiquement l'accord. Exemple : *les formulaires ci-joints doivent être dûment remplis*.

16. Banals. Les hésitations sur le pluriel de *banal* sont fréquentes. Des cas *banals* sont des cas communs, ordinaires... *Banaux* s'emploie dans un contexte médiéval. Les *fours banaux,* les *moulins banaux* n'étaient utilisables que moyennant le paiement d'une redevance au seigneur.

7

La loi du nombre

Les nombres en toutes lettres

Écrire un nombre en toutes lettres n'est pas toujours facile. Le doute vient s'ajouter à la douleur quand il nous faut rédiger le montant d'un chèque. Dans quels cas faut-il un *s* à cent ? Et à mille ? Où mettre le trait d'union dans un nombre complexe ? Grâce aux huit questions qui suivent, vous allez réviser les règles principales sur l'orthographe des nombres... et faire l'admiration de votre banquier.

• Voici l'ouverture d'un récit d'Henry de Montherlant, *La Petite Infante de Castille*. Nous avons composé par erreur en chiffres le nombre qui y figure. À vous de l'écrire en toutes lettres, conformément au texte d'origine.

1. « Barcelone est une ville de **600 200** âmes, et elle n'a qu'un urinoir. On devine si à certaines heures il a charge d'âme. Mais je sens qu'il vaut mieux commencer d'une autre façon mon récit. »

   600 200 : ....

• À présent, transcrivez en toutes lettres les nombres contenus dans les phrases suivantes :

2. Nicole et Jacques ont acheté une fermette restaurée dans un petit village du Perche qui compte trente habitants la semaine et **200** le week-end.

   200 : ....

3. Le nouveau roman de Marc Roquevert compte **640** pages et est vendu au prix modique de 15,99 euros. La critique, unanime, a salué cette belle performance.

   640 : ....

4. Dans l'émission « Les Jeudis littéraires », sur France Culture, Marc Roquevert a lu à l'antenne la page **200** de son roman.
200 : ....

5. **82** exemplaires du roman de Marc Roquevert ont été vendus après la diffusion de l'émission. « Nous sommes en rupture de stock », a déclaré la responsable de la librairie Les Feuillets d'Hypnos, à Aix-en-Provence.
82 : ....

6. La dernière émission de « Star à tout prix » n'a réuni que **4 300 000** téléspectateurs, causant une vive déception aux responsables de la chaîne.
4 300 000 : ....

• Pour finir, cochez la case qui correspond à la bonne orthographe dans les phrases suivantes :

7. Grâce à son excellente programmation musicale (et son humour), l'animateur a réussi à faire danser les **cent vingt trois invités** ❐ **cent vingt-trois invités** ❐ **cent-vingt-trois invités** ❐ du mariage.

8. Pour l'animation du mariage de Simone et Raymond, la société Diamant a proposé un rabais de **dix pour cent** ❐ **dix pour cents** ❐ par rapport aux tarifs habituels.

Réponses

1. **Six cent mille deux cents.** Vous avez fait une faute ? davantage ? Alors, lisez attentivement les réponses ci-dessous qui récapitulent les règles concernant l'orthographe des adjectifs numéraux. Les bons élèves se contenteront de réviser.

2. **Deux cents.** Commencez par retenir cette règle simple : *cent* est invariable sauf s'il est multiplié par un autre nombre. On écrira donc : *cent* pages, mais *deux cents* pages.

À NOTER : dans l'expression *des mille et des cents, cent* est employé comme nom et prend la marque du pluriel.

3. **Six cent quarante.** Complétons la règle énoncée ci-dessus : *cent* est invariable sauf s'il est multiplié par un autre nombre et à condition de n'être suivi d'aucun autre adjectif numéral. On écrira donc : *deux cents* personnes, mais *deux cent trente* personnes.

4. **Deux cent.** Si vous avez mis un *s* à cent, cela prouve au moins que vous connaissiez la règle énoncée ci-dessus. Il vous reste donc à distinguer un adjectif numéral « cardinal » (qui indique une quantité) d'un adjectif numéral « ordinal » (qui indique un ordre, un rang). *Cent* est toujours invariable lorsqu'il a une valeur ordinale. Exemple : *Charlemagne a été couronné empereur en l'an huit cent.*

5. **Quatre-vingt-deux.** Si vous avez bien compris la règle sur l'orthographe de *cent*, vous retiendrez facilement la règle sur l'orthographe de *vingt* : c'est la même. *Vingt* est invariable, sauf s'il est multiplié par un autre nombre, et à condition de n'être suivi d'aucun autre adjectif numéral. Il convient donc d'écrire : *vingt* personnes, *quatre-vingts* personnes, *quatre-vingt-trois* personnes.

6. **Quatre millions trois cent mille.** *Million* est un nom (comme *millier* ou *milliard*). Il prend donc normalement la marque du pluriel, contrairement à *mille*, adjectif numéral toujours invariable. On écrit *mille, deux mille*, etc.

À NOTER : *mille* peut aussi s'orthographier *mil* dans les dates, mais cette graphie est vieillie. Exemples : *l'an mil, l'an mil quatre cent*.

7. Cent vingt-trois invités. Les formes complexes des adjectifs numéraux ne prennent de trait d'union qu'entre les dizaines et les unités. Exemples : *vingt-trois ans*, *cinquante-six ans*, *quatre-vingts ans*, etc.

À NOTER : c'est une faute très commune que de mettre un trait d'union dans les formes complexes construites avec la conjonction *et*. On écrit sans trait d'union *vingt et un*, *trente et un*, etc.

8. Dix pour cent. *Cent* n'est ici multiplié par aucun nombre, il est donc invariable.

9

Invasions barbares

Les mots déformés et les impropriétés

« Attrapez la mère Ubu, coupez les oneilles. » (*Ubu roi*, ALFRED JARRY.)

Si vous prononcez *oneilles*, comme le père Ubu, *prossénétisme* ou *hormossessualité* comme la petite Zazie (*Zazie dans le métro*, RAYMOND QUENEAU), vous commettez des *barbarismes*. Le barbarisme est une « façon de parler incorrecte et vicieuse », comme on dit à l'Académie (qui ne plaisante guère avec le sujet). Vous trouverez quelques exemples de barbarismes dans le jeu qui suit : mots déformés, impropriétés, anglicismes gratinés... En digne défenseur de la langue française, vous les traquerez sans merci.

1. Le Très-Saint-Père a **commémoré** ❒ **célébré** ❒ à Lourdes le cent cinquantenaire du dogme de l'Immaculée Conception.
2. Des **aéropages** ❒ **aréopages** ❒ de théologiens catholiques et protestants débattent toujours du dogme de l'Immaculée Conception. Un accord est en vue.
3. Marc Roquevert a reçu le prix des Librairies de qualité pour le quatrième volet de sa **quadralogie** ❒ **quadrilogie** ❒ **tétralogie** ❒ *Petites Douleurs exquises*.
4. Le féminin de *malin* s'écrit :
   a. maline
   b. maligne
5. Quel est l'adjectif qui ne doit pas être employé au sens d'*important* ?
   a. conséquent
   b. considérable

6. Quelle est la forme correcte ?
   a. confusant
   b. confusionnant
   c. ni l'une ni l'autre
7. Monique est soulagée de savoir sa mère désormais à l'abri de tout problème **pécunier** ❒ **pécunière** ❒ **pécuniaire** ❒.
8. Deux des quatre propositions suivantes sont considérées comme incorrectes. Lesquelles ?
   a. La nouvelle a été avérée
   b. La nouvelle s'est avérée vraie
   c. La nouvelle s'est avérée fausse
   d. La nouvelle s'est révélée vraie
9. « Arrêtez vos **disgressions** ❒, vos **digressions** ❒, vous ne répondez pas à ma question », a lancé le député au ministre en pleine séance à l'Assemblée.
10. « Grâce à mon gastro-entérologue, j'ai **recouvert la santé** ❒ **recouvré la santé** ❒ », se félicite Nicole qui ne souffre plus de reflux gastro-œsophagiens.
11. « Sauriez-vous me dire si mon nouveau roman sera dans la liste des best-sellers ? » s'est enquis Marc Roquevert auprès de la célèbre **cartomancienne** ❒ **cartemancienne** ❒.
12. « **Vous n'êtes pas sans ignorer** ❒ **Vous n'êtes pas sans savoir** ❒ que je sais tout. Votre roman sera classé sixième en troisième semaine », a déclaré tranquillement la devineresse.
13. « Les dons faits à l'Association des ex-ministres ne sont pas **déduisibles** ❒ **déductibles** ❒ des impôts », a prévenu la présidente dans sa *newsletter* mensuelle.
14. « Vous me faites remonter à des temps **antidiluviens** ❒ **antédiluviens** ❒ **antédéluviens** ❒ », proteste Simone auprès de ses petits-enfants qui lui réclament des anecdotes de jeunesse.
15. Une seule formulation est correcte du point de vue du sens. Laquelle ?
   a. Madame Bovary est l'héroïne *éponyme* du roman de Gustave Flaubert.
   b. Madame Bovary est l'héroïne du roman *éponyme* de Gustave Flaubert.

16. « Je suis un peuple **oppressé** ❐ **opprimé** ❐ », se lamente Kévin, victime de harcèlement scolaire.

17. Nicole a lu dans *L'Express* que l'époque où les gens étaient **omnubilés** ❐ **obnubilés** ❐ par la réussite professionnelle était révolue.

18. « **STAGE NON RÉMUNÉRÉ** ❐ **STAGE NON RÉNUMÉRÉ** ❐ – PAS DE TICKETS RESTAURANT – PAS D'INDEMNITÉS KILOMÉTRIQUES. SI VOUS ÊTES TRÈS MOTIVÉ, ÉCRIVEZ À LA MAIRIE. »

Réponses

1. Célébrer. *Commémorer* (du latin *commemorare*, « rappeler, évoquer »), c'est remettre en mémoire un événement par une cérémonie, des festivités, etc. On *commémore* une naissance, une mort, un mariage... mais on ne *commémore* pas un anniversaire, un centenaire ni même un cent cinquantenaire, on le *célèbre* ou on le *fête*.

2. Aréopage. Un *aréopage* est une assemblée de personnes particulièrement savantes et compétentes dans un domaine. Par confusion, le mot est parfois prononcé ou écrit « aéropage », barbarisme dû à l'attraction de l'élément grec *aéro*, présent dans de nombreux mots (*aéronautique*, *aéroport*, etc.).
À NOTER : l'*Aréopage* était le tribunal qui siégeait dans l'ancienne Athènes, sur la colline consacrée à Arès, dieu de la Guerre. Il jugeait du beau monde : incendiaires, empoisonneurs, assassins...

3. Tétralogie. L'élément grec *tétra*, « quatre », sert à former différents mots en français : *tétrapode*, *tétraplégie*, etc. Dans la Grèce antique, une *tétralogie* était un ensemble de quatre pièces que les poètes présentaient à des concours dramatiques. Dans le courant du XIXe siècle, le mot s'est mis à désigner tout ensemble de quatre œuvres (musicales, littéraires, etc.). *Tétralogie* reste aujourd'hui un terme suffisamment méconnu pour que l'usage courant lui substitue volontiers le barbarisme « quadrilogie ». Bien que ce mot soit absent des dictionnaires, on peine à le qualifier de « barbare » tant son allure est policée. Emprunté au latin, *quadri* signifie en effet « quatre », élément qui sert à former des mots irréprochables comme *quadrilatère*, *quadriphonie*, etc. Cependant, quelles que soient ses bonnes manières, *quadrilogie* n'a pas le caractère officiel de *tétralogie* ni ses lettres de noblesse.

4. b. *Malin* a pour féminin *maligne* (de même que *bénin* a pour féminin *bénigne*).

À NOTER : en français, une majorité d'adjectifs font leur féminin par la simple adjonction d'un *e* final (*joli* → *jolie*), mais cet ajout s'accompagne parfois d'autres phénomènes : redoublement de la consonne finale (*paysan* → *paysanne*), addition d'une consonne (*rigolo* → *rigolote*), changement de la consonne finale (*naïf* → *naïve*). Le féminin *maligne* relève de ce dernier cas, concurrencé à l'oral par *maline* (d'origine populaire)[1].

5. a. *Conséquent*, mot attesté au XIVe siècle, signifie « qui agit de manière logique, cohérente ». Dans le cas contraire, on est *inconséquent*. Depuis le XVIIIe siècle, le mot est aussi employé au sens d'« important, considérable ». Dans son *Dictionnaire de la langue française* (1873), Littré s'alarme de cet emploi abusif : « *Conséquent* pour *considérable* est un barbarisme que beaucoup de gens commettent et contre lequel il faut mettre en garde. » On peut en effet juger ce glissement de sens gênant par les ambiguïtés qu'il introduit. Quand un journal évoque le « parcours conséquent d'un cinéaste », on hésite s'il faut comprendre que ce parcours frappe par sa cohérence ou si c'est son importance qui force le respect... Aussi, dans une langue soignée et précise, vaut-il mieux conserver à *conséquent* son sens d'origine.

6. c. « Confusant » et « confusionnant » sont tous deux incorrects. « Confusant » est un mot apprécié dans certains milieux (communication, marketing...). Exemple (à ne pas forcément suivre) : « Le packaging du produit a été jugé confusant en tests consommateurs. » Ignoré de tous les dictionnaires, « confusant » est emprunté à l'anglais *confusing*. Son petit frère « confusionnant » est plus rare. Il est lui aussi absent des dictionnaires, où l'on trouve néanmoins *confusionner*, « remplir de honte, de confusion » (apparu au XIXe siècle et rapidement disparu), et *confusionnel*, « qui a trait à la confusion mentale ».

7. Pécuniaire. Du latin *pecunia*, « argent », *pécuniaire* signifie « relatif à l'argent » (registre soutenu). Exemple : *avoir des soucis pécuniaires*. On reconnaît le suffixe *-aire* qui a servi à former d'autres mots comme *humanitaire*, *ordinaire*, *propriétaire*, etc. Par une probable analogie avec des formes comme *rancunier*, *rancunière*, on entend et on lit « pécunier », qui est un barbarisme.

8. b et c. Du latin *verus*, « vrai », *s'avérer* a d'abord signifié « apparaître comme vrai, être confirmé ». Dans ce sens, une phrase comme *La nouvelle s'est avérée* est parfaitement correcte... mais ne correspond pas à l'usage actuel. De nos jours,

---

1. Sur la formation du féminin des noms et adjectifs, voir Nathalie Baccus, *Orthographe française*, Librio n° 596.

s'avérer a un sens proche de « apparaître comme, se révéler » et est toujours suivi d'un attribut. Exemple : *les chiffres de la croissance se sont avérés meilleurs que prévu*. Malgré cette évolution sémantique, la valeur étymologique du mot est encore perçue... du moins par les oreilles sensibles. Autrement dit, *vrai* « s'entend » toujours dans le mot *avérer*, d'où le discrédit très vif dans lequel se trouvent « s'avérer faux » et « s'avérer vrai ». Nos académiciens, sabres au clair, n'hésitent pas à qualifier « s'avérer faux » de « non-sens ». Quant à « s'avérer vrai », certains lui trouvent toutes les apparences d'un pléonasme. On l'aura compris, *s'avérer* est d'un maniement délicat. En cas d'hésitation, on peut recourir à *se révéler*. Exemple : *la nouvelle s'est révélée vraie*... ou *fausse*.

À NOTER : le participe passé, *avéré*, est d'un emploi courant... et sans danger. Exemple : *des faits avérés* (c'est-à-dire reconnus comme vrais, certains).

9. Digressions. Le mot est issu du latin *digredi*, « s'écarter de son chemin ». On fait une *digression* quand on s'éloigne du sujet (dans une discussion, un débat). Est-ce par analogie avec des mots formés à partir du préfixe latin *dis* (*discontinu*, *disparité*, etc.) ? Toujours est-il que le barbarisme « disgression » se porte comme un charme...

10. Recouvré. Du latin *recuperare*, *recouvrer* signifie « rentrer en possession de ce qu'on avait perdu ». On *recouvre* la santé, la vue, l'odorat, mais aussi son bien, son argent, etc. Le percepteur, lui, *recouvre* invariablement l'impôt, c'est-à-dire qu'il le perçoit. Le verbe appartient au registre soutenu.
Recouvrir a deux acceptions courantes : « couvrir de nouveau » (*recouvrir un livre*) ou « couvrir entièrement » (*recouvrir les murs de peinture*).
Attention ! Les deux verbes ont certaines formes de conjugaison communes (notamment au présent et à l'imparfait de l'indicatif), mais des participes passés différents : j'ai *recouvré* (de *recouvrer*) mais j'ai *recouvert* (de *recouvrir*).

11. Cartomancienne. De *carte* et de *mancie* (du grec *manteia*, « divination »), la *cartomancie* est la divination par l'interprétation des cartes. L'Académie française s'est d'abord montrée réservée sur cet art divinatoire : « Prétendue divination qu'on obtient en tirant des cartes. » (*Dictionnaire de l'Académie*, 8e édition, 1935), mais toute trace de scepticisme a disparu de la nouvelle édition : « Prédiction de l'avenir par l'interprétation des cartes » (9e édition).

À NOTER : on parle souvent de *cartomancienne*, mais rien n'interdit aux *cartomanciens* d'exercer leur don :
« — J'ai trouvé un emploi chez une cartomancienne, dit Valentin.
— Qu'est-ce que tu racontes, dit Chantal incrédule.
Julia s'esclaffa.
— C'est une cartomancienne qui a trop de clients, dit Valentin, alors elle m'en refile une partie.
— Ça ne tient pas debout, dit Chantal. Les hommes ne lisent jamais dans les cartes.
— Je serai habillé en femme, dit Valentin. »
(*Le Dimanche de la vie*, RAYMOND QUENEAU.)

12. **Vous n'êtes pas sans savoir.** De nombreux usagers emploient par contresens « vous n'êtes pas sans ignorer », voulant dire au contraire *vous savez*. Il est vrai que la double négation *n'être pas sans savoir* (= savoir) prête facilement à confusion. Pour éviter cette tournure alambiquée, il existe bien d'autres manières de dire : *Vous n'ignorez pas que... Vous savez sans doute que...* etc.

13. **Déductibles.** On rencontre parfois ce barbarisme dans des écrits littéraires, scientifiques, etc., au sens de « tiré comme conséquence logique ». Exemple fautif : « La fin du roman est déduisible dès les premières pages. » Seul *déductible* est connu des dictionnaires, et uniquement dans un contexte financier. Exemple : *le montant de cette donation est déductible des impôts*.

14. **Antédiluviens.** Le mot est formé à partir de l'élément latin *ante*, « avant », et de *diluvien*, « qui a trait au déluge ». Est *antédiluvien* ce qui a eu lieu avant le déluge. Le *déluge* étant situé par la Genèse au début de l'humanité, l'ère *antédiluvienne* se perd dans la nuit des temps... Par confusion avec les nombreux mots formés sur *anti* (*anticonstitutionnel, antihéros*, etc.), on entend (et on lit parfois) « antidiluvien », « antidéluvien », « antédéluvien ».

15. **a.** Du grec *epi*, « sur », et *onoma*, « nom », *éponyme* signifie « qui donne son nom à ». Les nombreux personnages littéraires qui ont donné leur nom à un roman sont donc des héros *éponymes*. Par méconnaissance de l'acception exacte d'*éponyme*, le mot est de plus en plus employé au sens de « qui porte le même

nom ». Exemple fautif : « Le film *Orange mécanique* a été adapté du roman éponyme d'Antony Burgess. »

16. Opprimé. Est *opprimé* celui qui est victime d'un excès d'autorité, qui est persécuté. Est *oppressé* celui qui ressent un poids sur la poitrine, qui respire difficilement.
Que l'on soit *opprimé* ou *oppressé*, on subit une *oppression*, d'où la confusion fréquente sur l'emploi de l'adjectif, y compris dans les milieux « cultivés ».

À NOTER : *oppresser* a d'abord été synonyme d'*opprimer*. « Les bons Princes n'oppressent point leurs sujets », déclare avec sagesse le *Dictionnaire de l'Académie française* (1694). Mais à partir du XVIIe siècle, un autre sens s'impose, « gêner la respiration », au point de supprimer peu à peu le sens primitif.

17. Obnubilés. L'étymologie de ce mot aide à mieux retenir sa signification. *Obnubiler* vient du latin *obnubilare*, « couvrir de nuages ». Quand on est *obnubilé* par quelque chose ou par quelqu'un, on a l'esprit brouillé, comme obscurci par les nuages. Dans le langage courant, *obnubiler* signifie tout simplement « obséder ». Exemple : *il est obnubilé par la peur de l'échec*. *Obnubilé* est souvent déformé à l'oral en « omnubilé », peut-être par attraction de mots comme *omniprésent*, *omnivore*, etc.

18. Rémunéré. Ce mot est un « classique » du barbarisme. Nullement réservé à l'oral, « rénuméré » obtient un très vif succès dans toutes sortes de documents administratifs, de petites annonces, de publicités, etc. Du latin *remunerare*, *rémunérer* n'a aucun lien avec des mots comme *numéro* ou *numéraire* qui influencent sans doute les locuteurs.

10

L'important, c'est de participer

Les participes passés

« En toute la grammaire française, il n'y a rien de plus important, ni de plus ignoré », faisait observer Vaugelas au XVIIe siècle. Les règles d'accord du participe passé sont « raffinées » pour les uns, « complexes » pour les autres, un casse-tête pour tout le monde. Les grammairiens eux-mêmes semblent parfois perdre le fil de leurs savantes explications... Aussi le lecteur est-il pardonné à l'avance des piètres résultats qu'il pourrait obtenir à ce jeu. Avec les participes, *l'important c'est de participer*.

1. Dans ce passage de *Poil de Carotte*, nous avons « oublié » de composer un mot, participe passé d'*excepter*. À vous d'écrire ce mot avec l'orthographe qui convient.
   [Poil de Carotte s'exclame :]
   « "Personne ne m'aimera jamais, moi."
   Au même instant, Mme Lepic, qui n'est pas sourde, se dresse derrière le mur, un sourire aux lèvres, terrible.
   Et Poil de Carotte ajoute, éperdu :
   "................... maman." » (*Poil de Carotte*, JULES RENARD.)

2. « Dire que je les ai **cru** ❒ **crues** ❒, ces publicités sur la thalasso anti-peau d'orange », regrette Nicole.

3. « Tu as fait les soins que tu as **cru** ❒ **crus** ❒ devoir faire pour remodeler ta silhouette », intervient Jacques, son mari, très philosophe.

4. « Vous avez déformé la superbe déclaration que j'ai **fait** ❒ **faite** ❒ », a reproché le ministre à la journaliste, confuse.

5. « **Je les ai vu s'embrasser !** ❒ **Je les ai vus s'embrasser !** ❒ »,

crie à tue-tête le petit Dylan qui a surpris son frère et Élodie tendrement enlacés.

6. « Cette interview a été plus difficile que je ne l'avais **pensé** ❒ **pensée** ❒ », a confié le ministre à son conseiller en communication.

7. « Pourtant, des interviews, j'en ai **fait** ❒ **faites** ❒ beaucoup dans ma vie », reconnaît, amer, l'infortuné ministre.

8. **« Je l'ai échappé belle »** ❒, **« Je l'ai échappée belle »** ❒, se dit Kévin qui a failli être interrogé en français sur le lyrisme élégiaque chez Apollinaire.

9. Le ministre et les membres de son cabinet se sont **réuni** ❒ **réunis** ❒ pour gérer la situation de crise.

10. Le ministre et son principal conseiller se sont longuement **parlé** ❒ **parlés** ❒ sans que rien n'ait filtré de leur entretien. Finalement, c'est le conseiller qui a démissionné.

11. « Je me suis **refait** ❒ **refaite** ❒ une santé en thalasso à La Baule », a confié Nicole à son père au téléphone.

12. Les bains de boue que Nicole s'est **offert** ❒ **offerts** ❒ **offerte** ❒ à La Baule devaient lui faire perdre sa « peau d'orange ».

13. La célèbre voyante s'est **vu notifier** ❒ **vue notifier** ❒ sa mise en examen pour publicité mensongère et escroquerie.

14. « Je me suis **fait avoir** ❒ **faite avoir** ❒ par un homme d'affaires véreux que je n'ai pas vu venir », aurait déclaré la voyante au juge d'instruction.

15. Les personnes qui ont porté plainte se sont **rendu compte** ❒ **rendues compte** ❒ que les numéros magiques ne permettaient pas de gagner au Loto.

16. « Mes clients **se sont laissé berner** ❒ **se sont laissés berner** ❒ par la promesse de gagner beaucoup d'argent grâce aux numéros magiques », a déclaré leur avocat.

17. Les trois cents mètres qu'il a **couru** ❒ **courus** ❒ pendant le cours d'éducation physique ont mis Kévin sur les genoux.

18. « Mes jeunes années **se sont enfui** ❒ **se sont enfuies** ❒ », constate Nicole qui s'examine sans concession devant la glace.

Réponses[1]

1. « **Excepté** maman. »

- Placé devant un nom, le participe passé *excepté* est employé comme préposition et est invariable.
- Placé après un nom, *excepté* s'accorde. Exemple : *tout le monde aura du dessert, Garance exceptée.*

RAPPEL DE LA RÈGLE : les participes passés *attendu, vu, excepté, étant donné, passé, mis à part, y compris* placés devant le nom sont employés comme prépositions et restent invariables. Attention ! L'accord est toléré pour *étant donné, passé, mis à part*.

2. Dire que je les ai **crues**, ces publicités.

ANALYSE : le COD (= *les*, mis pour *ces publicités*) est placé avant le participe passé qui s'accorde donc avec le COD.

RAPPEL DE LA RÈGLE :

- Le participe passé employé avec l'auxiliaire avoir s'accorde en genre et en nombre avec le complément d'objet direct (COD) si le COD est placé avant le participe.
- Si le COD est placé après le participe ou s'il n'y a pas de COD, le participe passé reste invariable. Exemple : *le ministre a fait une déclaration fracassante*.

3. Tu as fait les soins que tu as **cru** devoir faire.

ANALYSE : tu as cru quoi ? *Devoir faire*. Le COD est placé après le participe, donc il n'y a pas d'accord.
Attention ! Ne pas prendre *les soins* pour le COD (ce ne sont pas les soins qui sont crus).

RAPPEL DE LA RÈGLE : les participes passés *dit, dû, cru, pensé, permis, prévu, pu, su* et *voulu* restent invariables quand ils ont pour COD un infinitif ou une proposition (qui peuvent être sous-entendus). Exemple : *il a fait tous les efforts qu'il a* ***pu*** *pour améliorer ses résultats*. L'infinitif est sous-entendu (*pu faire*). Attention ! Ne pas prendre *efforts* pour le COD du participe passé *pu*.

4. Vous avez déformé la superbe déclaration que j'ai **faite**.
ANALYSE : j'ai fait quoi ? *Que*, dont l'antécédent est *déclaration*. Le COD est placé avant le participe passé, donc on fait l'accord.

---

1. Pour une récapitulation complète des règles d'accord du participe passé, voir Nathalie Baccus, *Orthographe française*, Librio n° 596.

5. Je les ai **vus** s'embrasser.

ANALYSE : le COD *les* (= *Son frère et Élodie*) fait l'action exprimée par l'infinitif (*embrasser*), donc il y a accord.

RAPPEL DE LA RÈGLE :

- Le participe passé employé avec l'auxiliaire avoir et suivi d'un infinitif ne s'accorde avec le COD que si celui-ci fait l'action exprimée par l'infinitif.
  Exemple : *les musiciens que j'ai entendus jouer ont interprété du Michel Legrand.* Qu'est-ce que j'ai entendu ? *Que = les musiciens*. Le COD fait l'action exprimée par l'infinitif (*jouer*), donc il y a accord.
- Si le COD ne fait pas l'action, il n'y pas d'accord.
  Exemple : *les airs que j'ai* ***entendu*** jouer par le pianiste étaient du Michel Legrand. Le COD (*que = les airs*) ne fait pas l'action.

6. Cette interview a été plus difficile que je ne l'avais **pensé**.

ANALYSE : le COD *l'* est bien placé avant le participe passé, mais le pronom *l'* (forme élidée de *le*) signifie ici « cela ». Qu'est-ce que le ministre a pensé ? Pas l'*interview*, mais « cela » (que cette interview ne serait pas aussi difficile). Dans ce cas précis, on ne fait pas l'accord, car on n'accorde qu'avec un nom ou un pronom, pas avec une proposition.

7. Pourtant, des interviews, j'en ai **fait** beaucoup dans ma vie.

RAPPEL DE LA RÈGLE : le participe passé employé avec *en* est invariable. Bien que dans notre exemple le pronom *en* représente un nom au pluriel (*interviews*), il convient de laisser le participe invariable si l'on suit strictement la règle.

8. Je l'ai **échappé** belle.

Dans cette expression figée, le participe passé est toujours invariable.

9. Les membres du cabinet se sont **réunis**.

ANALYSE : Les membres du cabinet ont réuni qui ? *Se* (pronom réfléchi) = *les membres du cabinet*. Le COD est placé avant le participe passé, donc on fait l'accord.

RAPPEL DE LA RÈGLE : le participe passé d'un verbe pronominal de sens réfléchi ou réciproque s'accorde en genre et en nombre avec le COD, si le COD est placé avant le participe.

10. Ils se sont longuement **parlé**.

ANALYSE : ils se sont parlé = ils ont parlé l'un *à* l'autre. Le pronom réfléchi *se* n'est pas ici COD mais COI (complément d'objet indirect). Donc, on ne fait pas l'accord.

À NOTER : d'autres participes passés de verbes pronominaux comme *se mentir, se nuire, se plaire, se sourire, se succéder, se téléphoner* sont invariables puisque le pronom *se* n'est pas COD mais COI. Exemple : *les mauvaises nouvelle se sont succédé toute la journée.*

11. Je me suis **refait** une santé.

ANALYSE : le COD (= *une santé*) est placé après le participe passé qui reste donc invariable.

RAPPEL DE LA RÈGLE : le participe passé d'un verbe pronominal de sens réfléchi ne s'accorde pas avec le COD si celui-ci est placé après le participe. Exemple : *Garance s'est cassé la jambe.* Garance a cassé quoi ? *La jambe*. Le COD est placé après le participe passé, donc il n'y a pas d'accord.
Attention ! Les fautes d'accord sur ce cas sont très fréquentes.

12. Les bains de boue qu'elle s'est **offerts**.

ANALYSE : le COD (= *que* dont l'antécédent est *bains de boue*) est placé avant le participe passé qui s'accorde donc avec le COD. La tentation est grande d'écrire *qu'elle s'est offerte*, mais *s'* signifie ici *à soi*. Il est complément d'objet second (COS), pas COD.

13. La célèbre voyante s'est **vu** notifier sa mise en examen.

RAPPEL DE LA RÈGLE :

• Le participe passé d'un verbe pronominal suivi d'un infinitif ne s'accorde avec le COD que si celui-ci fait l'action exprimée par l'infinitif. Exemple : *elle s'est vue mourir. S'* est COD (= *elle*). C'est elle qui meurt, donc il y a accord.

• Si le COD ne fait pas l'action exprimée par l'infinitif, le participe passé reste invariable. Exemple : *elle s'est entendu appeler*. Ce n'est pas elle qui appelle, c'est elle qui est appelée. Donc, on ne fait pas l'accord.

14. Je me suis **fait avoir**.

Le participe passé de *se faire* suivi de l'infinitif est toujours invariable. Exemple : *les enfants se sont fait morigéner par la voisine*.

15. Les personnes qui ont porté plainte se sont **rendu compte** que les numéros magiques ne permettaient pas de gagner au Loto.

RAPPEL DE LA RÈGLE : le participe passé de *se rendre compte* est toujours invariable.

ANALYSE : Qu'est-ce qui est rendu ? *compte*. *Se* (= à soi) n'est pas ici COD mais COS (complément d'objet second), donc il n'y a pas d'accord.

16. Mes clients se sont **laissé** berner par la promesse de gagner beaucoup d'argent.

ANALYSE : le COD *se* (= *mes clients*) ne fait pas l'action exprimée par l'infinitif (*berner*). Ce ne sont pas les clients qui bernent, ce sont eux qui sont bernés.

RAPPEL DE LA RÈGLE : le participe passé de *se laisser* ne s'accorde avec le COD que si celui-ci fait l'action exprimée par l'infinitif. Exemple : *elle s'est laissée mourir*. Le COD *s'*, mis pour *elle*, fait l'action. Donc, il y a accord. Si le COD ne fait pas l'action, le participe reste en principe invariable.

17. Les trois cents mètres qu'il a **couru**.

RAPPEL DE LA RÈGLE : le participe passé employé avec l'auxiliaire avoir ne s'accorde que si le verbe est transitif, c'est-à-dire s'il admet un complément d'objet. Si le verbe est intransitif, le participe passé reste invariable.

ANALYSE : *courir* est un verbe intransitif, donc le participe ne s'accorde pas. *Trois cents mètres* n'est pas ici COD mais complément circonstanciel de mesure de *couru*. Autres exemples de verbes intransitifs dont le participe passé est invariable : *coûter, dormir, marcher, régner, valoir, vivre*, etc.

À NOTER : certains verbes intransitifs peuvent être transitifs dans des cas particuliers. Exemple : *il n'a pas pris conscience des risques qu'il a courus*. Dans cet emploi, *courir* est transitif, donc on fait l'accord avec le COD.

18. Mes jeunes années se sont **enfuies**.

RAPPEL DE LA RÈGLE : le participe passé des verbes dits « essentiellement pronominaux » (c'est-à-dire qui ne s'emploient qu'avec le pronom *se*) s'accorde en genre et en nombre avec le sujet.

À NOTER : *arroger*, bien que verbe essentiellement pronominal, a un participe passé qui s'accorde en genre et en nombre avec le COD. Exemple : *les droits que Julien s'est arrogés*. On fait ici l'accord avec le COD (= *que*, mis pour *droits*).

11

Un peu d'élégance !

Les mots recherchés

« La conversation de Charles était plate comme un trottoir de rue », lit-on dans *Madame Bovary* au sujet du brave médecin de campagne. Ne courez pas le risque de subir un tel jugement, apprenez par cœur les mots littéraires ou recherchés qui suivent et placez-les discrètement au cours d'une conversation, d'un air détaché, comme une élégance qui vous est naturelle. Vous verrez s'allumer dans l'œil de votre interlocuteur la lueur admirative de celui qui a compris à qui il a affaire : *quelqu'un qui sait causer*. Au fait, connaissez-vous le sens exact des mots suivants ?

1. Un **cuistre** est :
   a. quelqu'un de brutal et de grossier
   b. quelqu'un de ridiculement pédant
   c. un ustensile de cuisine

2. Faire preuve d'**équanimité**, c'est :
   a. se montrer indulgent
   b. être d'une humeur toujours égale
   c. être impartial

3. La **procrastination** est :
   a. une inflammation aiguë de l'intestin
   b. un délit qui consiste à porter un faux témoignage
   c. la tendance à tout remettre au lendemain

4. Une **argutie** désigne :
   a. un argument ou un raisonnement exagérément subtil
   b. une perte temporaire ou définitive du goût
   c. un oiseau exotique qui ressemble à un faisan

5. Un **contempteur**, c'est :
   a. quelqu'un qui est toujours content de lui
   b. quelqu'un qui émet des critiques
   c. un appareil qui enregistre l'intensité du courant

6. Un écrivain qui est réputé pour son style est un :
   a. stylite
   b. styliste
   c. mégalographe

7. On dit de quelqu'un qu'il **ratiocine** lorsqu'il :
   a. se perd en raisonnements interminables
   b. excelle en calcul mental
   c. se livre à des calculs mesquins

8. **Callipyge** est un mot savant qui signifie :
   a. « aux lèvres charnues »
   b. « aux belles fesses »
   c. « à la cuisse bien galbée »

9. Un pays **policé** est :
   a. un pays où les habitants sont réputés pour leur politesse
   b. un pays où la population est étroitement surveillée
   c. un pays civilisé

10. Un individu qui **vaticine** est quelqu'un qui :
    a. prétend connaître l'avenir, se livre à des prophéties
    b. a une consommation excessive de psychotropes
    c. a une tendance marquée au mensonge et à la fabulation

11. Qu'est-ce qu'un **coryza** ?
    a. un rhume
    b. un oiseau d'Amérique du Sud au plumage jaune et vert
    c. une pâtisserie japonaise à base de haricot rouge

12. Quelqu'un de **cauteleux** est :
    a. très prétentieux
    b. prudent et rusé
    c. atteint de cautèle (maladie des articulations)

13. Qu'appelle-t-on un **apophtegme** ?
    a. une parole mémorable
    b. l'éloge d'un homme de grand mérite
    b. l'obstruction d'une veine par un caillot

14. Un **coreligionnaire**, c'est :
    a. un camarade de chambrée dans l'argot des légionnaires

b. quelqu'un qui a la même religion que quelqu'un d'autre
c. un envoyé du pape

15. Un **anachorète** est :
a. une personne qui mène une vie solitaire et retirée
b. un chef de chœur (dans une chorale)
c. un individu sans morale

16. Que signifie l'adjectif **irréfragable** ?
a. « qu'on ne doit pas réfrigérer » (en parlant d'un aliment)
b. « qui ne subit pas les attaques du temps, qui est inaltérable »
c. « qu'on ne peut contredire, qui est irréfutable » (en parlant d'un propos, d'un argument)

Réponses

1. b. Un *cuistre* est une personne qui fait étalage d'un savoir... souvent mal assuré ! Dans un volume de ses *Carnets*, Henry de Montherlant évoque à propos de la langue « le bon français, qui est le français de la rue, et non le français bête, qui est le français des cuistres compassés ».

2. b. Du latin *æquus*, « égal », et *animus*, « âme ». L'*équanimité*, c'est l'égalité d'âme, d'humeur. On dira par exemple de quelqu'un qu'il traverse les vicissitudes de l'existence avec *équanimité*.

3. c. Peu de mots de la langue française sont aussi méconnus alors qu'ils correspondent à une réalité des plus communes. La *procrastination* est en effet la tendance à remettre au lendemain ce que l'on pourrait faire le jour même... Le mot est en français d'un registre littéraire, mais il est bien plus courant en anglais où l'on trouve notamment l'expression idiomatique : *Procrastination is the thief of time* (littéralement : « La procrastination est le voleur de temps ») que l'on peut traduire par : « Ne remettez pas au lendemain ce que vous pouvez faire le jour même. »

À NOTER : le mot a donné deux dérivés rares, *procrastiner* et *procrastinateur*.

4. a. Une *argutie* est un raisonnement qui paraît subtil mais qui sert surtout à masquer la faiblesse de l'argumentation.

Exemple : *le ministre n'a pas convaincu avec un discours plein d'arguties qui manquait d'arguments solides.* Le terme s'emploie souvent au pluriel et a une valeur péjorative.

À NOTER : le *t* se prononce *s*, comme dans *acrobatie* ou *minutie*.

5. b. Un *contempteur*, c'est quelqu'un qui critique, qui méprise. On parlera, par exemple, des *contempteurs* d'un parti politique, d'un mouvement artistique, etc.

6. b. Un écrivain qui a un grand souci du style, qui est reconnu pour ses qualités stylistiques, est un *styliste*. Le terme n'est donc nullement réservé aux métiers du textile et de la mode, mais il reste méconnu dans son contexte littéraire.

7. a. *Ratiociner*, du latin *ratio*, « calcul, compte », c'est se livrer à de longs raisonnements, se perdre en considérations interminables.

À NOTER : **1.** Dans *ratiociner,* le *t* se prononce *s,* comme dans *nation.* **2.** Le mot a donné plusieurs dérivés rares, parmi lesquels *ratiocination* et *ratiocineur.*

8. b. Du grec *kallos,* « beauté », et *pugê,* « fesse », *callipyge* signifie « aux belles fesses ». Les amateurs d'art peuvent admirer la statue de la Vénus Callipyge au Musée archéologique de Naples. Ceux qui aiment la précision veilleront à ne pas confondre *callipyge* avec un terme voisin, *stéatopyge,* qui désigne les individus pourvus de fesses volumineuses. Bien entendu, d'un certain point de vue, rien n'interdit d'être à la fois *callipyge* et *stéatopyge,* comme semble le penser un personnage d'une nouvelle de Marcel Aymé :
« — Quel âge qu'elle a, ta langoustine ?
— Cinquante-cinq ans, répondit Martin avec simplicité. [...] Tu lui en donnerais quarante-cinq aussi bien. Et bâtie, pardon, il faut voir. Des épaules. Des seins tant que tu veux. Et des fesses comme pour trois personnes. Ce que j'appelle une femme, quoi. » (« La Traversée de Paris », extrait du *Vin de Paris,* MARCEL AYMÉ.)

9. c. Un pays *policé* est un pays civilisé, où la civilisation a fait son œuvre (le contraire d'un État où règnent le désordre, la violence, la corruption généralisée, etc.). Il semble que le mot soit de plus en plus confondu avec *policier.* Rappelons qu'un régime est dit *policier* lorsque le rôle de la police y est très important, au détriment des libertés individuelles et collectives. La confusion entre ces deux paronymes (mots proches par le son mais différents par le sens) ne peut donc prêter qu'à d'absurdes quiproquos.

À NOTER : appliqué à une personne, le terme *policé* signifie qu'elle est bien éduquée, courtoise. Dans cet emploi, le mot tend à sortir de l'usage.

10. a. Quelqu'un *vaticine* lorsqu'il prétend annoncer l'avenir. Le mot est aujourd'hui nettement péjoratif, car on *vaticine* généralement avec emphase et exagération. Par exemple, on dira de telle personnalité politique qui prophétise l'inéluctable déclin de la France soit qu'elle a une vision pénétrante de l'avenir, soit qu'elle *vaticine.*

11. a. Un *coryza* est le terme médical pour désigner un rhume de cerveau. Du grec *koruza,* « écoulement nasal ». Quant au *coryza spasmodique*, expression terrifiante, ce n'est qu'un banal « rhume des foins ».

« Quant aux faiseurs de vers, ces vauriens, ces maroufles
Ces fainéants barbus, mal peignés, il les a
Plus en horreur que son éternel coryza. [...] »
(« Monsieur Prudhomme », dans *Poèmes saturniens*, PAUL VERLAINE.)

12. b. Est *cauteleux* celui qui est prudent, rusé, hypocrite. Le paysan *cauteleux* est un cliché littéraire qu'on trouve dans de nombreux romans du XIXe siècle, notamment ceux de Maupassant. L'adjectif est dérivé de *cautèle*, d'un emploi plus rare.

« C'était un garçon honnête et rieur, connaissant son affaire, mais sans ambition comme sans cautèle ; on voyait bien qu'il ne serait jamais de ces maquignons chez qui naissent les juments vertes. [...] » (*La Jument verte*, MARCEL AYMÉ.)

13. a. Un *apophtegme* est une parole mémorable attribuée à un personnage célèbre. Le mot a d'abord été réservé à une sentence d'un personnage de l'Antiquité avant de prendre un sens plus étendu.

14. b. Un *coreligionnaire* est un individu qui professe la même religion qu'un autre. On parlera tout aussi bien de *coreligionnaires* chrétiens, musulmans, juifs, etc.

15. a. Un *anachorète* est un religieux qui vit en solitaire de façon austère (synonyme d'*ermite*). Par analogie, le mot peut désigner toute personne menant une vie solitaire et retirée. De nos jours, le terme est généralement employé avec une valeur ironique et n'est pas toujours bien compris :

« Mme Cloche, par-dessus la tête des deux enfants, harponne le prestidigitateur et lui demande :
— Pourquoi que vous vous appelez l'âne à Corette ?
— Anachorète, répond l'autre, c'est un mot grec pour dire qu'on mange et qu'on ne boit presque pas, comme qui dirait un fakir. » (*Le Chiendent*, RAYMOND QUENEAU.)

16. c. Est *irréfragable* ce qu'on ne peut contredire, réfuter. Exemples : *un témoignage irréfragable, des arguments irréfragables,* etc. Ce mot assez ancien (XVe siècle) s'employait aussi autrefois au sujet d'une personne.

12

Façon de parler

Les expressions idiomatiques

Êtes-vous du genre à *sabler le champagne* ou à le *sabrer* ? Avez-vous découvert *le pot aux roses* ? Êtes-vous prêt à *épouser la veuve* ? Les expressions du français, parfois incongrues, souvent mystérieuses, sont toutes des « façons de parler » qui constituent l'un des plus beaux trésors de la langue. Connaissez-vous le sens et l'origine des expressions rassemblées dans ce jeu ? Une occasion de vérifier si vous êtes ou non un *fort en thème*...

1. Doit-on dire aujourd'hui :
a. sabler le champagne
b. sabrer le champagne

2. L'origine de l'expression **découvrir le pot aux roses** est-elle connue ?
a. Oui, depuis le XIXe siècle. L'expression trouve son origine dans une coutume médiévale : dans certaines régions, la nuit de noces des jeunes époux n'avait lieu que si le marié dénichait un pot rempli de roses soigneusement caché par la mariée.
b. Non, bien que certaines explications aient été proposées, on sait aujourd'hui qu'elles sont fantaisistes. Les origines de cette étrange expression demeurent obscures.

3. Quel est le sens de l'expression ancienne **épouser la veuve** ?
a. assurer sa condition matérielle en épousant une veuve fortunée
b. être pendu ou guillotiné
c. se sacrifier pour une bonne cause

4. Connaissez-vous la raison pour laquelle on dit **fier comme un pou** ?
   a. Dans le langage populaire, la résistance bien connue des poux aux traitements a été comparée à un comportement fier, orgueilleux (voir aussi *vexé comme un pou*).
   b. L'expression signifie en fait *fier comme un coq* (*pou* vient de l'ancien français *pouil*, « jeune coq »).

5. Dans l'expression *faire des comptes d'apothicaire*, le mot **apothicaire** désigne :
   a. un comptable
   b. un pharmacien
   c. n'importe quel boutiquier (*apothicaire* a pour racine grecque *apothêkê*, « boutique »)

6. On écrit :
   a. à huit clos
   b. à huis clos
   c. à huis clôt

7. La locution **par contre** est-elle correcte ?
   a. Elle est aujourd'hui considérée comme correcte mais reste critiquée par les puristes.
   b. Elle est très incorrecte et doit systématiquement être remplacée par *en revanche*.

8. **Agir de conserve, c'est :**
   a. agir en conservant toujours la même ligne de conduite
   b. agir ensemble

9. Que désignent des **coupes sombres** ?
   a. des réductions importantes (dans un budget, un effectif, etc.)
   b. des réductions peu importantes (même contexte)

10. **Tirer les marrons du feu**, c'est :
    a. tirer avantage d'une situation délicate
    b. préserver l'essentiel lors d'un désastre
    c. prendre des risques pour le profit d'un autre

Réponses

1. a. *Sabler* a signifié au XVIIᵉ siècle « couler un métal en fusion dans un moule fait de sable », mais aussi, par métaphore, « boire d'un trait ». Cette acception a survécu (mais sans l'idée de rapidité) dans l'expression *sabler le champagne* (XVIIIᵉ siècle), « boire du champagne pour fêter un événement ». On se gardera de *sabrer le champagne*, c'est-à-dire trancher le goulot d'un coup de sabre, opération fort délicate qui eut, dit-on, quelques adeptes autrefois.

2. b. L'expression *découvrir le pot aux roses* (« découvrir ce qui est caché, secret ») est si mystérieuse que certains locuteurs n'hésitent pas à écrire, en toute innocence, qu'ils ont découvert le « poteau rose ».
La plupart des lexicographes contemporains considèrent que le *pot* en question n'est qu'un banal récipient que l'on « découvre », le mot signifiant tout à la fois « ôter le couvercle » et « dévoiler un secret ». Mais ce que le pot renferme éclaire en partie le sens de l'expression : des *roses*. La rose, symbole de la fraîcheur virginale, n'est-elle pas le plus bel emblème du mystère féminin ? Si les connotations galantes et érotiques de cette locution sont probables, ses origines demeurent dans l'ombre : nul ne sait en effet à quel usage était réservé autrefois ce pot rempli de roses...

3. b. *Épouser la veuve*, c'est être pendu ou guillotiné. Dans l'ancien argot des malfaiteurs, la *veuve* a désigné la potence (XVIIᵉ siècle), puis la guillotine (XIXᵉ siècle).

« Ils [les détenus] m'apprennent à parler argot, à rouscailler bigorne, comme ils disent. C'est toute une langue entée sur la langue générale comme une espèce d'excroissance hideuse, comme une verrue. Quelquefois une énergie singulière, un pittoresque effrayant : il y a du raisiné sur le trimar (du sang sur le chemin), épouser la veuve (être pendu), comme si la corde du gibet était veuve de tous les pendus. » (*Le Dernier Jour d'un condamné*, VICTOR HUGO.)

4. b. Dans *fier comme un pou*, le pou n'est pas l'animal que l'on croit. Si étrange que cela puisse paraître, c'est en fait un coq. En effet, dans notre locution le mot *pou* est une forme dialectale de l'ancien français *pouil*, « coq, poulet ». Et comme chacun sait, le coq règne fièrement sur la basse-cour... Quoi qu'il en soit, les locuteurs ne semblent guère troublés à l'idée que le pou ait également sa fierté, et cette expression mal comprise leur semble parfaitement naturelle.

5. b. *Apothicaire* est le mot ancien pour désigner le *pharmacien*. Bien que le *Dictionnaire de l'Académie française* juge le mot vieilli dès 1835, il reste usité dans la littérature du XIXᵉ siècle (notamment chez Balzac ou chez Flaubert qui, dans *Madame Bovary*, appelle Homais soit le *pharmacien*, soit l'*apothicaire*). De nos jours, le mot n'est plus vivant que dans l'expression *faire des comptes d'apothicaire* (se livrer à des calculs compliqués et mesquins), sans que le mot *apothicaire* soit toujours compris. Une autre expression aurait mérité de rester dans l'usage tant elle est adaptée à notre époque : *faire de son corps une boutique d'apothicaire,* c'est-à-dire consommer de nombreux médicaments sans réelle nécessité (l'expression se trouve dans le *Dictionnaire de l'Académie* dès 1694). On songe aux innombrables remèdes absorbés par Argan dans *Le Malade imaginaire* pour le plus grand bien de M. Fleuran, son *apothicaire*.

À NOTER : au XVIIIᵉ siècle, on relève le mot *apothicairesse,* dont était joliment gratifiée la femme du pharmacien.

6. b. Si la locution *à huis* clos est généralement bien comprise au sens de « toutes portes fermées ; sans admission du public », l'*huis* reste un mot mystérieux pour nombre d'usagers. *Huis* est un synonyme ancien de *porte*. « Il va mendiant d'huis en huis », écrit le *Dictionnaire de l'Académie* (1694), mais dès l'édition suivante (1762), le mot est déjà qualifié de « vieux ». De nos jours, il n'est plus vivant que dans *à huis clos*, mais on le reconnaît dans *huissier, huisserie*.

7. a. S'il y a une idée fausse que les puristes sont parvenus à imposer dans l'esprit de nombreux usagers, c'est que *par contre* est « la » faute de français à ne pas commettre. À quoi tient un tel anathème ? Ou plutôt à qui ?... Tout d'abord à Voltaire, qui reprochait à *par contre* d'être un terme de marchand (lui, le petit-fils d'un marchand d'étoffes !). Son jugement a été repris par l'Académie française, puis par Littré. Cependant, de nombreux écrivains ont employé *par contre* sans rougir, et André Gide en a même pris la défense : « Trouveriez-vous décent qu'une femme vous dise : "Oui, mon frère et mon mari sont revenus saufs de la guerre ; *en revanche* j'y ai perdu mes deux fils" ? » (Gide montre bien qu'*en revanche* est naturellement

associé à l'idée d'avantage et qu'il peut paraître incongru dans certains cas.)
Si *par contre* ne peut plus être considéré aujourd'hui comme incorrect, on concédera aux inconditionnels d'*en revanche* que cette locution s'inscrit dans un niveau de langage plus soutenu.

8. b. En termes de marine, une *conserve* était autrefois un navire qui en accompagnait un autre pour lui porter secours en cas de difficulté (XVIe siècle). Deux bâtiments qui naviguaient *de conserve* suivaient la même route sans se perdre de vue. Au figuré, *de conserve* a pris le sens d'« ensemble ».
De conserve est souvent comparé avec une autre locution, *de concert*. De l'italien *concerto, concert* a d'abord signifié « entente, union » (XVIIe siècle).
Exemple : *le concert des nations*. *Agir de concert*, c'est donc agir « en accord, en harmonie ». On le voit, la nuance sémantique est ténue et l'usage littéraire confond parfois les deux locutions. On retiendra surtout que *de concert* s'emploie encore dans un registre littéraire alors que *de conserve* tend à sortir de l'usage.

9. b. Au sens propre, faire une *coupe sombre* dans une forêt, c'est y pratiquer un abattage partiel qui supprime un petit nombre d'arbres (et laisse donc la forêt « sombre »). Par contresens, au figuré, l'expression est couramment employée pour désigner des réductions importantes (dans un budget, un effectif, etc.). Dans ce cas, il est plus logique de parler de *coupe claire* (au sens propre, « abattage important d'arbres permettant l'ensemencement de nouveaux arbres »), ce que font d'ailleurs certains. D'où cette incongruité linguistique (et cette ambiguïté) : on croise parfois dans la presse des « coupes sombres » et des « coupes claires » au sujet des mêmes réductions budgétaires...

10. c. *Tirer les marrons du feu*, c'est « courir des risques pour le seul profit d'autrui ». L'expression s'emploie par référence à la fable de La Fontaine, *Le Singe et le Chat*. Le singe (Bertrand) obtient de Raton (le chat) qu'il prenne tous les risques pour son seul intérêt :

« Aussitôt fait que dit : Raton avec sa patte,
D'une manière délicate,
Écarte un peu la cendre, et retire les doigts,
Puis les reporte à plusieurs fois ;
Tire un marron, puis deux, et puis trois en escroque.
Et cependant Bertrand les croque. »

13

L'accent circonchose

Accentuation

« Merde, c'est d'un compliqué... Ah ! enfin, des mots que tout le monde connaît... vestalat... vésulien... vétilleux... euse... ça y est ! Le voilà ! et en haut d'une page encore. Vêtir. Y a même un accent circonchose. » (*Zazie dans le métro*, RAYMOND QUENEAU.)

Seul le dictionnaire permet parfois de s'assurer qu'un mot est coiffé d'un accent circonflexe, tant son emploi échappe à toute règle rigoureuse et cohérente. Découvrez les mystères de l'accent circonchose, ainsi que des autres accents et du tréma, à travers les huit questions qui suivent.

1. On écrit :
a. événement ❒ évènement ❒ évènement *ou* événement ❒
b. allègement ❒ allégement ❒ allègement *ou* allégement ❒

2. Mettez l'accent (aigu ou grave) sur les voyelles en gras... seulement si cela vous paraît nécessaire.

r**e**bellion – exquis**e**ment – cr**e**merie – r**e**hausser – f**e**erie – ça et l**a** – r**e**frener – de-ci de-l**a** – r**e**glementaire – puiss**e**-je vivre assez longtemps !

3. Mettez l'accent circonflexe sur les *o* qui en ont besoin.

fantome – fantomatique – symptome – symptomatique – drole – drolatique – clone – cone – conique – icone – iconoclaste – cotes-du-Rhone – coteau – « **O** la femme à l'amour câlin et réchauffant » (Verlaine).

4. Certains des mots qui suivent ont reçu par erreur un accent circonflexe sur le *a*, le *i* ou le *u*. Barrez d'un trait les voyelles qui ne devraient pas être accentuées.

râler – râteau – râtisser – grâce – grâcieux – cîme – abîme – dîme – affût – raffût – hâve – hâvre.

5. En français, neuf adverbes en *-ument* portent un accent circonflexe sur le *u*. Il y a donc trois intrus dans la liste qui suit. Démasquez-les en les entourant d'un trait.

assidûment – congrûment – absolûment – continûment – ingénûment – crûment – dûment – goulûment – incongrûment – indûment – nûment – résolûment.

6. Quelle est l'orthographe correcte des mots qui suivent ?
a. une somme **due** ❐ **dûe** ❐
b. rendez-moi **mon dû** ❐ **mon du** ❐
c. **il dût** ❐ **il dut** ❐ s'y prendre à deux fois
d. ce fut un **bon cru** ❐ un **bon crû** ❐

7. Combien de mots en gras dans cette phrase sont-ils mal orthographiés ? Vous pouvez les corriger en supprimant ou en ajoutant un accent circonflexe.

« Pour donner un **arôme** vraiment délicat à votre café, il **eut** fallu que vous **moulûssiez** plus finement les grains », affirme Nicole à Monique, sur le ton de celle qui conna**i**t son affaire.

8. Pour terminer, abandonnons l'accent pour le tréma. Placez ce signe (¨) sur la lettre qui convient dans chacun des mots qui suivent.

ambiguité – ambigue – exiguité – exigue – coincidence – amuir – cigue – maelstrom.

Réponses

1. a. Événement ou **évènement.**
b. Allégement ou **allègement.**
Ces deux mots s'écrivent traditionnellement *all*égement et *év*énement, avec un accent aigu. *All*ègement et *év*ènement, avec un accent grave, sont aujourd'hui admis par tous les dictionnaires, y compris le *Dictionnaire de l'Académie française*. On ne doit plus considérer comme fautives ces graphies qui présentent l'avantage d'être conformes à la prononciation (*e* « ouvert »).

À NOTER : on note la même évolution pour *allégrement*. L'orthographe avec l'accent aigu est la plus traditionnelle, mais la graphie avec l'accent grave (*all*ègrement) est désormais admise.

2. Ré**bellion – exquisément – crémerie – rehausser – féerie – çà et là – refréner ou réfréner – de-ci de-là – réglementaire** – puissé-je vivre assez longtemps !

À NOTER : **1.** *Crème* a un accent grave, mais ses dérivés s'écrivent avec un accent aigu (*crémerie, crémier, crémeux*, etc.) **2.** *Féerie* ne prend qu'un accent mais se prononce couramment *fé-é-rie.* **3.** *Çà et là* est une locution adverbiale. Les deux éléments prennent un accent pour les distinguer respectivement du pronom *ça* et de l'article *la*. **4.** On écrit traditionnellement *refréner*, mais les dictionnaires contemporains admettent également *réfréner*, dont la graphie est conforme à la prononciation. **5.** *Règle* et *règlement* ont un accent grave, mais les autres dérivés prennent un accent aigu (*régler, réglementaire, réglementation*, etc.) **6.** *Puissé-je* est la forme que prend la 1re personne de *pouvoir* dans le cas d'un « subjonctif optatif » (qui exprime un souhait).

3. Fantôme – fantomatique – symptôme – symptomatique – drôle – drolatique – clone – cône – conique – icône – iconoclaste – côtes-du-Rhône – coteau – « **Ô** la femme à l'amour câlin et réchauffant » (Verlaine).

À NOTER : **1.** *Fantôme* et *symptôme* perdent l'accent dans les adjectifs dérivés *fantomatique* et *symptomatique*. **2.** *Drôle* perd son accent dans son dérivé *drolatique* (« qui amuse par son originalité, son côté pittoresque »). **3.** *Cône* prend un accent circonflexe, mais pas son dérivé *conique*. **4.** *Icône* a un accent circonflexe, mais pas ses dérivés (*iconoclaste, iconographie*, etc.) **5.** *Côte* prend un accent circonflexe, mais pas le dérivé *coteau*.

6. L'interjection *ô* (dit « *ô* vocatif »), fréquente en poésie, est toujours accentuée.

4. Il fallait rayer les lettres qui figurent en gras et qui doivent s'écrire comme suit : râler – râteau – r**a**tisser – grâce – gr**a**cieux – c**i**me – abîme – dîme – affût – raff**u**t – hâve – h**a**vre.
À NOTER : **1.** *Râteau* et ses dérivés (*râtelier*, *râteler*, etc.) prennent un accent circonflexe sur le *a*.
Attention ! *Ratisser* n'est pas dérivé de *râteau* et n'est pas accentué. **2.** *Grâce* et *disgrâce* prennent un accent circonflexe, mais pas leurs dérivés *gracieux*, *disgracieux*, *gracier*, *disgracier*. **3.** On apprenait autrefois dans les écoles : « Le chapeau de la cime est tombé dans l'abîme », moyen mnémotechnique de retenir que *cime* s'écrit sans accent et qu'*abîme* en prend un.

5. Il fallait entourer les trois adverbes en gras qui doivent s'écrire sans accent circonflexe : assidûment – congrûment – **absolument** – continûment – **ingénument** – crûment – dûment – goulûment – incongrûment – indûment – nûment – **résolument**.
À NOTER : l'accent circonflexe sur le *u* marque la chute du *e* féminin dans certains adverbes dérivés d'adjectifs en *-u*. Exemple : *assidu, assidue → assidûment*. Malheureusement, la justification historique ne s'applique pas avec rigueur à l'ensemble des adverbes en *-ument*, d'où une disparité qui empêche la formulation d'une règle.

6. a. Une somme due. Le participe passé de *devoir* ne prend d'accent circonflexe qu'au masculin singulier (*dû*, mais *dus*, *due*, *dues*).
b. Rendez-moi mon dû. On reconnaît ici le participe passé *dû* qui est substantivé.
c. Il dut s'y prendre à deux fois. Ne pas confondre *il dut* (3e personne du singulier du passé simple) avec *qu'il dût* (3e personne du singulier du subjonctif imparfait).
d. Ce fut un bon cru. Contrairement au participe passé de *croître*, un *cru* s'écrit sans accent circonflexe.

7. Voici la phrase correctement orthographiée : « Pour donner un **arôme** délicat à votre café, il **eût** fallu que vous **moulussiez** plus finement les grains », affirme Nicole à Monique, sur le ton de celle qui connaît son affaire.
À NOTER : **1.** *Arôme* prend un accent circonflexe sur le *o*, mais pas ses dérivés *aromate*, *aromatique*, *aromathérapie*. **2.** Il *eût*

fallu est le conditionnel passé (2e forme) de *falloir*. **3.** *Moulussiez* est conjugué à l'imparfait du subjonctif. Seule la troisième personne, *qu'il moulût*, reçoit un accent sur le *u*. **4.** *Connaître* prend un accent circonflexe à la troisième personne du singulier de l'indicatif présent (il *connaît*), comme les autres verbes en *-aître* (il *naît*, il *paraît*, etc.).

8. Ambiguïté – ambiguë – exiguïté – exiguë – coïncidence – amuïr – ciguë – maelström.

À NOTER : **1.** Le tréma indique généralement que l'on ne doit pas prononcer deux lettres en un seul son. On hésite souvent sur son emplacement, surtout lorsqu'il surmonte un *e* muet, comme dans *ambiguë, ciguë, exiguë*. **2.** On écrit *amuïr* (« devenir muet », en parlant d'une lettre dans un mot), mais le tréma paraît bien inutile puisqu'on écrit *fuir*. **3.** *Maelström*, mot néerlandais, comporte un tréma sur le *o*. Les dictionnaires mentionnent aussi la graphie francisée *malstrom*, plus conforme à notre système orthographique.

14

Un air de famille

Les mots que l'on confond

La confusion entre certains mots prête parfois à sourire. *Enduire d'erreur* pour *induire en erreur, circoncire* pour *circonscrire*... Pourtant, les paronymes (mots dont la sonorité est proche) et les mots de sens voisin sont une source constante d'hésitations pour les usagers de la langue et méritent d'être considérés avec la plus grande attention. La clarté et la précision de l'expression orale et écrite dépendent en partie de la capacité de chacun à employer les mots à bon escient. Entre un écrivain *prolixe* et un écrivain *prolifique* (deux termes systématiquement confondus), il y a une différence notable de signification... et éventuellement de talent !

1. À la soirée bridge, Raymond nous a **rabattu** ❐ **rebattu** ❐ les oreilles de ses plaisanteries, les mêmes depuis dix ans.
2. Dimanche, Jacques accompagne sa mère chez Simone et **amène** ❐ **apporte** ❐ le gâteau.
3. Auteur de plusieurs centaines de romans, Georges Simenon est un auteur **prolixe** ❐ **prolifique** ❐.
4. Le premier secrétaire du parti, très contesté au sein même de son camp, redoute une **collusion** ❐ **collision** ❐ entre les secrétaires des fédérations départementales.
5. Le journaliste a **mis au jour** ❐ **mis à jour** ❐ d'importants dysfonctionnements dans le déroulement de l'enquête.
6. Les soldats du feu déploient tous leurs moyens pour **circonscrire** ❐ **circonvenir** ❐ l'incendie.

7. Kévin et Élodie se perdent en **conjonctures** ❐ **conjectures** ❐ : qui sera le vainqueur de l'émission « Star à tout prix » ?

8. Cet auteur sans talent a été **mythifié** ❐ **mystifié** ❐ par ses admirateurs en nouvel écrivain maudit.

9. « Une belle **denture** ❐ **dentition** ❐ est le secret de la séduction ! » a lancé le dentiste, à bout d'arguments, pour convaincre Kévin d'avoir une meilleure hygiène.

10. « La présence des **aïeuls** ❐ **aïeux** ❐ est très importante pour l'équilibre des enfants », a assuré la psychologue scolaire à Monique.

11. La psychologue scolaire a affirmé à Monique que Kévin se réfugiait dans le monde virtuel des jeux vidéo pour ne pas **se coltiner aux réalités** ❐ **se colleter aux réalités** ❐.

12. Sur l'antenne de Cool FM, Kévin a **dédicacé** ❐ **dédié** ❐ sa chanson préférée à Élodie en lui envoyant plein de grosses bises.

13. L'émission télévisée consacrée aux massacres **perpétués** ❐ **perpétrés** ❐ par les chrétiens lors de la prise de Jérusalem a remporté un score inattendu à l'Audimat.

14. « J'ai **un enfant prodige !** ❐ **un enfant prodigue !** ❐ » s'est exclamé le père de Valentin, reçu premier au concours général de philosophie.

15. « Malgré les efforts du gouvernement, le taux de chômage a connu cette année sa plus forte progression de la **décennie** ❐ **décade** ❐ », fait observer Nicole à table d'un air sombre.

16. Kévin est fou de joie : il a reçu pour son anniversaire un kit de trois cents mélodies pour **personnaliser** ❐ **personnifier** ❐ les sonneries de son portable.

Réponses

1. Rebattu. On *rebat les oreilles à quelqu'un* (de quelque chose). En effet, des *oreilles rabattues* (donc repliées) ne permettent pas d'entendre grand-chose. *On nous rabaisse les oreilles* (entendu sur les ondes) est original mais n'améliore pas l'audition.

2. Apporte. On *amène* quelqu'un, mais on *apporte* quelque chose. La langue parlée fait rarement la différence entre *amener* et *apporter*. Dans tous les cas, évitez absolument de dire : « J'ai *apporté* grand-mère », qui est tout à fait inconvenant.

3. Prolifique. La confusion entre ces deux termes est quasi systématique et *prolixe* s'emploie souvent à tort là où c'est *prolifique* qui s'impose. Un auteur *prolifique* est très productif, son œuvre est abondante. Un auteur *prolixe* a quant à lui une fâcheuse tendance à délayer, à être trop long, redondant. Paul Léautaud, toujours aimable avec ses confrères, a donné dans *Passe-Temps* un exemple éclairant de *prolixité* littéraire :
« Une phrase des Goncourt dans *Les Frères Zemgano* : "Silencieuse, muette, elle ne disait pas un mot à son pauvre mari." On ne s'étonne plus si on faisait alors des livres aussi gros. »

4. Collusion. Ce terme signifie « entente secrète au détriment d'un tiers » et par extension « connivence ». Il est courant dans un contexte politique ou guerrier. *Collusion* est parfois confondu avec un quasi-homonyme, *collision*, qui désigne un choc entre deux corps (dont l'un au moins est en mouvement) et, au sens figuré, un conflit, une opposition.
Exemple : *l'accord n'a pu être signé à cause d'une collision d'intérêts.*

5. Mis au jour. On *met au jour* des vestiges, des ruines, c'est-à-dire qu'on les met à découvert. On *met à jour* sa correspondance, sa comptabilité, en les mettant en conformité avec le moment présent.

6. Circonscrire. Ce mot signifie « faire tenir dans certaines limites ». On *circonscrit* une épidémie, un incendie, c'est-à-dire ce qui menace de se propager (attention, un incendie *circonscrit* n'est pas *éteint*).
Au figuré, on *circonscrit* un sujet, un discours, un débat. Par exemple, un enseignant demandera à un étudiant de mieux

cerner, de mieux *circonscrire* le sujet de son exposé, de son mémoire, etc.
Circonvenir quelqu'un, c'est le manipuler pour obtenir quelque chose de lui. Exemple : *circonvenir un témoin, un juge,* etc.

7. Conjectures. Une *conjecture* est une supposition, une hypothèse. Employé au pluriel, le mot a souvent une nuance péjorative : *se perdre, s'épuiser en conjectures. En être réduit à des conjectures.* Ne pas confondre ce terme avec son paronyme *conjoncture,* « situation résultant d'un concours de circonstances ». Exemple : *la conjoncture internationale explique les mauvais chiffres du marché.*

8. Mythifié. Être *mythifié,* c'est être transformé en mythe. *Démythifier* un personnage historique ou une figure littéraire, c'est lui ôter sa valeur de mythe.
Mystifier quelqu'un, c'est le tromper en abusant de sa crédulité. Exemple : *il a été mystifié par un faux homme d'affaires.* On est donc *démystifié* quand on est détrompé.

9. Denture. À strictement parler, on doit distinguer entre la *denture* (ensemble des dents chez l'humain ou l'animal) et la *dentition* (formation des dents chez l'enfant). Depuis la fin du XIXe siècle, *dentition* est employé comme synonyme de *denture* dans la langue courante et cette confusion n'est plus considérée comme fautive. Disposer de deux mots pour désigner deux réalités différentes est pourtant une excellente raison de maintenir la distinction entre ces deux termes.

10. Aïeuls. Le mot *aïeul* a deux pluriels, *aïeux* et *aïeuls*. Les *aïeuls,* ce sont les grands-parents maternels et paternels. Les *aïeux,* ce sont les ancêtres.

À NOTER : jusqu'au XVIIIe siècle, le mot *aïeuls* a désigné soit les grands-parents, soit les ancêtres, avant de se restreindre aux seuls grands-parents. Le terme est aujourd'hui vieilli et réservé à l'usage littéraire.

11. Se colleter aux réalités. *Coltiner* est un verbe transitif. *Coltiner* quelque chose, c'est porter de lourdes charges. Exemples : *coltiner des paquets, coltiner une malle.* Le verbe est dérivé de *coltin,* sorte de large chapeau en cuir qui couvrait autrefois la tête et les épaules des portefaix. On comprend mieux alors la signification de *se coltiner* (emploi familier) : « Subir quelque chose ou quelqu'un de pénible, de pesant. » Selon les circons-

tances de la vie et le sort qui échoit à chacun, on *se coltine* son patron, la vaisselle, sa belle-mère, etc.
Se colleter avec quelqu'un, c'est se battre avec lui, littéralement « le saisir au collet ». Dans cet emploi, le verbe est vieilli mais il est encore vivant au figuré dans une construction pronominale : *se colleter* avec les difficultés, les réalités, c'est se débattre contre elles.

12. Dédié. Depuis quelques années, on entend de plus en plus le verbe *dédicacer* là où c'est le verbe *dédier* qui convient. *Dédier* une chose à une personne, c'est la lui destiner. Exemple : *dédier une pensée, une chanson, un roman à quelqu'un.*
Le sens de *dédicacer* est plus restreint. *Dédicacer*, c'est écrire à l'intention de quelqu'un quelques mots ou simplement une signature sur un livre, un tableau, une photographie, etc.

« Dans une dédicace on ne doit pas évoquer son livre, que le destinataire n'ouvrira jamais et dont il se fiche. On doit – coûte que coûte – lui glisser un sentiment bien senti. » (*Tous Feux éteints*, HENRY DE MONTHERLANT.)

À NOTER : on appelle *dédicataire* le destinataire d'une *dédicace* imprimée.

13. Perpétrés. Perpétrer/perpétuer : vraie confusion ou simple lapsus entre deux mots très proches phonétiquement ? Quoi qu'il en soit, il convient de distinguer soigneusement les deux termes dont le sens est radicalement différent. *Perpétrer* quelque chose, c'est commettre une action criminelle (un meurtre, un attentat, un massacre, etc.). *Perpétuer* signifie « faire durer indéfiniment ou très longtemps ». Exemple : *le conseil régional tient à perpétuer la fête du vin qui fait partie des traditions locales.*

14. Prodige. Un *enfant prodige* est extrêmement précoce et doué. Exemple : *Karl, cet enfant prodige, a déjà sauté trois classes.* Ce terme est parfois confondu avec un mot de forme voisine, *prodigue*, mais qui désigne un enfant d'une tout autre nature, nettement moins enviable... *L'enfant prodigue* (ou le *fils prodigue*), c'est celui qui revient au domicile paternel après avoir dilapidé son argent. Cette expression de « fils prodigue » fait allusion à un épisode biblique. Dans l'Évangile selon saint Luc (XV, 11-32), on peut ainsi lire qu'après avoir dilapidé sa part d'héritage en menant une vie de débauche, un jeune homme repentant rentre à la maison où il est aussitôt pardonné par son père : « Mon fils que voici était mort et il est revenu à la vie. » Cette histoire qui commence mal et finit bien (par un pardon et un festin) est l'une des nombreuses paraboles que renferment les Évangiles.

15. Décennie. De nos jours, il semble entendu qu'une *décennie* est une période de dix ans et une *décade* une période de dix jours. On veillera à conserver cette distinction afin d'éviter tout quiproquo.

À NOTER : *décade* vient du grec *dekas*, qui désigne d'une manière générale « toute série de dix ». À partir de la Révolution, *décade* a signifié en français « période de dix jours », mais, au début du XXe siècle, le mot a pris le sens de « période de dix années », probablement sous l'influence de l'anglais *decade*. Pour dissiper le risque d'ambiguïté, l'usage s'est établi de réserver le sens de « dix ans » à *décennie* et celui de « dix jours » à *décade*.

16. Personnaliser. *Personnaliser*, c'est rendre personnel, et tout spécialement donner un caractère personnel à un objet de grande consommation. Depuis quelques années, le mot connaît un succès sans précédent, et l'on ne compte plus tout ce qui se *personnalise* : les crédits, les tee-shirts, les sonneries téléphoniques... L'omniprésence de *personnaliser* dans le vocabulaire publicitaire a quelque peu éclipsé un mot voisin, *personnifier*, qu'on emploie parfois sans être bien assuré de ce qu'il signifie. *Personnifier*, c'est d'abord évoquer, représenter sous des traits humains quelque chose d'abstrait. Le terme est essentiellement réservé au domaine des arts. Par exemple, on dira d'Harpagon ou du père Grandet qu'ils *personnifient* le vice de l'avarice. Mais plus courant est l'emploi de *personnifier* au sens de « posséder une qualité au plus haut degré ». Le verbe se met alors le plus souvent au participe passé. Exemple : *le Premier ministre a affirmé que le secrétaire général du parti était l'honnêteté personnifiée.*

15

Melting-pot

Les mots d'ailleurs

Caviar, cigare, sieste... Voilà des mots étrangers chaleureusement accueillis par les usagers français. D'autres emprunts, les anglicismes, aux manières tapageuses, sont jugés par certains envahissants. Quoi qu'il en soit, le français s'est nourri tout au long de son histoire de ces mots venus d'ailleurs. Du francique à l'anglo-américain, de l'italien à l'arabe, le melting-pot lexicographique qui suit vous permettra d'améliorer votre français... tout en vous initiant aux langues étrangères.

1. « Nos ancêtres les Gaulois » nous ont laissé en héritage quelques dizaines de mots, tandis que les terribles envahisseurs germaniques qui ont sévi au début de notre ère nous en ont légué plusieurs centaines. Dans la liste suivante, essayez de distinguer les mots gaulois des mots germaniques.

guerre – chêne – flèche – druide – bourg – charrue.

2. Au cours de son histoire, le français a fait des « emprunts » à d'autres langues : espagnol, italien, allemand, néerlandais, etc. Les quatre mots suivants appartiennent à la même langue d'origine. Laquelle ?
Concerto, **solfège**, **costume**, **escarpin** sont des mots :
espagnols ❒ italiens ❒

3. Les mots empruntés à l'arabe sont assez nombreux en français, mais ont parfois transité par d'autres langues (espagnol, italien, etc.). Dans la liste suivante, tous les mots sont d'origine arabe, sauf un. À vous d'identifier l'intrus.

chiffre – zénith – zéro – odalisque – toubib – élixir – bled – chouïa.

4. **Ingambe.** Ce mot vous dit peut-être quelque chose, mais que savez-vous ou que devinez-vous de lui ?
   a. C'est un mot d'origine italienne.
   Vrai ❐ Faux ❐
   b. Il signifie « qui n'a plus le plein usage de ses jambes ».
   Vrai ❐ Faux ❐

5. Quelle est l'origine du mot **caviar** ?
   a. turque
   b. russe
   c. iranienne

6. Comment rédiger le menu ? Choisissez l'orthographe admise par les dictionnaires contemporains de ces deux mots (dans le cas où plusieurs graphies sont acceptables pour un même mot, cochez plusieurs cases).
   a. yaourt ❐ yahourt ❐ yogourt ❐ yoghourt ❐
   b. bifteck ❐ beefteck ❐ beefteack ❐ beefsteak ❐

7. Certains anglicismes se sont si bien intégrés au système graphique du français qu'ils sont aujourd'hui méconnaissables. Parmi les mots suivants, repérez les deux anglicismes qui n'en ont plus l'air.

   paquebot – aéroplane – redingote – jaquette – entrevue.

8. Ils ressemblent à des mots anglais, ils sonnent comme des mots anglais... mais ce sont des créations françaises inconnues dans la langue de Shakespeare. Quels sont les « faux anglicismes » qui se sont glissés dans la liste qui suit ?

   surbooking – jogging – footing – dispatching – zapping – cocooning – parking.

9. Quelle est la phrase qui comprend un anglicisme ?
   a. Karl a initié un projet innovant
   b. Karim s'initie à la méditation
   c. Nicole commence un « programme minceur »

10. Connaissez-vous le mot imaginé par les Québécois pour se substituer à l'anglicisme *e-mail* ?
    a. un mél
    b. un messel
    c. un courriel

Réponses

1. Sont d'origine gauloise les mots suivants :
chêne – druide – charrue.
Sont d'origine germanique les mots suivants :
guerre – flèche – bourg.

À NOTER : au côté des mots latins (environ 80 % de notre lexique), les mots gaulois (essentiellement liés à la vie rurale) et germaniques (franciques pour la plupart) constituent ce que l'on appelle le « fonds primitif » du français. Ce fonds s'est constitué au fil des invasions, migrations, échanges commerciaux... L'âpreté de certains mots germaniques (*blesser, guerre, haïr*) est tempérée par des termes plus doux comme *guérir*, voire bienveillants comme *épargner*. De nombreux mots germaniques désignent également des végétaux, des animaux, des couleurs, etc.

2. Concerto, solfège, costume, escarpins sont des mots italiens.

À NOTER : **1.** Le français comporte de nombreux mots italiens (environ 800), notamment dans le domaine de la musique (*concerto, opéra, piano, solfège*, etc.) ou de l'habillement (*caleçon, pantoufle*, etc.). La plupart de ces vocables ont été introduits en France au XVIe siècle, le prestige de l'Italie étant alors considérable. **2.** L'espagnol a été également un pourvoyeur non négligeable de mots (environ 300), dont certains traduisent un certain art de vivre (*cigare, sieste*)...

3. Odalisque. Le mot n'est pas d'origine arabe, mais turque (*odalik*). Dans l'ancien Empire ottoman, une *odalisque* était une esclave au service des femmes du harem. Le mot *odalisque*, apparu en France au XVIIe siècle avec ce sens initial, a désigné dès le XVIIIe siècle une femme du harem (au lieu de sa servante). Ce « glissement sémantique » s'explique par l'habitude qu'ont prise certains peintres de baptiser *odalisques* la représentation de femmes orientales voluptueusement étendues sur un lit... (Voir par exemple *La Grande Odalisque*, Ingres, 1814.)

4. a. Vrai. *Ingambe* vient de l'italien *in gamba*, « en bonne santé, alerte ». *Gamba* signifie « jambe » en italien.

b. Faux. *Ingambe* signifie « qui a le plein usage de ses jambes »... et non le contraire.

Attention au contresens par confusion avec les mots commençant par le préfixe privatif *-in* (*incompétent, indomptable*, etc.).

5. Turque. Le mot *caviar* a été emprunté au XVIe siècle à l'italien *caviale* qui a lui-même pour origine un mot turc (et non pas russe), *kavyar*.

6. a. Les orthographes usuelles sont *yaourt* (de loin la plus courante), *yogourt* et *yoghourt* (un peu vieillie). Comme *caviar*, le mot est d'origine turque. Il est attesté en français dès le XVe siècle, mais n'est devenu courant qu'au début du XXe siècle, après avoir connu de nombreuses variantes orthographiques.
b. La seule orthographe admise aujourd'hui par la plupart des dictionnaires est *bifteck*. La graphie anglaise *beefsteack* n'est pas mentionnée par les dictionnaires actuels et la graphie francisée *biftèque* n'est plus qu'une curiosité littéraire (on la trouve notamment chez Marcel Aymé et Raymond Queneau).

7. Les emprunts à l'anglais figurent en gras dans la liste suivante :
paquebot – aéroplane – **redingote** – jaquette – entrevue.

À NOTER : **1.** *Paquebot* vient de l'anglais *packed-boat*, composé de *packet*, « paquet » (en l'occurrence paquet du courrier), et *boat*, « bateau » **2.** *Redingote* est emprunté à l'anglais *riding-coat*, « vêtement de cavalier ». **3.** *Interview* vient du français *entrevue*, et non l'inverse. En français, toute *entrevue* n'est pas une *interview*, mais pour éviter l'anglicisme les Québécois l'utilisent systématiquement à la place d'*interview*.

8. Les faux anglicismes figurent en gras dans la liste qui suit :
surbooking – jogging – **footing** – dispatching – **zapping** – cocooning – **parking**.

À NOTER : **1.** Les « faux anglicismes » sont des mots qui n'existent pas en anglais mais qui sont formés à partir d'éléments anglais. *Surbooking* en est un exemple gratiné, monstre hybride formé du préfixe *-sur* et de l'anglais *booking*, « réservation ». L'équivalent français *surréservation*, nettement moins courant, semble réservé aux locuteurs raffinés. **2.** Après avoir connu son heure de gloire dans les années 1980, le faux anglicisme *footing* (qui existe en anglais, mais avec un tout autre sens) est aujourd'hui supplanté par *jogging*, vrai anglicisme. **3.** Pour inventer *parking*, l'un de nos plus anciens pseudo-anglicismes, les Français ont ajouté à l'anglais *to park* la finale *-ing* (rien de plus anglais pour un Français). En toute simplicité, les Québécois se contentent du mot *stationnement*...

9. Karl a initié un projet innovant. L'anglicisme *initier*, au sens de *commencer*, connaît depuis quelques années un succès fulgurant. Il semble qu'*initier* soit perçu par les usagers comme un mot choisi, de plus belle allure que *commencer, inaugurer, lancer*, etc. En d'autres termes, *initier* fait partie de ces mots qui donnent le sentiment de « bien causer », alors même que son emploi est discutable, et même « très critiquable » d'après le lexicographe Alain Rey. En effet, *initier* s'est imposé en français depuis le XVIIe siècle avec le sens d'« enseigner les bases d'une science, d'une technique, d'une discipline quelconque... ». Exemple : *être initié à la philosophie, aux sports nautiques*, etc. Certains trouvent des circonstances atténuantes à *initier* au sens de *commencer* : le mot vient du latin *initiare* qui signifie... « commencer ». Le débat reste ouvert.

10. Courriel. *E-mail* est une abréviation de l'anglo-américain *electronic mail*. Les locuteurs français se contentent généralement de *mail* (« Tu as reçu mon mail ? »), tandis que les Québécois utilisent plus volontiers le terme *courriel*, excellent néologisme, mot court, parfaitement formé, d'une sonorité claire et agréable. L'Académie française se serait-elle déshonorée si elle avait réservé à *courriel* l'accueil qu'il méritait ? Elle a préféré entériner le mot *mél* (terme officiellement recommandé), difficile à prononcer et inconnu des usagers. En France, *courriel* ne s'est pas encore imposé dans le langage courant, mais il tient sa place dans les colonnes de certains journaux (notamment *Le Monde*) et il n'est plus rare de l'entendre à la radio. Il est la preuve vivante, sonore et écrite, que les francophones sont capables de créer des mots pour désigner de nouvelles réalités qui les entourent (voir par le passé *ordinateur, logiciel, baladeur*, etc.).

Bibliographie

Dictionnaire de l'Académie française, éditions de 1694, 1798, 1835, 1932-1935, 9e édition en cours.

Dictionnaire de la langue française, Émile Littré, 1863-1872.

Trésor de la langue française, CNRS, 16 vol., 1971-1994.

Grand Larousse universel, 15 vol., 1986.

La Puce à l'oreille, Claude Duneton, Balland, nouvelle édition, 1990.

Dictionnaire du français non conventionnel, Jacques Cellard et Alain Rey, Hachette, 1991.

Dictionnaire des expressions et locutions, Alain Rey et Sophie Chantreau, Le Robert, 1993.

Le Bon Usage, Maurice Grevisse, (édition revue par) André Goosse, Duculot, 1993.

Dictionnaire du français non conventionnel, Jacques Cellard et Alain Rey, Hachette, 1991.

Dictionnaire historique de la langue française, sous la direction d'Alain Rey, Le Robert, 1998.

Nouveau Dictionnaire des difficultés du français moderne, Hanse/Blampain, Duculot, 2000.

Le Petit Larousse, 2004.

Le Petit Robert, 2004.

Le Grand Dictionnaire terminologique, mis en ligne par l'Office québécois de la langue française (www.granddictionnaire.com).

Lexique

Anglicisme : Un anglicisme est un emprunt à la langue anglaise. On distingue plusieurs sortes d'anglicismes :

- **l'anglicisme lexical** : Le mot passe de l'anglais au français avec d'éventuelles modifications dans la prononciation ou dans la graphie. Exemple d'anglicisme lexical au Québec : « canceller » pour *annuler*.
  (Voir d'autres exemples à **crash** ou à **nominer**.)
- **l'anglicisme sémantique** : Un mot anglais donne l'un de ses sens à un mot français de forme voisine. Les anglicismes sémantiques ne sont pas identifiés par la plupart des usagers. Exemple : *opportunité* au sens d'« occasion favorable » est un anglicisme sémantique.
  (Voir d'autres exemples à **initier**, **réaliser**.)
- **l'anglicisme syntaxique** : C'est une traduction littérale d'une expression anglaise. Exemple : « demander une question » est un calque de l'anglais *to ask a question*.
  (Voir cet exemple à **question** (poser une).)

Antonyme : Du grec *anti*, « contre », et *onoma*, « nom ». Des antonymes sont des mots de sens contraire. Exemple : *attractif* (« qui attire ») et *répulsif* (« qui repousse ») sont deux antonymes. (Voir cet exemple à **attractif / attrayant**.)

Aphorisme : Énoncé bref et ramassé ayant une visée didactique. L'aphorisme agit par sa forme, concise et frappante, pour délivrer une vérité.

Archaïsme : Un archaïsme (lexical) est un mot employé alors qu'il n'est plus dans l'usage et qu'il n'est plus compris. Certains archaïsmes survivent dans des expressions (voir un exemple à **ès**) **ou refont surface dans des œuvres littéraires, par effet de style.**

Attesté : Un mot est attesté en... (date) lorsqu'on a pu en relever un premier exemple écrit à cette date.
Exemple : *réaliser* au sens anglais de « se rendre compte » est attesté en français en 1858, chez Baudelaire traduisant Edgar Allan Poe.

Barbarisme : Faute de langage. Un barbarisme désigne un mot déformé ou forgé. Exemple : « rénumérer » est un barbarisme pour *rémunérer*.
Barbarisme s'emploie aussi pour désigner une impropriété*.
(Voir des exemples à **rémunérer, obnubiler**.)

Connotation : Composante non stable du signifié*. La connotation délivre le sens particulier d'un mot, c'est-à-dire tout ce qui ne fait pas partie de sa définition *stricto sensu*, tout ce que sa signification* comporte de subjectif, et de variable en fonction du contexte.

Dénotation : Composante stable du signifié*. La dénotation correspond à la définition d'un mot telle qu'on la trouve dans un dictionnaire. C'est la part invariante et objective de la signification* du mot, celle qui désigne directement le référent* du mot.

Dérivation : La dérivation est un procédé de création lexicale. Il consiste à ajouter à un « mot-base » un préfixe* ou un suffixe* pour fabriquer un nouveau mot. Exemple : *en/sable/ment* est formé de la base *sable* encadrée par le préfixe *en-* et le suffixe *-ment*.

Dialectique : Ensemble des outils et moyens (certaines figures de style notamment) qu'un texte met en œuvre pour convaincre.

Doublets : Des doublets sont des mots qui ont la même étymologie*, mais qui ont une forme et un sens différents. Exemple : le mot latin *fragilis* a donné *frêle* (d'origine populaire) et *fragile* (de formation savante).
(Voir un autre exemple à **hiberner / hiverner**.)

Énonciation : « Mise en fonctionnement de la langue par un acte individuel d'utilisation » (Benvéniste). L'énonciation est la production d'un discours, et l'ensemble des conditions, circonstances et modalités de cette production, par un individu (émetteur) vers un autre (récepteur).

Étymologie : L'étymologie est l'étude de l'origine et de la filiation des mots. On appelle « étymologie d'un mot » cette origine elle-même. Exemple : l'étymologie latine du verbe *obnubiler* aide à comprendre sa signification en français. (Voir cette étymologie à **obnubiler.**)

Étymologique : (Voir Étymologie*.)

Extension de sens : Il y a extension de sens d'un mot lorsqu'il prend un sens plus large, plus général qu'à l'origine. Si le phénomène inverse se produit, il y a restriction de sens. Exemple : *arcane*, qui signifie « opération mystérieuse » dans le vocabulaire de l'alchimie, a pris le sens général de « secret, mystère ».
(Voir des exemples à **harde / horde, forfait / forfaiture**.)

Glissement de sens : Il y a glissement de sens d'un mot lorsqu'il change de sens par le passage d'une idée à une autre. Exemple : par glissements successifs, le sens du mot *glauque* est passé de « d'un vert bleuâtre » à « trouble, vague », puis à « sinistre, sordide ».
(Voir un exemple à **alternative**.)

Homonyme : Du grec *homos*, « semblable », et *onoma*, « nom ». Des homonymes sont des mots semblables par la forme, mais différents par le sens. Exemple : *détonner* (« sortir du ton ») et *détoner* (« exploser avec bruit ») sont deux homonymes.

Homonymie : (Voir Homonyme*.)

Impropriété : L'emploi d'un mot dans un sens qu'il n'a pas est une impropriété. Exemple : *ingambe* au sens d'« impotent » est une impropriété.
(Pour le sens de ce mot, voir **ingambe**.)

Isotopie : Ensemble des entités qui, dans un texte, se rapportent, par dénotation*, connotation* ou analogie à un même thème.

Littré : Émile Littré (1801-1881), lexicographe, est l'auteur d'un célèbre *Dictionnaire de la langue française* (1872) généralement nommé « le Littré ». Très riche en exemples littéraires, il sera pendant près d'un siècle le grand dictionnaire de référence du public cultivé.

Locution : Une locution est un groupe de mots figé formant unité du point de vue du sens. On distingue différentes sortes de locutions : locutions adverbiales (*en revanche*), locutions verbales (*savoir gré*), etc.

Néologisme : Un néologisme est un mot nouveau, un mot récemment apparu dans la langue. Exemple : *courriel* est le néologisme officiellement proposé comme substitut d'*e-mail*. (Voir des exemples à **courriel / e-mail, bimensuel / bimestriel**.)

Niveau de langue : Le niveau de langue désigne le registre (familier, soutenu, etc.) auquel tout locuteur se réfère quand il s'exprime. On distingue plusieurs registres qui varient selon les situations de communication :

- **registre familier** : Le registre familier est celui de l'intimité (famille, amis, etc.) et de la spontanéité. Il implique un vocabulaire familier, voire grossier, une syntaxe relâchée. Il se réfère au modèle de l'oral.

- **registre courant** : Le registre courant est celui de la vie quotidienne et tend à une certaine neutralité. On l'emploie dans des circonstances particulières de la vie sociale, professionnelle (par exemple avec des inconnus, ou des clients, des commerçants...).
  Il se caractérise par le respect des règles grammaticales et un vocabulaire supposé connu de tous.

- **registre soutenu** : Le registre soutenu (ou « soigné ») est celui des situations « surveillées » (discours, exposés divers, relations avec un supérieur hiérarchique...). Il requiert une attention particulière dans le choix des mots et de la syntaxe, exclut les mots familiers et les incorrections. Le registre soutenu appartient autant à l'oral qu'à l'écrit, même si son modèle est l'écrit.

- **registre littéraire** : Le registre littéraire (proche du registre soutenu) se caractérise par une recherche dans le choix des mots et de la syntaxe (richesse du vocabulaire, complexité de la syntaxe). Le registre littéraire est spécifique à l'écrit (romans, essais, presse de qualité, etc.).

Paronyme : Du grec *para*, « à côté », et *onoma*, « nom ».
Des paronymes sont des mots de forme voisine mais de sens différent.
Exemple : *collision* (« choc entre deux corps ») et *collusion* (« entente secrète ») sont deux paronymes.

On ne parle généralement de paronymes que si les mots sont confondus (*éminent / imminent*, *conjecture / conjoncture*, etc.).

Phonème : Plus petite unité audible dans la prononciation d'un mot. Par exemple, on compte **onze** phonèmes dans le mot « universitaire » : u – n – i – v – e – r – s – i – t – ai – re.

Pléonasme : Un pléonasme est la répétition d'une même information dans un groupe de mots. Exemples : « monter en haut », « sortir dehors », « tous unanimes », etc.
On distingue généralement le pléonasme admis (celui qui donne plus de force à l'expression) du pléonasme fautif qui ne fait que répéter une information déjà exprimée. Cette distinction est difficile à déterminer ; en fait, le pléonasme semble surtout considéré fautif quand il est trop visible.
(Voir des exemples de pléonasme à **panacée, unanimes**.)

Pléonastique : (Voir Pléonasme*.)

Poétique : Ensemble des qualités esthétiques d'un texte. La poétique comprend l'ensemble des caractéristiques qui font d'un texte un texte littéraire.

Préfixe : Un préfixe est un élément linguistique sans existence propre dans la langue. Placé devant un « mot-base », il permet la formation d'un nouveau mot. Exemple : l'adjonction du préfixe *anté-* à l'adjectif *diluvien* a servi à former *antédiluvien*.
(Voir des exemples à **antédiluvien, dénoter / détonner, rentrer**.)

Référent : Entité désignée par le mot. Le référent est ce à quoi renvoie concrètement le mot comme signe* linguistique.

Registre courant, registre familier, registre littéraire, registre soutenu : (Voir Niveau de langue*.)

Sémantique : Qui a trait au contenu d'un mot, c'est-à-dire à sa signification*.

Sème : Plus petite unité de signification*. Les sèmes peuvent être dénotatifs (dénotation*) ou connotatifs (connotation*).

Sens : Concept auquel fait référence le signe*.

Sens affaibli : Il y a affaiblissement de sens d'un mot lorsque au cours de son évolution il perd de sa force expressive.

Exemple : *gêner* a autrefois signifié « tourmenter, mettre à la torture » avant de prendre le sens affaibli de « mettre mal à l'aise ».

Sens étymologique : C'est le sens du mot tel qu'il apparaît dans son *étymon*, c'est-à-dire le mot dont il est lui-même issu.
Exemple : le mot *vigueur* a conservé son sens étymologique, *vigor* signifiant en latin « force, énergie ».
(Voir **rigoureux / vigoureux**.)

Sens figuré : Le sens figuré naît du passage d'une image concrète (sens propre*) à une relation abstraite (le plus souvent métaphorique).
Exemple : *collision*, « choc entre deux corps », a pour sens figuré « conflit, opposition ».
(Voir **collision / collusion**.)

Sens premier : C'est le sens du mot tel qu'il est d'abord apparu en français, le sens d'origine.
Exemple : le sens premier du verbe *pallier*, « dissimuler une chose condamnable sous une belle apparence », est aujourd'hui sorti d'usage.
(Voir **pallier**.)

Sens propre : C'est le sens premier du mot, considéré comme celui qui s'impose spontanément à l'esprit. Le sens propre s'oppose au sens figuré*. Exemple : au sens propre l'adjectif *noir* désigne une couleur, au sens figuré quelque chose de sombre, de désespéré (ex. : *un film très noir*).

Signe : Unité linguistique constituée d'une partie sensible et d'une partie abstraite, respectivement « image acoustique » et « concept », selon la terminologie saussurienne.

Signifiant : Manifestation matérielle du signe*. Le signifiant est le contenant du mot, constitué d'une suite de phonèmes*, et servant de support au sens*.

Signification : Ensemble des entités auxquelles se réfère un mot. La signification est constituée à la fois de la dénotation* et de la connotation* du mot.

Signifié : Composante sémantique* du signe*. Le signifié est le contenu du mot.

Solécisme : Faute de langage. Un solécisme désigne une construction syntaxique qui n'est pas admise. Exemple : « la chose que je te parle » est un solécisme pour *la chose dont je te parle*.

Soutenu : (Voir registre soutenu dans Niveau de langue*.)

Stylistique : La stylistique se penche sur le style du texte, autrement dit sur l'ensemble des éléments qui en fondent la singularité. C'est la discipline qui étudie l'expressivité d'un texte et les moyens qu'il met en œuvre pour la délivrer.

Suffixe : Un suffixe est un élément linguistique sans existence propre dans la langue. Placé après un « mot-base », il permet la formation d'un nouveau mot. Exemple : l'adjonction du suffixe *-iste* au mot *voyage* a permis la formation du néologisme* *voyagiste*.
(Voir des exemples à **tour-opérateur / voyagiste, pécuniaire**.)

Synonyme : Du grec, *sun*, « avec », et *onoma*, « nom ».
Des synonymes sont des mots de sens identique (ou très voisin).
Les synonymes se distinguent toujours par une nuance, un contexte d'utilisation, le niveau de langue*. Exemple : *bouquin* est un synonyme familier de *livre*.
(Voir **bouquin / livre**.)

Syntaxe : Ensemble des règles qui, dans une langue, induisent l'ordre des mots, ainsi que l'organisation et la construction des phrases.

Verbe défectif : Un verbe défectif est un verbe dont certaines formes de conjugaison sont inusitées. Ces verbes sont parfois en concurrence avec d'autres verbes plus récents qui présentent une conjugaison complète. Exemple : le verbe défectif *clore* est concurrencé par *clôturer*.
(Voir des exemples à **bruire / bruisser, clore / clôturer**.)

Verbe transitif direct : Un verbe est dit transitif parce que c'est par lui que « transite » (que passe) le sens de la phrase, du sujet vers l'objet. Il est transitif direct lorsqu'il se construit directement avec le complément d'objet, sans l'intermédiaire d'une préposition. Exemple : *pallier* est un verbe transitif direct. On *pallie quelque chose* et non pas « à quelque chose ».
(Voir des exemples à **attester, pallier**.)

Verbe transitif indirect : Un verbe est dit transitif parce que c'est par lui que « transite » (que passe) le sens de la phrase, du sujet vers l'objet. Il est transitif indirect lorsqu'il introduit

le complément d'objet par l'intermédiaire d'une préposition. Exemple : *enjoindre* est un verbe transitif indirect. On *enjoint à quelqu'un* de faire quelque chose.
(Voir à **enjoindre**.)

Vieilli : Un mot vieilli est sorti de l'usage courant, mais il est encore utilisé et compris par une partie des locuteurs. Exemple : *brimborion* « petit objet de peu de valeur » est un mot vieilli. On dit plutôt aujourd'hui *bibelot, babiole*.
(Voir des exemples à **colleter** (se) / **coltiner** (se), **de concert / de conserve**.)

Index

Librio

832

Composition PCA – 44400 Rezé
Achevé d'imprimer en France par Aubin
en juin 2007 pour le compte de E.J.L.
87, quai Panhard-et-Levassor, 75013 Paris
Dépôt légal juin 2007
EAN 9782290002421

Diffusion France et étranger : Flammarion